교육과정의 이해

The Curriculum

교육과정의 이해

김철주·신선희 지음

서현사

머리말

교육과정이란 교육활동의 목적과 내용 그리고 교육결과에 대한 평가를 위한 계획서라고 할 수 있다. 따라서 학교에서의 모든 교육활동은 교육과정에 의해 이루어진다고 볼 수 있다.

타일러(Tyler, 1949)는 그의 저서 《교육과정과 수업의 기본원리》에서 다음 네 가지 질문을 제기하였다. 첫째, 학교가 달성하고자 하는 교육목표는 무엇인가? 둘째, 그 목표를 달성하기 위해서는 어떤 교육적 경험을 제공하여야 하는가? 셋째, 이들 교육의 경험은 어떻게 조직되어야 효과적인가? 넷째, 이들 교육목표가 달성되고 있는가를 어떻게 확인할 수 있는가?

이 네 가지 질문은 모든 학교 교육활동에 앞서 준비하여야 할 필수과정이다. 이 질문에 대한 대답이 곧 교육과정이라고 할 수 있을 것이다. 타일러는 이 질문에 대해서 스스로 해답을 제시하지 않았다. 해답은 사람의 입장에 따라 다르며, 같은 답이 나오기란 쉽지 않다. 그래서 사람을 기르는 과업인 교육은 간단한 것 같으면서도 간단하지 않다.

학교에서 가르쳐야 할 내용은 목표에 따라 결정되어야 하며, 교육목표는 학생, 사회문화, 학문 분야, 학습심리 그리고 교육철학적 판단 등에 따라 결정된다. 바람직한 인간을 육성하여 개인의 행복과 사회의 발전을 목적으로 하는 교육을 위한 교육과정의 연구와 개발은 사회의 발전과 시대적 요구에 따라 끊임없이 변하여 왔고, 현재도 계속 변하고 있다. 학교교육, 평생교육 등 모든 교육의 성패는 올바른 교육과정에 의해 좌우된다고도 볼 수 있다.

교육과정은 구체적인 교육활동이 이루어지기 전의 교육활동 전체에 대한 포괄적 계획을 뜻하며 문서로 작성된다. 교육과정이 무엇이며, 어떻게 개발되고, 운영되는가에 대한 올바른 이해와 지식의 활용능력이 교육현장 종사자나 조직적이고 체계적인 교육을 계획하는 사람들에게 필수 부가결한 요건이다.

이 책은 우리나라 교사양성대학이나 일반대학의 교직과정에서 교육학 분야의 필수 과목의 하나인 교육과정의 교재나 참고서로 활용할 수 있도록 계획되었다.

본 교재는 제1부 교육과정 개발의 이론적 기초, 5개 장과 제2부 교육과정 개발의 실제, 5개 장으로 기술하여 총 10개 장으로 구성되었다. 제1부에서 교육과정 개발의 이론적 기초와 우리나라 교육과정의 변천과정을 기술하였고, 제2부에서는 교육과정 개발의 실제를 상세히 기술하였다. 제1부는 교육과정의 개념 및 교육과정에 대한 다양한 관점에서의 이해를 위한 이론적인 내용을 중심으로 기술되었는데, 제1장은 교육과정의 개념을 이해하기 위하여 교육과정의 어원과 그 의미를 설명하였고, 국가적 지역적 학급학교수준에서의 교육과정 개발 구분 그리고 교육과정 개발에 참여하는 인적 자원을 이해하도록 하였다. 제2장 교육과정 활동의 기초영역에서는 교육과정의 철학적 기초와 심리적-학습자적 기초, 사회적 기초, 그리고 역사적 기초를 제시하였다. 제3장에서는 교육과정의 다양한 형태를 설명하였다. 교과중심 교육과정, 경험중심 교육과정, 학문중심 교육과정, 인간중심 교육과정, 표면적 교육과정, 잠재적 교육과정 그리고 영(零)교육과정의 특성을 기술하였다. 제4장에서는 교육과정의 연구동향을 전통주의자, 개념적 경험주의자, 그리고 재개념주의자로 구분하여 기술하였다. 제5장에서는 우리나라 교육과정 개편의 역사를 다루었다. 광복 이후 미군정기 교수요목의 시기와 50년대 시작된 제1차 교육과정부터 5년 내지 10년 주기로 개정 과정을 거치면서 2015년 현재까지 시행된 우리나라 학교 교육과정을 기술하였다.

제2부에서는 교육과정 개발의 실제를 제1부의 이론적 기초를 토대로 하

여 이해하기 쉽도록 5개 장으로 나누어 기술하였다. 제6장에서는 요구사정의 절차와 방법을 설명하였다. 요구사정의 의미와 계획과정, 요구사정의 과정 그리고 요구사정의 기술적 방법을 다루었다. 제7장에서는 교육과정 목적과 목표의 설정에 관하여 여러 유형별로 제시하였다. 제8장에서는 교육과정 내용선정과 조직을 이해할 수 있도록 내용선정의 기준과 방법, 교육과정 조직의 원리와 여러 가지 유형을 제시하였다. 제9장에서는 교육과정을 시행하는 데 있어 기본적으로 필요한 교수-학습에 대한 이해와 실제 수업계획안 작성법 그리고 다양한 교수-학습방법을 익히도록 기술하였다. 그리고 마지막 제10장에서는 교육과정 평가의 의미와 기본적인 평가의 방법들을 이해할 수 있도록 기술하였다.

교육과정은 교육활동의 핵심 요소라고 할 수 있다. 교육성과의 성패는 올바른 교육과정의 확보와 효율적 운영에 달려 있다. 교과를 잘 가르치고 교육효과의 극대화를 위하여 교사에게 자기가 가르칠 교과내용은 물론 교육과정에 대한 깊은 이해가 필수 요건이다.

이 책이 교육학을 공부하는 대학생들과 초 · 중 · 고등학교 교사들이 교육과정을 이해하는 데 미력하나마 도움이 되기를 바란다. 집필 일정에 쫓겨 책의 내용이나 구성에 부족한 점이 있을 것으로 안다. 부족한 점이나 오류는 앞으로 수정 보완하기로 하고 독자 여러분의 양해를 구한다.

끝으로 이 책이 나오기까지 많은 협조와 격려를 해주신 서현사 조재성 사장님과 교육동료들께 감사드린다.

2015년 2월

저자 김철주, 신선희

차례

제1부 교육과정 개발의 이론적 기초

제1장 교육과정의 개념

1. 교육과정의 의미 15
2. 교육과정 개념의 다양성 17
3. 교육과정과 학교교육의 관계 21
4. 교육과정의 개념모형 24
5. 교육과정의 개발 수준 26
6. 교육과정 개발의 참여집단 28
7. 교육과정의 구성요소들 29
8. 교육과정 관련 중요 활동 32

제2장 교육과정 활동의 기초 영역

1. 교육과정의 철학적 기초 37
2. 교육과정의 심리 · 학습자적 기초 43
3. 교육과정의 사회적 기초 47
4. 교육과정의 역사적 기초 52

제3장 교육과정의 다양한 형태

1. 교육내용의 선정 기준에 따른 교육과정 분류 63
2. 교육과정 공식화 정도에 따른 교육과정 분류 74

제4장 교육과정의 연구 동향

1. 전통주의자 83
2. 개념적 경험주의자 87
3. 재개념주의자 90

제5장 우리나라 교육과정 개편의 역사

1. 교수요목의 시기(1946~1954년) 97
2. 제1차 교육과정 시기(1954~1963년) 98
3. 제2차 교육과정 시기(1963~1973년) 98
4. 제3차 교육과정 시기(1973~1981년) 99
5. 제4차 교육과정 시기(1981~1987년) 100
6. 제5차 교육과정 시기(1987~1992년) 101
7. 제6차 교육과정 시기(1992~1997년) 102
8. 제7차 교육과정 시기(1997~2007년) 103
9. 2007년 개정 교육과정(2007~2010년) 107
10. 2009년 개정 교육과정(2011년~현재) 108
11. 2015년 개정 교육과정(문 · 이과 통합교육과정) 112

제2부 교육과정 개발의 실제

제6장 요구사정의 절차와 방법

1. 요구사정의 의미와 계획과정 119
2. 요구사정의 과정 125
3. 요구사정의 기술적 방법 130

제7장 교육과정 목적과 목표의 설정

1. 목적과 목표의 의미와 위계 137
2. 목표 설정의 유형 144
3. 행동적 목표 설정 153

제8장 교육과정 내용선정과 조직

1. 교육과정 내용선정의 기준 ····· 167
2. 교육과정 내용선정의 방법 ····· 172
3. 교육과정 조직의 일반적 원리 ····· 175
4. 교육과정 조직의 유형 ····· 180

제9장 교육과정의 시행

1. 교육, 그리고 교수와 학습 ····· 195
2. 교수-학습의 과정 ····· 202
3. 수업의 단계와 주요 활동계획 ····· 206
4. 교수-학습 방법 ····· 215
5. 교육과정 시행에 영향을 미치는 요인 ····· 225

제10장 교육과정 평가

1. 교육평가의 의미와 평가방법 ····· 231
2. 교육과정 평가의 의미와 평가방법 ····· 234
3. 교육평가와 관련된 용어의 이해 ····· 238

참고문헌 • 243

찾아보기 • 250

제 1 부

교육과정 개발의 이론적 기초

제1장 교육과정의 개념
제2장 교육과정 활동의 기초 영역
제3장 교육과정의 다양한 형태
제4장 교육과정의 연구 동향
제5장 우리나라 교육과정 개편의 역사

제1장부터 제5장까지를 구성하고 있는 제1부는 교육과정의 개괄을 다루고 있다. 교육과정을 이해하기 위한 개념의 소개로서 교육과정에 대한 다양한 관점, 시각들을 다룬다. 교육과정 활동에 관련된 기초적인 학문의 영역들로 철학, 학습심리, 사회 · 문화 관련 내용 및 역사적인 발전의 기초 내용을 다룬다. 교육과정 구성 요소의 성격에 따라 다양한 모습으로 전개되는 교육과정의 대표적인 형태 및 관련 이론, 연구들을 소개한다. 교육과정 학문 분야의 발전이 어떻게 전개되고 있는지 연구동향에 대하여 소개하고, 한국의 교육과정 개편 역사에 대하여 최근의 개편 내용까지를 다룬다.

제 1 장 교육과정의 개념

이 장에서는 교육과정의 개념을 형성하는 다양한 시각에서 교육과정의 의미에 대해 다룬다. 또한 학교교육과 교육과정과의 관계성 및 교육과정 개발의 수준의 주체에 따른 교육과정의 의미, 교육과정의 개발에 참여하는 집단, 교육과정의 구성 요소 및 교육과정 관련 주요 활동들의 개념에 대하여 살펴본다.

제1장 교육과정의 개념

1 교육과정의 의미

'교육과정'에 대한 정의를 내리는 것은 1918년 보비트(Bobbit)의 《교육과정*The Curriculum*》이 출판된 이후 지금까지 학자들 사이에서 다양한 논쟁거리가 되고 있으며, 이에 대한 정의를 명확하게 규정하기란 쉽지 않다. 보비트는 그의 책에서 교육과정을 "청소년들이 성인생활을 영위할 때 접하게 될 여러 가지 과제들을 적절히 잘 수행할 수 있도록 경험하지 않으면 안 될 일련의 일이다."라고 설명하고 있다(Bobbit, 1918).

교육과정(Curriculum)은 라틴어의 쿠레레(Currere)에서 유래된 것으로서 '경주로(race course 또는 race track)'를 의미한다. 이를 학교교육에서 비유적으로 표현하면 '학생들이 가야할 길' 혹은 '코스'가 되는 것이다. 이러한 경주로에는 출발점과 도착점이 있고, 극복해야 하는 장애물들 그리고 꼭 거쳐야 하는 노정(路程)이 있다. 이러한 비유는 교육과정을 상징적으로 이해하는 데 많은 도움이 된다. 이러한 소기의 과정을 다 마친 후에는 소정의 수료증(diploma)과 같은 것이 부여된다.

교육과정은 학교의 교육목적을 달성하기 위하여 인류가 지난 수세기에 걸쳐 각 분야에서 축적해온 문화재로서의 지식 또는 생활경험을 교육적인 관점에서 편성하고 그들의 학습활동을 언제, 어디서, 어떻게 행할 것인가 종합적으로 묶은 교육의 전체계획이라고 할 수 있다. 이 중에서도 교육과정의 핵심적인 기본 질문은 "무엇을 가르치고 배울 것인가?"에 대한 대답을 찾는 것이다. 인간의 지성이 활발해지고 그에 따른 문화유산이 급증하게 되었다. 이러한 급증하는 인간의 문화유산들을 일정한 수학연한 동안 모두 다 가르칠 수는 없는 일이다. 따라서 의도적이고 목적적인, 계획적인 교육활동이 요청되었고 필요한 교육내용들을 체계적으로 전달할 필요가 생겼다(김종서, 1994).

교육과정학의 탐구는 기본적으로 현행 교육과정에 대한 비판적 이해(critical understanding)와 바람직한 교육과정에 대한 창의적 개발(creative development)을 중심으로 한다(홍후조, 2011). 이러한 활동의 의미는 현행의 국가수준 교육

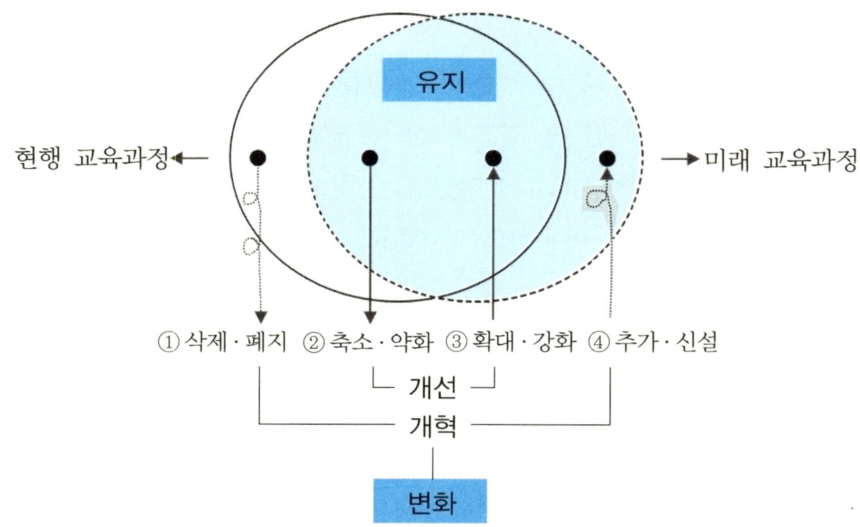

[그림 1-1] 교육과정의 기본 질문에 비추어 본 주요 과업

과정 기준에서 유지와 변화로 압축될 수 있다[그림 1-1]. 변화는 부적절한 내용과 활동의 종류, 범위를 삭제 · 폐지하거나 대신 새로운 내용과 활동으로 추가 · 신설한 것을 찾는 개혁(reform)과 기존의 내용과 활동의 수준, 범위, 분량 등을 축소 · 약화하거나 대신 확대 · 강화하고 배울 것인가 등의 질문을 학습자와 사회의 입장에서 취사선택하는 일이다(홍후조, 2011).

2 교육과정 개념의 다양성

20세기 이후 교육과정의 학문분야에서 중요하게 취급되고 있는 교육과정의 개념을 살펴보는 것은 교육과정 의미의 다양성과 함께 교육과정 학문분야의 변화 및 발전의 방향을 함께 돌아볼 수 있는 기회가 될 수 있다. 이러한 다양한 교육과정에 대한 다양한 개념 변화는 교육과정 학문분야의 변화 및 성숙과 함께 교육과정 계획에서 무엇을 중요시하느냐에 따라 교육과정 계획에서 중요하게 취급하는 것이 무엇인지 알 수 있다.

1) 교과내용으로서의 교육과정

교육과정을 학생들이 꼭 배워 나가야 하는 교과들의 목록(a course of study)이나 조직된 교과목(subject matter)등으로 규정하고 있는 입장이다. 즉 교육과정을 하나의 교과서, 교과개요, 교사용 지침서의 내용(content)과 같은 것으로 생각하는 입장이다. 이러한 견해는 교육의 목적을 인지적 능력 개발에 두고, 이 인지적 능력 개발에 도움을 줄 수 있는 특정 교과목이 교육과정의 내용이 되어야 한다는 보수적인 입장의 항존주의자(Perennialist)들의 생각에서 비롯되었다. 항존주의를 대표하는 있는 시카고 대학의 총장을 역임했던 허친스(R. Hutchins)의 교육과정에 대한 생각을 소개하면, "지적 계발에 도움이 될 수 있는 교과목이 교육과정의 내용이 되어야 한다."

는 것이다. 허친스는 이러한 교과들로 초·중등학교에서는 문법, 읽기, 수사학과 논리학 및 수학을 들고 있으며 중등학교 이후의 교육과정에서는 서양세계의 '고전읽기 프로그램(the Great books)'들로 구성되어야 한다고 주장한다. 이러한 입장은 학습자들이 교과 이외에 습득 가능한 다양한 경험들이나 의도치 않은 활동 및 결과들에 대해서는 한계를 가지고 있다.

2) 학습경험으로서의 교육과정

진보주의 철학자인 듀이는 경험의 교육적 의미를 강조한 대표적인 학자이다. 그는 교육과정을 교과의 내용이나 교수자의 입장에서 보는 것에 대한 비판적인 입장에서 '학습경험(experience)으로서의 교육과정'을 주장하였다. 이는 교육과정의 결정에서 학습자를 중요하게 고려함으로써 교수자 중심에서 학습자 중심으로의 교육과정을 강조하는 것이다. 즉 형식적인 교과내용을 통해서만 배우는 것이 아니라, 교실 내외의 총체적인 학습환경에서 간접적 혹은 직접적으로 영향을 받아 학습자가 배우게 되는 모든 학습경험을 중시하는 것이다. 이러한 입장은 아무리 훌륭한 교육과정이 계획되었다고 해도 학생들에게 학습되지 않으면 별다른 의미가 없다는 생각이다. 캐스웰과 캠벨(Casswell & Campbell, 1935)은 "교육과정이란 교사의 지도 아래 어린이들이 갖게 되는 모든 경험으로 구성된다."라고 하였다. 클리바드(Kliebard, 1975)는 학교가 경험을 계획한다는 것에 대하여 "학생의 능동적인 경향을 파악하고 그들에게 작용하는 학습환경 조건을 계획·조작하여 가치 있는 경험을 할 수 있도록 도와주는 역할을 하는 것을 의미한다."고 지적한다.

3) 학습계획으로서의 교육과정

학습계획으로서의 교육과정이란 교육과정과 수업을 분리하려는 교육과정에 대한 이원적인 사고에서 비롯된 것으로서, 교육과정에서 사전계획이 강조된 것이다. 맥도날드(McDonald)에 의하면 "교육과정이란 수업 이전에 이루어지는 모든 계획적인 노력"이라고 정의하고 있다. 교육과정은 어떻게 하는 것이 인간을 가치있게 올바르게 발달시킬 수 있는가에 대한 신념 아래 가르치기 전에 미리 계획되고 의도된 것이다. 여기에는 학습을 촉진하기 위하여 의도적으로 계획한 모든 것들을 포함하는데 즉 학생들이 학교에서 하는 온갖 활동의 범위들이 포함된다. 학습 계획은 문서화를 통하여 보다 구체화되는데 이러한 문서 속에는 교육의 목표, 교육내용 및 내용의 조직 교수방법, 동기유발전략, 평가방법 및 운영계획 등이 포함된다. 문서화된 계획들은 수업을 위한 좋은 지침서 역할을 하게 되는데 교육과정기준 해설서, 학교의 교육활동 계획서, 교사용 지도서, 수업지도안 등이 모두 계획으로서의 교육과정이라고 할 수 있다. 이러한 맥락에서 뷰챔프(Beauchamp, 1981)는 "교육과정이란 수업계획의 출발점으로서 사용되기 위하여 고안된 문서"라는 견해를 밝히고 있다. 계획으로서의 교육과정은 국가수준에서의 계획, 지역수준에서의 계획 그리고 기관(학교) 수준에서의 계획으로 나눌 수 있다.

4) 학습결과로서의 교육과정

학습결과(outcome)로서의 교육과정이란 교육의 결과로 나타나는 성과나 산출을 강조하는 교육과정을 의미한다. 이는 '교육의 책무성(accountability in education)'에 대한 관심에서 비롯된 정의로서 계획을 위한 실천의 과정과 함께 결과에 대해서도 책임을 져야 한다는 관점에서 비롯되었다. 웹스터 사전에 의하면 책무성이란 "설명할 수 있고, 측정할 수 있으며 책임질 수 있는 상황"이라고 정의하고 있다. 이를 교육적 상황에 적용하면 교육 책무성이란 다양한 수준의 학생들이 성취수준에 도달했는지를 제시할 수 있어야 한다. 교육과정의 개념을 '의도된 것'과 '실현된 것'으로 나누는 관점에서 보면 후자가 결과를 중심으로 한 교육과정의 개념을 형성하고 있다. 폽햄과 베이커(Popham & Baker, 1970)의 "교육과정은 학교가 책임져야 하는 모든 계획이 빚어내는 학습결과이다."라는 교육과정에 대한 정의는 바로 책무성에 관심을 갖게 되는 학습 결과로서의 교육과정이 강조가 되는 좋은 사례로서 교육이 해야 하는 일을 제대로 했는지를 되돌아 볼 것에 대한 필요성을 주장한다. 교육개혁의 방편으로 실시되는 교사평가 시스템에 대한 강화, 초·중등학교에서 전국단위의 평가를 실시하고 그에 대한 결과를 다각도로 분석하는 것은 '학습결과로서의 교육과정' 및 그에 대한 책무성을 강조하는 좋은 예로 볼 수 있다.

5) 자서전적인 접근으로서의 교육과정

교육과정 연구에 있어 비교적 최근에 소개되고 있는 재개념주의자의 대표주자인 UBC대학의 파이너(Pinar)교수는 교육과정 개발의 패러다임에서 교육과정 이해의 패러다임으로의 전환을 강조하면서 교육과정에 대한 자서전적(one's life story)인 접근을 시도하고 있다. 쿠레레(currere)방법으로서의 교육과정을 강조하는 이 의미는 바로 달리는 과정인 코스의 동사적인 의미를 강조하는 것으로 교육과정을 학교를 다니면서 학습자가 겪게 되는 개인적 경험으로 이해한다. 파이너는 쿠레레의 방법을 회귀(regressive)-전진(progressive)-분석(analytical)-종합(synthetical)의 4단계로 제시하고 있다. 회귀의 단계는 자신의 과거에 대한 체험으로 그때 체험한 것을 기술한다. 전진의 단계에서는 미래에 대한 가능한 것들을 상상하며 심사숙고하여 기술한다. 분석의 단계에서는 앞의 두 단계를 통하여 현재의 상태에서 관련성들을 연상하며 기술한다. 과거 자신의 체험, 미래에 대한 상상을 통하여 자유연상적으로 현재 상황, 맥락 속에서 반성해 본다. 종합의 단계는 과거, 미래, 현재와의 관계 속에서 총체적인 검토를 한다. 이를 통하여 현재 자신의 존재 의미에 대하여 다시 한번 깨닫게 된다. 즉 교육과정이란 학생 개인의 삶을 일기쓰기와 같은 자서전적인 접근을 통해서 새로운 자기를 발견하고 자아 정체감을 형성해가는 일종의 재개념화 과정이다. 위의 4단계에 대한 설명은 제4장의 재개념주의자 내용을 참고하기 바란다.

3 교육과정과 학교교육의 관계

교육과정은 학습자의 변화 혹은 교육적 성취를 위한 과학적이고 체계적인 교육의 계획이라 할 수 있다. 이러한 계획들은 학교교육에서 수업이라는 과정을 통하여 구체적으로 구현될 수 있다. 즉 교육과정이란 학문 분야는 학교교육과 불가분의 관계를 맺을 수밖에 없다. 이러한 맥락에서 이해명(2003)은 교육과정과 학교교육과의 관계를 다음과 같이 설명하고 있다.

학교 울타리 안에서 학교가 의도적으로 계획한 것과 계획하지 않은 것 모두를 포함하여 학생들이 경험하는 모든 것을 학교교육이라 한다면, 교육과정 영역은 학교교육 중에서 학교가 의도적으로 계획한 것을 포함한다(이해명, 1997). 즉 이 주장은 교육과정의 영역 속에는 학교가 계획하는 모든 내용, 즉 교육내용, 교육환경, 교육방법 등을 포함한다는 것이다.

한편, 곽병선(1993)은 학교교육에 있어서 교육과정의 위치를 다음과 같이 설명하고 있다.

첫째, 교육과정은 교육적 성취를 의도한다는 점에서 교육의 핵심적 위치를 차지한다. 교육을 우리 인간의 삶 전체의 한 표현양식이자 인간가치의 계속적인 재형성과정으로 본다면, 교육과정은 바로 그러한 교육의 실체를 만들어내는 데 직접 관여하는 주체가 된다. 즉 교육과정은 교육다운 성취, 학생의 가치를 끌어올리고자 하는 데 기본이 있다.

둘째, 교육과정은 교육이 포괄할 수 있는 가정교육, 학교교육, 사회교육 등 모든 종류의 교육형태 가운데 조직적이고 체계적인 교육, 즉 학교교육에 초점을 두고 있다. 학교는 사회로부터 교육하는 권한과 책임을 위임받은 공적 기관이다. 교육하는 일을 공인받은 기관은 형태와 대상에 상관없이 모두 학교로 볼 수 있다. 학교는 기본적으로 학생, 교사, 그리고 이 둘 간의 상호 작용을 돕는 물리적 환경으로 이루어져 있다. 그러나 교육과정이 없으면 학교교육은 이루어지지 않는다. 교육과정은 바로 계획된 문화내용으로서 이를 가지고 학생과 교사가 상호작용하여 교육을 성취하도록 한다. 따라서 교육과정은 단순한 문화내용이 아니고 학교가 이를 가지고 위임받은 권한을 행사하고 책임을 완수하도록 효력을 발생하게 하는 것이다. 학교교육에서 그 주요 구성요인인 학생, 교사, 교육과정, 학교환경 간의 관계를 도식화하면 [그림 1-2]와 같이 표시될 수 있을 것이다. 이 그림에서는 수업을 핵심으로 하여 교육과정을 내용으로 교사, 학생이 학교에서 상호작용하는 과정을 보여주고 있다. 교육과정은 학생과 교사의 상호작용 대상으로서 학교교육의 필수요인 중 하나로 존재한다고 할 수 있다.

셋째, 교육과정은 학교교육을 위하여 주도면밀하게 계획되고 만들어진

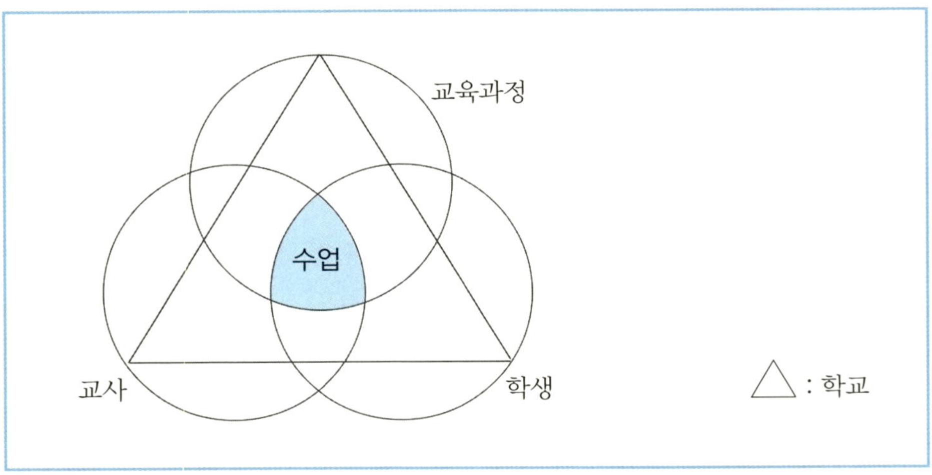

[그림 1-2] **학교교육 구성요인과 그 관계**

것이다. 교육적 성과에 대한 막연한 기대나 그럴듯한 가정을 바탕으로 해서 생기지 않는다. 학교교육을 통해 성취하고자 하는 교육적 성과가 무엇인지에 대한 진지한 탐색과 합의, 이러한 성과를 어떠한 방법으로 얻을 수 있을 것인가에 대한 전문적인 판단과 그에 따른 합리적 개발과정을 통해서 생성된다. 이 점에서 교육과정은 계획된 것이고 만들어진 것이다. 그러나 그 계획과 제작은 단순한 것이 아니라 학교가 속한 사회가 만들고 기성세대가 만든다. 기성세대의 선택된 생활방식과 사고방식에 의해서 만들어진다.

넷째, 교육과정은 그 생성 자체가 교육을 위해서 계획되고 만들어진 것이기 때문에 강력한 실천성을 갖는다. 즉 교육과정은 학교에서 활용하기 위한 것이다. 이러한 교육과정의 실천성 때문에 교육과정은 실천되는 데서 그 의미가 살아난다(곽병선, 1993).

곽병선(1993)은 다음과 같은 다섯 가지의 준거를 제시하며 교육과정 분야의 개념 규정을 보다 명확하게 하려는 시도를 하고 있다. 이러한 다섯 가지 준거의 제시는 우리에게 교육과정 학문 분야를 이해하는 데 좀 더 구체적이고 거시적인 안목을 형성하는 데 도움을 제공하고 있다. 그 첫째는 계획이다. 교육과정은 학습자의 교육적 성취에 직결된 모든 수준의 교육계획이다. 둘째는 교육적 성취이다. 학습자의 교육적 성취는 학습자의 인간가치를 드높이는 데 기여하는 지적, 정신적, 도덕적 측면 등 모든 영역의 발달을 의미한다. 셋째는 문화 내용이다. 그 계획은 지식, 사고의 양식, 집단경험, 생활경험 등 우리의 문화 내용을 재구성한 것이다. 넷째는 교육과정의 제시형태이다. 그 계획은 유형, 무형의 형태로 다양한 자료를 통해 보존되고 표현될 수 있다. 다섯째는 유효성이다. 그 계획은 학교교육에서 유효할 수 있어야 한다.

교육과정의 속성으로 가정한 다섯 가지의 준거를 종합하여 교육과정에 대한 하나의 정의를 내린다면, "학습자에게 교육적 성취를 의도하여 학교에서 유효할 수 있도록 지식, 사고의 양식, 경험 등 문화내용을 재구성한 모든 수준의 계획"이다(곽병선, 1993).

4 교육과정의 개념모형

굿래드(Goodlad, 1966)는 교육과정 결정자와 학습자와의 거리에 따라 교육과정의 개념을 세 가지 수준으로 분류하였다. 가장 가깝게는, 수업수준(instructional level)으로서 교육과정은 학습자들과 수업현장에서 상호작용하는 교사에 의하여 결정된다. 다음의 수준은, 기관수준(institutional level)으로서 교육과정이 행정가나 전 교직원에 의하여 결정될 수 있다. 기관수준 혹은 학교수준의 교육과정은 학교가 교육과정 결정에 실질적인 권한을 행사하기보다는 중앙정부에서 개발한 교육과정을 채택하거나 학교의 실정에 맞게 재구조화하는 수준에 머무르고 있지만, 제7차 교육과정 이후에는 이러한 기관수준의 재량권이 점차 확대되어 가고 있다. 사회적수준(societal level)은 지역 · 중앙정부에서 교육전문가나 입법가에 의하여 교육과정이 결정, 수행되는 것이다.

김호권(1994)도 [그림 1-3]과 같이 굿래드와 비슷한 맥락에서 세 가지 수준으로 개념정리를 하고 있는데, 교육과정의 전개과정을 이해하는 데 많은 시사점을 제공하고 있다.

첫째로, '공약된 목표로서의 교육과정'은 의도된 교육과정이라고 할 수 있다. 교육부 수준에서 공시되는 국가수준의 교육과정 기준 고시, 시 · 도 교육청 수준에서 제시되는 지역수준(17개 시 · 도 교육청) 교육과정 편성 및 운영지침도 이 수준에 속한다. 관내 교육기관을 위한 교육과정 운영 지침으로 지역교육지원청의 장학자료 등이 포함될 수 있다. 아울러 국가와 지역교육과정을 근거로 편성한 학교수준의 단위 학교의 교육과정(학교운영계획)도 이 수준에 속한다. 제7차 교육과정 개편 이후 단행된 2007년 및 2009년의 개정교육과정은 모두 학교수준에서 교육과정의 자율적인 운영을 강조하는 측면으로 변화하고 있다. 이러한 수준의 교육과정 특징은 문서로 고시되어 있는 것이라고 할 수 있다.

둘째로, '수업 속에 반영된 교육과정'은 전개된 교육과정을 의미한다. 현장의 교사에 의해서 공약된 목표로서의 교육과정이 재해석되어 수업과정에서 전개되고 재현되는 것이다. 이 수준에서 교육과정의 결정자는 교사라고 할 수 있다. 실제로 교사가 가르치는 수준의 교육과정을 의미한다. 따라서 전개된 교육과정은 현직교사 교육의 중요성이 부각된다고 할 수 있다.

셋째로 '학습성과로서의 교육과정'은 실현된 교육과정을 의미한다. 이 수준은 교육과정의 종착점으로서 교수-학습에 참여한 학생들이 실제 갖게 되는 경험 및 성취를 의미한다. 학생들의 개인차 및 경험의 다양성을 고려할 때 매우 다양한 모습 및 결과의 교육과정을 기대할 수 있다. 잠재적 교육과정(latent curriculum)도 이러한 세 번째 수준의 교육과정의 중요성을 암시한다(김호권 외, 1994).

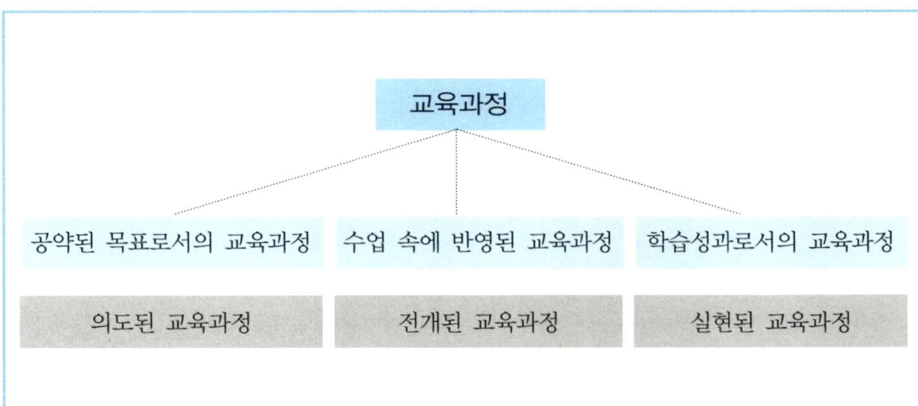

[그림 1-3] **교육과정의 개념모형**

5 교육과정의 개발 수준

앞에서 언급된 공약된 목표로서의 교육과정에서 세 가지 수준으로 국가, 지역, 단위학교 수준의 교육과정을 언급하였다. 이와 같이 교육과정은 개발의 주체에 따라서 그 유형을 국가수준, 지역수준(시 · 도 교육청 수준) 및 학교수준으로 구분할 수 있다.

1) 국가수준 교육과정

국가수준의 교육과정이란 교육에 대한 국가의 의도를 담은 문서내용을 의미한다(김대현, 2011). 이는 교육부장관 이름으로 고시되는 초 · 중등학교 교육과정을 의미하며 교육과정의 목표, 내용, 방법, 평가 등에 대한 최소한의 기본적이고 필수적인 기준을 담은 가이드라인을 제시하고 있다. 총론과 각론으로 나눌 수 있는데, 총론은 교육과정 구성의 방향 및 학교급별 목표, 편제와 시간 배당 기준, 교육과정 편성과 운영 지침에 대한 내용들을 포함한다. 각론에는 교과별 성격과 목표, 내용, 교수-학습 방법, 평가 등에 대한 내용들이 포함된다. 국가수준 교육과정의 유리한 점은 전국적으로 표준화된 교육과정을 가질 수 있으며, 질적 관리도 용이할 수 있다는 것이다. 아울러 국가 교육과정 관련 일관성과 연속성이 유지될 수 있고, 대규모 전문인력 및 막대한 연구비용 등이 투자되므로 질적 수준이 보장되는 교육과정을 개발하는 데 유리하다.

2) 지역수준 교육과정

일반적이고 거시적이며 추상적 수준의 국가수준 교육과정 기준과 학교 교육과정을 연결시키는 교육과정으로 개발의 주체인 시 · 도는 지역사회의 특수성, 교육의 실태, 학생, 교원, 주민의 요구와 필요 등에 대한 조사 결과를 기초로 하여 교육과정을 개발한다. 이는 지역의 특성과 의도를 담는 것으로 해당 지역의 교육적 특성에 맞도록 조정, 보완하고 그 결과를 학교 교육과정에 반영하도록 하는 데 있다(진영은, 2003). 이러한 지역수준 교육과정 운영의 시작은 제6차 교육과정 개편 이후 본격화되어 지역화, 분권화된 지방분권적인 교육과정 운영이 발전, 확대되어 오고 있다. 박도순·홍후조(2008)는 지역수준 교육과정의 필요성으로, 발달된 지역수준 교육과정은 중앙집중화된 국가수준 교육과정의 폐단을 감소시키고 지역의 실정에 적합한 교육과정을 편성, 운영할 수 있어 지역의 인재를 길러내는 데 용이하고 이는 지방자치를 성숙시키고 국가 발전에 기여할 수 있다고 지적한다. 지역수준의 교육과정은 우선 지역의 특수성 및 요구를 반영하여 지역에서 필요한 교육과정을 개발하여 운영할 수 있고, 국가수준에 비하여 교사들이 교육과정에 좀 더 주인의식을 가지고 참여하여 개발, 운영이 가능한 기회가 제공될 수 있다.

3) 학교수준 교육과정

국가수준 교육과정과 시·도 수준의 교육과정 편성 운영을 기반으로 하여 학교의 실정·학생의 실태, 학교가 위치한 지역사회의 요구 등을 반영하여 각 학교별로 개발된 학교의 구체적인 교육과정 운영 계획 또는 학교 운영 계획을 의미한다. 학교수준의 교육과정에서는 학교장의 교육철학, 학교의 설립이념 및 교훈, 전통 등에 따라서 창의성을 발휘하여 개별 학교마다 특색 있는 교육과정이 개발될 수 있다. 여기에는 교사와 학생조직, 연간 수업계획표, 개학일, 중간, 기말고사, 방학일, 졸업식, 기타 학교의 중점 행사 계획 등이 포함된다.

6 교육과정 개발의 참여집단

국가수준의 교육과정, 지역수준의 교육과정 및 학교수준의 교육과정 개발을 위하여 다양한 교육 관련 이해집단들이 참여할 수 있다. 이때 교육과정의 운영체제가 중앙집권적인 체제인가 지방분권적인 체제인가 혹은 비슷한 맥락에서 국가수준, 지역수준, 학교수준의 교육과정 운영을 강조하는가에 따라서 이들 이해집단의 역할 및 참여의 수준도 달라질 수 있다. 여기에서 언급하는 교육과정 개발의 참여집단은 교육과정 개발의 주체가 국가 또는 지자체 더 나아가서는 개별학교인가에 따라서 그 역할이나 참여 형태 등이 달라질 수 있을 것이다. 교육과정 개발과 관련해서 영향을 미치는 중요한 주체 집단 및 그들의 역할을 간략하게 기술하고자 한다.

① **교과전문가** : 개별교과의 성격을 규명하며 그에 따른 수업방법 및 평가방법, 수업 도구 및 자료의 개발과 관련된 분야의 전문지식을 제공한다. 한국교육과정평가원(KICE) 및 각 교과교육연구회, 연구원 등에서 활동하는 집단이다.

② **교육전문가** : 교육과정, 교수-학습, 교육평가 등의 전문가들을 포함하는데, 이들은 주로 교육과정의 설계(design), 교육과정의 개발(development), 교육과정의 실천(implementation) 및 평가(evaluation) 등의 문제에 관련한다. 주로 대학 및 교육 관련 전문연구기관에서 활동하는 집단이다.

③ **학문 분야 전문가** : 해당 학문 분야를 전공한 전문가들로서 해당 학문의 기본적인 성격과 핵심적인 개념 및 내용에 정통한 전문가 집단이다. 이들의 주도하에 이뤄진 학문중심 교육과정 운동은 과감하게 교육과정 내용 및 수준을 개선하여 새롭고 혁신적인 교육과정들을 탄생시켰다.

④ **교육관료집단** : 교육부 및 지역 교육청에서 근무하며 교육과정 관련 업무를 수행하는 장학사 및 연구사 등을 들 수 있다. 이들은 주로 국가 및 지역수준에서 교육과정의 운영 지침을 마련하며 학교수준의 교육과정 운영을 지원 및 통제하는 데 관여한다.

⑤ **학교행정가** : 교장을 중심으로 학교 행정가(관리자)들은 교육과정을 감독 및 통제하고 교육과정 운영과 수업의 구성 평가 활동에 영향력을 행사한다. 특히 학교의 교장은 학교수준 교육과정 개발 및 운영의 리더역할을 하는 가장 중요한 위치이다.

⑥ **교사** : 교사는 교육과정 의사 결정에서 핵심적인 역할을 수행한다. 학교와 교실수준의 교육과정을 개발하고 운영하며 평가하는 데 참여한다(김대현, 2011). 특히 교육과정의 실행은 결국 교사에 의해 좌우된다고 할 수 있다. 교육과정이 효과적으로 실행되기 위해서는 교사의 이해와 실천이 우선적으로 중요하다고 할 수 있다.

7 교육과정의 구성 요소들

교육의 목표는 무엇인가? 어떤 교육내용을 통해서 교육하면 그러한 목표 달성이 가능할 것인가? 효과적인 수업을 위하여 교육내용은 어떻게 조직되고 지도되어야 할 것인가? 실제 교육의 과정에서 목표가 달성되고 있는지, 한 단위의 교육활동이 종료되었을 때 의도했던 목표가 얼마나 달성되었는지, 반성하고 개선될 점은 무엇인지에 대한 종합적이고 체계적인 답을 구하는 것이 교육과정을 구성하고 있는 핵심 구성요소들이라고 할 수 있다. 이러한 맥락에서 타일러(Tyler, 1949)는 교육과정의 구성요소를 목표, 학습경험의 선정, 학습경험의 조직, 평가 등 네 가지로 보고 있다. 교육과정을 구성하고 있는 가장 중요한 핵심요소 네 가지 즉 교육목표, 교육내용(선정, 조직), 교수-학습 과정, 교육평가의 각 요소에 대하여 좀 더 살펴보기로 한다[그림 1-4].

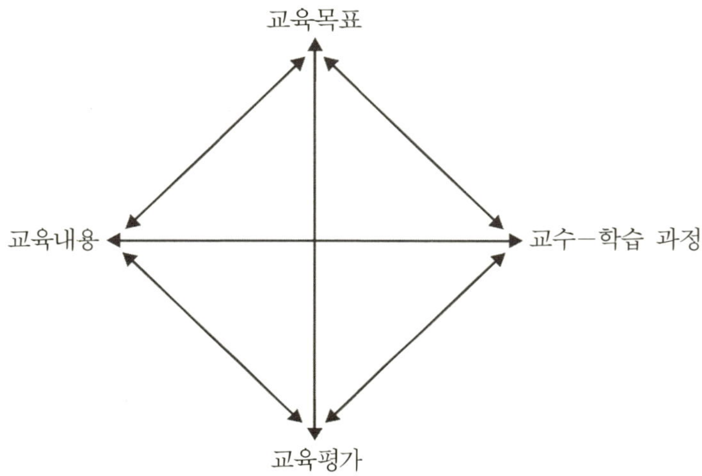

[그림 1-4] **교육과정 관련 구성요소들의 상관관계**

1) 교육목표

교육목표는 교육을 통하여 달성하고자 하는 행동의 변화를 말하는 것으로 교육의 방향을 이끌어가는 것이다. 이러한 행동의 변화에는 인지적인 측면, 정의적인 측면, 가치관, 사회 기술적인 측면 등이 포함된다. 교육과정의 계획에서 가장 먼저 결정되어야 하는 것으로 후속되는 교육내용의 선정 및 조직, 교수학습활동 및 평가의 계획은 교육목표를 설정한 후에 결정될 수 있다.

2) 교육내용

교육내용은 교육목표 달성을 위한 직접적인 도구이자 수단이 된다. 이미 선정된 교육목표를 충실히 반영시켜서 가장 가치있고 효율적이라고 입증된 교육내용을 선정하고, 이러한 교육내용들을 체계적으로 조직하여 학습자들에게 제시해야 한다. 바람직하다고 보는 교육내용의 의미로는 시대 및 학자들의 견해에 따라 교과내용, 학습경험 혹은 지식의 구조 등이 언급된다.

3) 교수 – 학습 과정

이 단계는 학습자 및 교사 그리고 주어진 교육목표와 내용, 교수조건 및 교수방법, 학습환경 등의 요인들이 역동적으로 상호작용을 이루는 과정이다. 학습자에 대한 요인으로는 학습자들의 발달단계, 선행지식, 경험, 태도, 가치관 및 인성 등이 주요 요인이고 교사에 대한 요인으로는 인성, 교육철학, 교육 경험, 교사의 지식수준 및 가치관, 교수방법 등을 들 수 있다.

4) 교육평가

교육평가는 보다 향상된 교육적 성취와 발전을 위하여 체계적이고 계획적인 교육적 노력의 계속적인 과정이다. 학습의 결과가 기르려던 행동 특성과 일치하는지에 대해서도 평가해야 하지만 이러한 결과적인 측면과 함께 교육과정 개발 활동의 전 과정에 대한 평가도 행해져야 한다. 즉 목표의 설정, 교육내용의 선정 및 조직, 교수–학습의 과정 등에 대한 평가가 교육과정 활동 속에 포함되어 유기적으로 이루어져야 한다.

8 교육과정 관련 중요 활동

새로운 교육과정을 만들고자 할 때 새로운 교육과정의 의미, 성격 그리고 교육목표에 대한 설정, 이를 실천하기 위한 교육내용 및 교육방법, 평가의 원칙 등의 활동들은 유기적이고 순환적인 관계 속에서 실천될 때 원래 의도한 소기의 성과를 거둘 수 있을 것이다. 이러한 교육과정 관련 다양한 활동을 구성하는 여러 측면들을 살펴보기로 한다.

1) 교육과정 설계

교육과정 설계는 교육과정의 주요 구성요소를 배열하는 일과 관련된다. 교육과정 구성에 포함되는 중요한 요소들이 교육적인 의도나 방향이 담겨 있는 일정한 틀 혹은 체계라고 할 수 있는 것으로 개발보다 더 구체적이고 특수한 성격을 띤다. 구성 요소 각각의 성격 및 내용들을 밝히고, 각 요소들을 체계적이고 구체적인 교육과정으로 만들어가기 위한 밑그림을 그리는 작업을 의미한다. 교육과정에 포함된 구성요소로 타일러는 교육목표의 설정, 학습경험의 선정, 학습경험의 조직, 평가를 들고 있고, 자이스(Zais)의 경우 목적, 내용, 학습활동, 평가를 들고 있다. 이러한 설계의 과정은 학년 수준, 교과별 수준의 설계 또는 개별 학습단위의 설계가 존재 가능하다.

이러한 설계의 두 가지 중요한 조직 원칙으로 수평적 조직의 원칙과 수직적 조직의 원칙이 있다. 수평적 조직은 범위(scope)와 통합성(integration)의 개념으로 교육과정 요소를 나란히 배열하는 것이다. 수직적 조직은 계속성(continuity)과 계열성(sequence)의 원리로 교육과정 요소를 수직으로 배열하는 것이다.

한편, 이러한 구성요소들이 무엇을 중심으로 편성되느냐에 따라 교과중심 설계(지식중심 설계), 학습자중심 설계(활동중심 설계), 문제중심 설계(사회중심 설계)로 나누어 볼 수 있다.

2) 교육과정 개발

교육과정 개발은 교육에 대한 계획과 아이디어를 프로그램으로 옮기는 과정이라고 할 수 있다. 교육목적과 교육내용의 체계 그리고 이를 효과적으로 전달하기 위한 교육방법, 교육평가, 교육환경 및 실행과정(운영) 등에 대한 종합적인 계획이 담긴 문서를 만드는 활동을 가리킨다. 교육과정 개발은 개발의 주체에 따라서 국가수준에서의 교육과정 개발, 지역수준(시 · 도 수준)에서의 교육과정 개발, 학교수준에서의 교육과정 개발이 있을 수 있다.

3) 교육과정 운영

교육과정의 실천과도 동등한 개념으로 개발된 교육과정을 효과적으로 전개하는 것을 의미한다. 이는 개발된 교육과정을 학교 현장에서 채택하고 실행에 옮기는 과정이다. 교육과정의 개발은 국가, 지역, 학교 등 다양한 수준에서 가능하지만 운영의 과정은 학교 현장을 중심으로 일어나게 된다. 이러한 교육과정 운영(curriculum operation)에 영향을 미치는 요인으로는 학교장, 교사, 학생, 교과서, 시설과 설비, 교육평가, 학교의 재정여건 등 다양하다. 그중에서도 교육과정 운영에 있어서 교사와 수업은 가장 중심적인 위치에서 큰 영향력을 행사할 수 있다.

4) 교육과정 평가

교육과정 평가(curriculum evaluation)는 평가의 대상이 교육과정으로 교육과정의 가치를 판단하는 활동을 말한다. 이러한 활동에는 개발된 교육과정에 대한 평가, 교육과정 운영에 대한 평가, 교육과정의 산출물에 대한 평가 등이 있다. 계획된 교육과정이 학교현장에 잘 적용되었는지, 학생들에게 의도했던 교육적인 성과가 나타났는지 등의 달성 여부를 알아보기 위한 것이다. 교육과정 평가의 목적은 교육과정의 질적 관리를 위한 지속적인 노력으로 면접, 관찰, 기술, 실험 등의 방법으로 자료들을 수집하고 기술하고 분석하게 된다.

제2장

교육과정 활동의 기초 영역

이 장에서는 교육과정 활동에 영향을 미치는 대표적인 요인들인 교육과정의 이론적인 틀과 방향을 제공할 수 있는 철학적인 기초, 교육과정이 인간의 학습원리 및 교수-학습과정과 어떻게 관계를 맺어야 할지에 대하여 방향제시를 할 수 있는 심리적인 기초를 살펴본다. 또한 사회 · 문화적 변화 및 관계성 속에서 교육과정과 사회와의 관계설정을 어떻게 가져갈 것인지 교육과정의 사회적 기초의 내용들을 알아본다. 아울러 교육과정 학문 분야의 역사적 발전 배경에 대하여 소개하기로 한다.

제2장 교육과정 활동의 기초 영역

1 교육과정의 철학적 기초

교육과정 개발활동에 있어서 철학적인 기초는 교육관을 확립시켜주고 교육과정의 구성과 전개에 있어서 방향성을 잡아주는 역할을 한다. 철학은 교육자, 특히 교육과정 종사자가 학교 및 교실을 조직하는 데 기본적인 틀 또는 기반을 제공하는 역할을 한다. 이러한 교육철학의 기능은 좁게는 '학교가 어떤 곳이 되어야 할 것인가? 어떠한 교과목이 가치 있는 교과인가? 어떻게 학생들이 배우는가? 어떠한 교육자료들 및 방법들을 활용할 것인가?' 등과 같은 질문에 대한 답의 근거를 제공한다. 더 넓게는 교육의 목적을 결정하는데, 철학적 태도들은 내용의 선정 및 조직과 교수-학습의 과정에 있어서 어떠한 경험 및 활동들을 강조할 것인가에 대하여 상당한 관점의 차이를 보인다. 여기에서는 철학의 가치 체계를 정리해보고 추구하는 각각의 방향에 대하여 알아본다.

1) 교육철학의 기능

교육철학의 기능은 사변적 기능, 규범적 기능, 분석적 기능으로 분류할 수 있다. 교육현장의 근본원리와 법칙을 밝히려는 것은 사변적(speculative)

기능으로 교육현상에 대한 전체적인 안목을 제시하는 기능을 제공한다. 교육적 가치와 기준을 제공하는 규범적(prescriptive) 기능은 교육의 정책이나 방안을 결정하는 근거로서 가치를 규명하고 탐구한다. 교육에서 사용되는 다양한 용어와 개념들의 의미를 명료화하는 것은 분석적(analytic) 기능으로 교육에 관한 사고나 사상, 용어나 문장, 개념이나 기본 상정들의 의미를 철저하게 분석하고 음미하여 의미를 명확히 하고 모호성을 제거한다(김정환 · 강선보, 2008).

2) 철학의 문제 분야

철학의 문제는 크게 형이상학(metaphysics), 인식론(epistemology), 가치론(axiology) 및 논리학(logics)으로 나눌 수 있다.

형이상학은 실재의 본질에 관심을 갖는 철학 분야이다. '참으로 존재하는 것이 무엇인가? 무엇이 실재인가? 영혼이 존재하는가?' 등과 같은 질문들을 다룬다. 실재하는 것을 무엇으로 규정하느냐에 따라 교육과정의 활동방향 및 지향점도 달라질 수 있다. 형이상학적 관심은 실재가 정신세계에 존재한다고 생각하는 관념론(idealism)과 실재는 물질세계에 존재한다고 주장하는 유물론(materialism)으로 나눌 수 있다.

인식론은 지식의 본질과 지식의 습득과정에 대하여 관심을 갖는다. '안다는 것이 무엇인가? 진리를 어떻게 아는가?' 등 인식론적인 질문은 학습의 수단과 밀접하게 관련되어 있다. 로크의 경험론(empiricism), 데카르트의 합리론(rationalism), 칸트의 비판이론(criticism) 등이 대표적인 지식획득에 관한 인식론적 입장에서 소개되고 있다. 이러한 '앎'과 '지식'의 문제를 어떻게 볼 것인가에 따라서 교육과정의 성격도 달라질 수 있다.

가치론은 '어떤 것이 옳고 그른가? 선과 악의 기준은 무엇인가?' 등 학습의 가치(value) 또는 근거(source)를 찾는 질문에 관련된 문제들을 다룬다. 이러한 가치론은 연구의 대상이 무엇이냐에 따라서 윤리학(ethics)과

미학(aesthetics)으로 나뉜다.

논리학은 이치에 맞도록 논의를 펴는 방법이다. 교육과정 개발활동과 관련한 일련의 활동 즉 교육의 목표, 내용의 선정 및 조직, 교수-학습과정 및 평가의 활동들이 일관성을 유지할 수 있도록 한다.

이러한 철학적인 다양한 탐구의 문제들은 관념론, 실재론, 실용주의 및 실존주의 등의 다양한 철학적 사조를 만들어냈다.

관념론은 진리와 가치는 절대적이고 시간의 구애를 받지 않는 절대적인 것으로 본다. 궁극적인 실재 또는 영원한 진리 추구활동은 이성을 통해서만 가능하다고 보는 입장이다.

실재론(realism)은 관념론과 비슷한 입장이지만, 모든 것이 자연에서 시작되며 자연의 법칙에 따라서 움직인다고 보는 입장이다. 따라서 실재론에서의 진리는 감각을 통해서 검증될 수 있다고 본다. 새로운 경험과 관찰을 통하여 세계를 더 가깝게 이해할 수 있다고 보는 입장이다.

실용주의(pragmatism)는 앞의 관념론이나 실재론에서 추구하는 절대적인 진리 추구활동이나 권위를 앞세우기보다는, 진리는 상대적이며 항상 변한다고 보고, 명확한 사고와 문제해결 능력에 관심을 가지며 생각이나 정책의 실용성과 효율성을 강조하였다.

실존주의(existentialism)는 명확하게 정의된 것은 없지만, 주체성을 지닌 자율적인 인간을 기르는 것을 목표로 하고 있으며 개개인의 주관성, 의지, 취사선택, 삶과 죽음 등의 문제들을 다룬다.

이와 관련해서 교육 관련 문제를 둘러싼 시대 및 사회적 특성을 반영하는 대표적인 교육철학의 사조로 항존주의, 본질주의(essentialism), 진보주의 및 사회재건주의(social-reconstructionism)를 들 수 있다.

물론 이러한 교육철학의 대표적인 사조 네 가지를 이분법적으로 분류하면 전통주의와 진보주의로 양분할 수 있고, 이러한 태도를 〈표 2-1〉과 같이 설명할 수 있다(Ornstein, 1988).

〈표 2-1〉 전통적인 철학과 근대적인 철학 비교

전통적인 철학 (항존주의, 본질주의)	근대적인 철학 (진보주의, 사회재건주의)
사회 및 교육	
• 공식적인 교육은 학교에서 시작 : 학교를 아동 교육의 가장 주된 교육기관으로 여김. • 교육의 목적은 사회의 목적을 위함 : 권위 및 도덕적 자제 등을 포함.	• 공식적인 교육은 가정에서 시작 : 부모가 아동의 교육에 가장 지대한 영향을 미치는 것으로 생각. • 교육은 개인의 잠재성 개발 및 자발적 선택에 따라 다양한 기회를 제공할 수 있어야 함.
지식과 학습	
• 지식 및 정보를 강조. • 교과목들에 대한 강조.	• 문제해결 능력 및 개인이 속한 사회적 환경에서 기능할 수 있는 능력 강조. • 학생들에 대한 강조.
수업	
• 교과서 및 익힘책 위주 : 교수-학습은 대부분 다인수 학습의 교실수업에서 이루어짐. • 대규모 학습, 정해진 일과표 및 동일한 기간(period).	• 다양한 교수 자료들 : 교수-학습은 지역사회 자원(community resources)들을 포함. • 대규모, 소그룹, 개인별 학습, 유연한 일과표 및 조정 가능한 기간(period).
목적 및 중요 프로그램	
• 교양교과목(liberal arts) 및 과학교과 강조.	• 교양교과목, 실용적 교과 및 직업교과목들 혼합.

3) 대표적인 교육철학적 관점

(1) 항존주의

보수적 태도의 대표적인 교육철학으로 교육의 목표는 이성적 인간을 교육하고 지성을 개발하는 것이다. 과거 인류 역사의 유산을 잘 계승하여 가르치고, 시공을 초월하여 영원불변하는 가치 및 지식을 추구하는 것이 교육의 목적이 되어야 한다고 주장한다. 항존주의를 대표하는 교육사상가로는 브리태니커 백과사전을 저술하고, 《파이데이아 제안 : 교육 선언*The*

Paideia proposal: An Educational Manifesto》 등을 주장한 아들러(Adler) 및 그의 동료이자 시카고 대학에서 '고전읽기 프로그램'을 실행하고 교양교육을 강조한 허친스 등을 들 수 있다.

(2) 본질주의

진보주의 교육사조에 대한 비판으로부터 성립된 것으로 실재론에 바탕을 두고 있다. 문화유산의 본질적 가치의 유지, 발전, 전달과 실현을 교육의 목표로 강조하고 있다. 본질주의는 삶을 영위하는 데 꼭 필요한 본질적 기능과 학업적 교과들을 강조하며 이러한 것들을 습득함으로써 유능한 인간으로 성장할 수 있다고 보았다. 항존주의 사조에 비하여 다소 유연한 입장으로 현세적인 이슈 및 실용적이고 직업적인 교과목들의 편성을 강조하였으며, 교사가 학생들에게 이러한 교과들을 잘 가르칠 책임을 진다. 미국 교육 향상을 위한 본질파 위원회를 중심으로 컬럼비아 대학의 윌리엄 배글리(William Bagley) 및 이후 그의 철학을 계승한 아서 베스터(Arthur Bestor) 등을 대표적인 인물로 들 수 있다. 역사학자로도 잘 알려진 베스터는 초등학교에서 강조해야 하는 주요 교과목으로 읽기, 쓰기 및 산수와 함께 과학 및 역사교과가 포함되어야 한다고 강조하였고, 중등학교 수준에서는 수학, 과학, 역사, 국어 및 외국어의 교육을 강조하였다.

(3) 진보주의

1920~1940년대 미국을 중심으로 유행한 교육 운동으로, 1918년 진보주의교육협회(Progressive Education Association : PEA)가 조직된 이후 본격화되었다. 기존의 학교교육체제가 교사 위주의 권위적이고 억압적이며 암기 위주의 획일적인 교수방법에 주로 의존했다고 한다면, 진보주의 교육철학은 전통적인 교수체제에 반하여 학습자의 요구 및 흥미를 중시하며, 이러한 과정에서 실생활 중심의 문제해결 및 과학적 탐구활동과 실생활에서 요구되는 기술, 지식, 태도 등을 강조한다.

널러(Kneller, 1964)는 진보주의 교육원리를 다음과 같이 설명하고 있다. 첫째, 교육은 생활을 위한 준비가 아니라 생활 그 자체여야 한다. 둘째, 교육은 활동적이어야 하며 어린이의 흥미와 관련되어야 한다. 셋째, 학습은 교과를 가르치는 것이 아니라 문제해결을 통하여 이루어져야 한다. 넷째, 교사의 역할은 아동에게 지시자가 아닌 조언자, 안내자의 역할이다. 다섯째, 학교는 경쟁보다 협동을 장려해야 하며 이럴 때 더 많은 교육적 성취를 가져온다. 여섯째, 교육과 민주주의는 서로 중대한 의미를 갖고 있으며 따라서 교육은 어디까지나 민주주의적으로 운영되어야 한다.

(4) 사회재건주의

사회재건주의는 1930년대 경제대공황을 겪으며 진보주의 교육은 개별 아동 그리고 중산층의 학생들에게만 주로 초점을 맞추고 현재만을 중시하는 아동 중심의 교육을 비판하고, 기존의 항존주의 및 본질주의는 과거에 너무 초점이 맞추어져 있음을 비판하였다. 사회재건주의에서의 학교교육은 사회적 필요에 좀 더 민감해야 하고, 새롭고 더욱 평등한 사회창조를 위해 학교가 지도적인 역할을 할 것을 주장한다. 따라서 교육의 목적은 사회를 개선, 재건하는 것이고, 변화와 사회개혁(개조)을 위한 교육인 미래지향적 교육을 실시할 것을 주장하고 있다. 지역사회의 정치, 경제, 문화 전반에 관한 조사활동 및 해결방안 등을 모색하기 위한 문제해결 중심의 학습활동 또한 강조된다. 사회재건주의의 창시자인 브라멜드(Brameld, 1956)는 현대사회의 위기극복을 위해 기존 교육철학의 장점을 취사선택하여 미래사회 건설에 역점을 두어야 하며 학교교육은 사회개혁을 실현시키는 가장 중핵적 활동이라고 강조하였다. 카운츠(Counts, 1932)는 그의 저서 《학교는 과연 새로운 사회질서를 수립할 수 있는가?》에서 사회개혁을 도울 수 있도록 학교를 활용해야 하며 학교는 사회변화의 대리인(agent)이 되어야 한다고 주장하였다.

2 교육과정의 심리 · 학습자적 기초

심리학은 인간이 어떻게 학습하는가에 관련된 물음에 체계적이고 과학적으로 검증된 답을 찾는 학문 분야로서 교수 및 학습의 과정을 이해하는 기초를 제공한다. 교육과정을 계획하는 사람에게 교수-학습과정에 대한 이해와 더불어 교육과정의 최종 종착점인 학습자에 대한 이해는 매우 중요하다. 학습자와 관련된 발달 및 성장의 원리 및 이론들을 소개하고 그것이 교육과정을 계획하는 사람에게 제공할 수 있는 시사점들을 기술하고, 아울러 교수-학습과정에 대한 이해가 어떻게 발전되었는지에 대하여 요약하여 설명하기로 한다.

1) 교육과정 관련 발달 이론 및 교수 – 학습 이론

잘 알려진 피아제(Piaget)의 인지발달이론은 탄생부터 성숙기에 이르는 네 단계의 인지발달단계(감각운동기 : 0~2세, 전조작기 : 2~7세, 구체적 조작기 : 7~11세, 형식적 조작기 : 11세 이후)는 적절한 교육내용을 적절한 발달의 시기에 제공하는 데 도움을 줄 수 있다. 교육과정을 조직하고 새로운 경험을 제공 시에 기존의 경험과 화합(동화; assimilation), 구체적인 경험에서 일반적인 경험 및 원리로 이동(조절; accomodation), 새로운 관계성에 대하여 분류 및 이해(평형; equilibration)의 정신적 과정을 거치며 학습하게 된다.

에릭슨(Erickson)은 성장의 단계에서 핵심갈등에 따른 ① 신뢰감 vs. 불신감, ② 자율성 vs. 수치심, ③ 주도성 vs. 죄책감, ④ 성취감 vs. 열등감, ⑤ 동일감 vs. 역할혼돈, ⑥ 친밀감 vs. 고립감, ⑦ 생산성 vs. 자기침체, ⑧ 통합성 vs. 절망감의 여덟 단계의 심리사회적 발달이론을 제시하며 각 발달단계에서 적절한 환경을 제공해야 건강한 인격으로 성장해갈 수 있음을 제시한다.

피아제의 인지발달단계에 상응하여 콜버그(Kohlberg)는 아동의 도덕성 발달단계에 대하여 세 가지 수준의 여섯 단계 즉 전인습수준(단계1 : 벌·복종에 의한 준수, 단계2 : 욕구충족 수단으로서의 도덕준수), 인습적 수준(단계3 : 대인관계 조화와 수단으로서의 도덕, 단계4 : 법과 질서의 수단으로서의 도덕), 후인습적인 수준(단계5 : 사회계약으로서의 도덕, 단계6 : 편적인 도덕원리에 대한 확신으로서의 도덕)으로 사람이 도덕적으로 완성되어 간다고 제시한다.

하비거스트(Havighurst)는 발달과업(developmental task)의 개념을 소개하고 있다. 그는 인간의 발달단계를 유아기(0~5세), 아동기(6~11세), 청년기(12~18세), 성인 전기(19~29세), 성인 후기(30~55세), 노년기(55세 이후)의 여섯 단계로 나누고 개인의 발달단계에서 특정 시기에 꼭 성취해야 할 과업들이 있고, 그 과업들을 성공적으로 수행해야 그다음 단계에 경험하게 될 과업들을 성공적으로 수행할 수 있다고 밝히고 있다. 이러한 피아제, 콜버그, 하비거스트 등의 인간발달이론들은 교육내용을 배열 시에 어떠한 근거를 기준으로 배열해야 할 것인가에 대한 중요한 시사점들을 제시하고 있다.

한편, 비고츠키(Vygotsky)의 인지발달이론은 심리발달이론에 기초를 두고 학습에 영향을 미치는 사회·문화적 환경을 중시하고 있는데, 그에 따르면 학습이 초기단계에서 아동에게 도움을 제공하고 점차적으로 도움이 되는 발판(scaffolding)을 감소시켜 스스로의 힘으로 해결해 나갈 수 있도록 해야 한다. 비고츠키의 이론은 '근접발달영역(Zone of Proximal Development: ZPD)'으로 상징되는 학습과 발달 사이의 관계를 개념화하는 것으로 사회적 상호작용의 중요성을 강조한다. 비고츠키는 학습현상을 학습 주체와 대상 혹은 환경과의 지속적인 상호작용, 특히 아동의 주변사람(부모, 교사, 또래)들이 지식형성을 촉진시키는 데 지대한 영향을 미칠 수 있음을 강조하고 있다.

학습자의 성장 및 발달단계에 따른 심리적인 특성과 의미, 교육적 필요 및 발달수준에 따르는 요구들을 잘 파악하고, 잘 계획된 교육 프로그램을 통하여 이러한 필요 및 요구사항들이 적절한 방법으로 올바른 시기에 충족될 수 있는 교육활동이 전인적인 학습자의 성장에 있어서 우선적으로 요구된다. 이러한 교육심리학적 그리고 학습자에 대한 과학적인 이해의 기초는 교육과정의 계획에 있어서 교육목표를 올바르게 설정하고 합리적인 교육내용을 선정, 조직하는 것에 직결된다고 할 수 있다.

2) 교수 – 학습과정에 대한 과학적 접근의 몇 가지 시각

우리는 간략하게 학습에 대한 주요 시각에 대하여 살펴보고 그들이 주는 함의에 대한 논의를 할 것이다. 드리스콜(Driscoll, 2000)은 학습이론 및 그들이 교수전략 결정 부분에 미치는 영향들을 다음과 같이 소개하고 있다.

(1) 행동주의적 접근

교수–학습과정에 대한 행동주의적(behaviorist) 접근은 고도의 처방적인 접근으로 학습요소들을 단위별로 쪼개어 단계적으로 구조화시킨 것이 특징이다. 이러한 단위별로 쪼개진 학습요소들을 행동 목표로 제시하여 자극(stimulus)과 반응(response) 그리고 강화(reinforcement)의 기제에 의하여 점진적으로 목표에 도달하도록 한다. 행동주의자들은 학습이 일어날 때 내적으로 일어나는 것에 대하여 숙고하는 것을 거부하고 오로지 관찰 가능한 행동에만 의존하였다. 그 결과 행동주의적 접근들은 상대적으로 단순한 학습과제들을 설명하는 데만 용이하고, 이러한 자세로 인하여 고차원 수준의 기술들을 가르치는 데 있어서 적용이 제한적이다. 예를 들어서 행동주의자들은 학습자들이 어떻게 정보를 처리하는지에 대한 추론을 하는 데 소극적이다.

(2) 인지주의적 접근

20세기 후반에 인지주의자들은 학습자들이 어떻게 정보를 받아들이고 처리하고 조작하는지에 대하여 모델을 창안함으로써 학습이론에 대한 새로운 공헌을 하였다. 인지주의적(cognitivist) 접근은 스위스 심리학자인 피아제의 연구에 기초한다. 인지주의 기반의 학자들은 개인들이 그들의 환경에 반응하여 사용하는 정신적 과정(mental process)들을 탐구하고 개념화시킨다. 또한 어떻게 사람들이 생각하고 문제를 해결하고 결정을 내리는지에 대하여 관심을 갖는다. 예를 들어 행동주의자들은 단순하게 연습이 자극에 대한 반응을 강화시킨다고 진술한다. 반면 인지주의자들은 단기기억 및 장기기억의 정신적인 모델(mental model)을 창안한다. 새로운 정보가 단기기억에 저장되고 장기기억에 저장될 준비가 될 때까지 반복 연습된다. 만일 정보가 연습되지 않는다면 단기기억고에서 사라져버린다. 학습자들은 인지전략들 혹은 복잡한 과제들을 처리하기 위한 기술들을 개발하기 위하여 정보와 장기기억의 기술들을 결합시킨다. 인지주의자들은 행동주의자들이 가지고 있는 것에 비하여 더 넓은 학습에 대한 개념을 가지고 있다. 학생들은 교사의 안내적인 지도에 덜 의존적이고, 그들의 유용한 학습자원들을 사용하여 그들만의 인지전략에 더 의존한다.

(3) 구성주의적 접근

구성주의적(constructivist) 접근은 인지주의자들의 믿음을 넘어서서 확장되는 운동(움직임)이다. 그것은 경험적인 학습의 본질로서 학습자들이 의미 있는 경험에 참여하게 하는 것을 고려한다. 정보의 수동적인 전이에서 능동적인 문제해결 및 발견으로의 전환을 의미한다. 구성주의자들은 학습자들이 정보의 세계에 대한 그들만의 해석을 창안하는 것을 강조한다. 그들은 학습자들이 그들만의 경험 안에서 학습경험을 상황화시킨다고 논쟁하고, 수업의 목적은 정보를 가르치는 것이 아니라 학생들이 그들만의 이해를 위하여 정보를 해석할 수 있도록 상황을 창안하는 것이라고 강조한다. 수업의 역할은 지식들을 조합할 수 있도록 학생들에게 제공하는 것이지 사실들을 분배하는 것이 아니다. 구성주의자들은 실제적인 과제가 의미 있는 맥락에서 상황화되어 학생들이 참여할 때 가장 효과적인 학습,

예를 들면 행함을 통한 학습이 일어난다고 믿는다. 따라서 학습에 대한 궁극적인 측정은 실제적인 상황에서 생각을 활성화시키기 위하여 지식들을 사용하는 능력에 기반하게 된다.

3 교육과정의 사회적 기초

교육과정의 계획에 있어 또 다른 중요한 요소로는 학교 바깥에서 교육과정 활동에 영향을 미치는 정치 · 경제 · 문화적 환경 등의 변화를 들 수 있다. 즉 교육과정은 사회적 · 문화적 · 정치적 · 경제적인 맥락과 불가분의 밀접한 관계형성을 갖게 마련이다.

듀이는 일찍이 교육은 사회의 요구를 잘 파악하고 수용할 수 있어야 한다고 주장하였다. 교육과정을 개발 시에 교육과 사회의 상호작용적인 관계 및 사회가 교육과정에 미치는 영향 등을 고려하여야 한다. 교육과정은 사회 전체와 공동체의 이익을 추구하고 사회의 이념과 체제를 유지, 발전시키기 위하여 사회 전체의 문화내용을 반영하고 있다. 더 나아가서 체제의 유지, 발전을 넘어서 미래사회를 위한 변화, 개혁을 유도할 수 있어야 한다. 따라서 학교는 교육과정을 통하여 그 사회의 가치관, 규범, 생활양식, 태도 등을 구성원들에게 교육시킴으로써 사회를 유지, 더 나은 사회로 개선, 발전시켜 나갈 수 있다.

학교교육이 사회 · 문화적 변화들을 여러 관계성 속에서 고려하고 사회적 요구에 응하며, 이 요구가 교육과정에 반영되어 교육목적 및 목표에 변화를 가져오게 되는 것이다. 왜냐하면 사회의 변화에 따라 그 사회가 요구하는 '인간상'이 달라지기 때문이다. 이러한 학교교육과 사회와의 밀접한 관계형성은 공교육이 보편화되기 시작한 20세기 이후 심화되었으며, 사회적 기관으로서의 학교의 역할 또한 중요하게 취급되었다. 대표적인 예로, 1920년대의 대공황의 경제위기 당시는 학교교육에 있어서 사회에서 유용한 생활중심 위주의 실용적인 지식 및 기능위주의 교육들이 강조되었다. 1957년 냉전시대의 상황에서는 스푸트니크(Sputnik) 발사의 충격이 학문중심 교육과정을 촉진하여 과학 및 수학교육에 일대 개혁 및 내용 수준에 있어서도 질적 혁신을 가져왔다. 그리고 1983년 〈위기에 처한 국가: 교육개혁의 당위성*A Nations at Risk: The Imperative for Reform*〉이란 보고서로 초·중·고등학교 교육과정의 전면적인 개편, 개혁을 유도한 사례 등은 사회의 변화 및 요구에 따른 교육과정 및 학교교육 목표의 변화를 가져온 좋은 사례라고 할 수 있다. 아울러, 학교교육 및 학교의 교육과정은 현실적인 관점뿐만 아니라 미래지향적인 관점에서 사회를 주시하고 이끌어가야 할 것이다.

1) 현대사회의 특징과 교육과정

지식기반사회(knowledge based society)이자 우리가 살아가는 21세기는 지식의 생성과 활용은 물론이고 창의적인 사고와 문제해결 능력이 요구되는 사회이다. 이러한 능력들은 국제사회에서 국가의 지위를 가늠하는 결정요인이 된다.

지식, 정보의 폭발적인 증가, 과학과 기술의 통합과 발전, 평생학습사회, 세계화, 인구의 급증 및 고령화, 다원성과 정체성, 양극화, 노동과 직업의 변화, 여성의 지위 향상 등은 교육과정의 변화를 요구하며, 실제 우리 학교 현장의 교육과정 및 교육방법의 변화 등 다양한 형태로 반영되어 나타나고 있다.

지식기반사회에 대한 여러 가지 특성 중에서 몇 가지 눈에 띄는 특징들을 요약, 정리하면 다음과 같다(김종두, 2000: 노진호, 2001: 서이종, 2001: 정보사회학회 편, 1998).

첫째, 정보가 중요한 재화로서 가치를 지닌다. 산업사회에서는 노동력과 자본이 중요한 자원이었지만, 정보사회에서는 정보가 핵심가치를 지니게 된다. 또한 생산된 제품의 양적 분배가 중요한 산업에서 정보가 가치를 창출하는 산업으로 이전하게 되며, 이를 이용하여 신속한 정보교환이 이루어지게 된다. 그리하여 정보를 전략적으로 이용해서 의사결정을 하게 되고, 이를 이용하여 경쟁적으로 우위를 차지하고자 하는 기업들이 나타나게 된다. 따라서 정보를 보다 빠르고 정확하게 가공, 습득하여 효율적으로 관리하고 목적에 맞게 활용하여 새로운 정보를 생산하는 능력이 중요시된다.

둘째, 새로운 사회기반 구조의 등장을 들 수 있다. 고도의 통신수단 발달로 메시지의 양적 폭등은 인간 간의 사회적, 심리적 상호관계의 확대에 큰 변혁을 일으키고 있다. 이른바 지구촌 현상이다. 지역, 국가 단위의 문화적 경계를 넘어서서 지구촌 문화를 형성하면서 사람들의 일상생활에서도 세계화된 생활양식을 형성해 가고 있다. 물리적 거리감은 소멸되고, 세계 어느 곳과도 실시간으로 접촉이 가능하다. 지리적 경계의 모호화뿐만 아니라 학문 영역 간의 경계도 모호화되면서 구분되고 단절되는 특징들은 활발한 의사소통을 통한 통합적 특징들로 나타나게 된다.

셋째, 변화의 가속성이다. 시간적으로 빠르게 변화가 일어나기 때문에 과거의 모든 것이 순식간에 달라진다. 컴퓨터, 통신의 발달, 그리고 네트워크시스템 환경은 정보의 습득과 이용을 용이하게 할 뿐만 아니라 처리속도를 단축시킴으로써 변화의 속도를 빠르게 할 수 있다. 이는 정보통신기술의 발달속도를 가속화시키는 역할도 함께하는 것이다.

넷째, 전문직과 기술직 종사자의 증가 및 이들의 지배적 현상을 들 수 있다. 연구 및 기술집약적인 산업의 발달로 인해 최근 전문직 및 기술직 종사자들의 고용이 전체 고용 증가율의 두 배 정도로 높게 나타나고 있다. 따라서 생산활동이나 사회 전반에 걸쳐 다종다양한 미래지향적, 전략적인 전문가 집단 내지 두뇌집단이 생겨나고 이들을 군집화한 테크노폴리

스가 형성되고 있다.

다섯째, 개인의 창의성과 개성이 중요하게 된다. 정보의 개인적, 상업적, 그리고 공공의 가치는 제각기 고유한 성격을 유지하지만 추구하는 이해의 범위가 상충되기 때문에 정보화가 진척될수록 아이디어의 자기 유지적 노력이 강해진다. 정보사회는 조직의 힘보다 개인의 창의성을 더 필요로 할 뿐만 아니라 정보혁명의 원동력인 첨단 과학기술은 개성과 창의성을 요구하기 때문이다.

여섯째, 지식의 중요성 제고를 들 수 있다. 지식산업은 새로운 가치창출의 중요한 분야가 되고 있으므로, 경험적 지식이나 기술보다 이론적 지식이 더 중시된다. 다양한 정보들 가운데 필요한 정보를 선택하고 활용하여 지식으로써 그 가치를 발휘할 수 있게 하는 지식산업의 강조는 경제, 사회적 가치창출 및 세상을 변혁시킬 수 있다. 즉 재화나 권력의 원천까지도 지식이 되며, 이는 예고된 지식사회로의 변화를 가능하게 하는 것이다.

2) 지식정보화사회에서의 학교교육

한편, 지식정보화사회에서 필요로 하는 인재를 육성하기 위해 학교의 교육과정에서 강조해야 할 구체적 능력들을 제시하면 다음과 같다.

첫째, 새로운 환경에서의 문제해결 능력과 창의력이다. 문제해결 능력이나 창의력과 같은 고등정신 능력의 신장은 과거부터 교육의 중요한 목적이었으므로 사실 새로운 것이라 할 수는 없다. 발달된 정보통신기술의 교육적인 활용은 현실상황의 여러 가지 문제들을 현실감 있게 전달할 수 있으므로 학교에서 배우는 지식과 기능들이 사회에서 필요로 하고 요구하는 실제적인 요소들과 밀접히 연결 가능하게 한다.

둘째, 학습자 중심 교육환경의 강조이다. 빠르게 변화하는 사회 속에서 자신이 당면한 과제를 수행하거나 문제를 해결하기 위해서는 스스로 지식을 구조화하고, 문제를 자기 주도적으로 해결하는 능력이 요구된다. 자기

주도적인 학습, 참여적 학습 등 자신에게 적합한 개별화 학습을 통해 앞에서 제시한 문제해결 능력이나 창의력의 신장이 용이할 수 있게 된다. 교사에게는 획일적인 지식 전수자의 역할에서 학습자 스스로 이해하고 깨닫게 하는 도움을 줄 수 있는 안내자의 역할이 강조된다. 학습자 개개인이 자신의 특성을 최고로 개발할 수 있도록 다양한 동기부여를 하고 스스로 학습할 수 있도록 도와주는 역할이다.

셋째, 함께하는 학습이다. 효과적인 학습경험은 종종 학습에 참여한 팀의 구성원과 함께 협력적으로 과제를 해결해 가는 과정을 통해 얻어질 수 있다. 국제학업성취도평가(PISA)의 국가 간 학력비교 평가에서도 협력하여 문제를 해결하는 능력의 항목을 추가하여 평가한다고 한다. 비고츠키의 '근접발달영역'에 의하면 지식은 상호작용에 의해 구성되며, 과제 수행 시 공동의 참여와 역할 분담, 그리고 토론을 비롯한 다양한 형태의 상호작용을 통해 문제를 해결하며 과제를 수행할 수 있다고 한다. 프로젝트 형태의 문제해결학습을 통하여 학생 간의 의견을 교환하는 의사소통의 과정에서 상대방 학생을 이해하려는 노력이 필요하며 이것으로 협동학습 형태의 지식 습득이 가능하다. 이제부터라도 여러 사람이 함께 협력과 경쟁을 통해 문제를 해결하고 과제를 수행하는 경험과 태도를 함양할 수 있도록 해야 한다.

21세기 핵심역량을 위한 위원회(Partnership for 21st. Century Skills)에서는 앞으로의 학습자들을 위한 핵심적인 역량으로 학습 및 혁신역량(learning and innovation skills), 정보 · 미디어 · 테크놀로지역량(information, media, technology skills) 그리고 생애 및 경력개발역량(life and career skills) 등을 내세우고 있다.

학습 및 혁신역량을 구성하는 중요 능력으로는 창의 및 혁신능력(creativity and innovation), 비판적사고 및 문제해결 능력(critical thinking and problem solving), 소통 및 협업 능력(communication and collaboration) 등을 내세우고 있다.

정보 · 미디어 · 테크놀로지 역량은 정보문해(information literacy), 미디어 문해(media literacy) 그리고 ICT문해(information, communication and technology literacy) 능력이 있다.

생애 및 경력개발역량의 핵심적인 세부역량으로는 유연성 및 적응성(flexibility & adaptability), 진취성 및 자기주도성(initiative&self-direction), 사회성 및 다문화성(social&cross-cultural skills), 성과창출 및 책임감(productivity & accountability), 리더십 및 책무성(leadership&responsibility) 등이 있다. 따라서 앞으로의 학교교육은 사회에서 요구하는 위와 같은 핵심적인 역량을 키울 수 있는 효과적인 교육과정 개발, 교수-학습활동 및 교육환경의 구축에 초점을 맞춰야 할 것이다.

4 교육과정의 역사적 기초

1) 고대 그리스, 로마시대의 교육과정

교육과정의 역사는 고대 그리스시대로 거슬러 올라가 플라톤의 저서《공화국*The Republic*》제7권에서 이상주의적 교육관을 표현하며 이상국가의 교육과정을 잘 제시하고 있다. 그는 교육이 공화국의 발전에 필수적인 것으로 보고 그에 따라 모든 국민들을 생산계급, 수호계급, 통치계급의 3계급으로 분류하여 그에 합당한 교육의 실시를 주장하였다. 17세 전까지 모든 어린이에게 수학, 음악, 체육을 교육시키는데 여기에서의 음악은 문학과 역사를 포함한다. 17~18세의 나이에는 군사훈련을 통하여 국가 수호에 필요한 튼튼한 신체와 의지력을 키운다. 20세가 되면 선발시험을 거쳐 생산계급과 수호계급을 구분하고, 수호계급에게는 산수, 기하학, 천문학 등을 가르치며 선발시험을 통과하지 못한 자들은 군인이나 노동자가 된다. 30세가 되는 해에는 선발시험을 거쳐 통치자(통치계급)에게 필요한 문법, 수사학, 논리학 등 이른바 변증법적 3학을 교육하는데, 이는 이데아(Idea)를 파악할 수 있는 자질을 기르는 것을 의미한다.

고대 로마시대의 대표적인 교육과정으로는 3학과 4과로 구성된 7자유학과를 들 수 있다. 이는 주지주의적인 입장에서 귀족계급을 대상으로 한 교육과정으로, 3학에는 올바르고 품위 있는 언어표현을 습득하는 데 필요한 문법(grammar), 언어를 효과적으로 사용하여 적절히 표현하는 기능을 배우는 수사학(rhetoric), 생각이 다른 사람을 설득할 경우에 필요한 논리성을 습득하기 위한 변증법(dialectic)이 있으며 이러한 교과들은 이성을 발달시키기에 적합한 교과들이다. 4과는 산술(arithmetic), 기하(geometry), 천문학(astronomy), 그리고 음악(music) 등으로 마음 밖의 세계를 지배하는 질서와 법칙에 관한 교과들로 구성되어 있다.

2) 유럽의 실학주의 사상의 발전과 교육과정

교육과정이란 학문이 본격적으로 출발하기 시작한 19세기 말인 1890년대부터 20세기 이후의 역사를 살펴보는 것은 이 책의 학습목적 및 내용구성 측면에서 볼 때 적절할 것이다. 물론 이보다 먼저 계몽주의시대 모라비아의 교육자인 코메니우스(Comenius)의 《대교수학*The Great Didactic*》과 같은 저서에서 과학적이고 체계적인 교육과정의 전개 원리가 잘 소개되고 있다. 그중 소개되고 있는 몇 가지 교육과정적인 원리들을 예시하면 첫째, 교수방법은 자연의 질서를 따라야 하며 교과내용은 개별 학습자의 발달단계에 따라 학습되어야 한다. 둘째, 교수되어지는 모든 것들은 실생활에 적용 가능할 수 있어야 하며 학습자에게 가치가 있는 것이어야 한다. 셋째, 교과내용은 난이도에 따라서 조직되어야 하고, 수업은 단순한 것에서 복잡한 것으로 귀납적인 과정에 의하여 진행되어야 한다. 넷째, 교육의 실시에 있어서 계열성의 강조이다. 이후 고전적인 교육의 원리에 반대하고 아동 중심의 교육을 강조한 루소(Rousseau)의 《에밀*Emile*》과 그 이후 자연주의 교육사상을 강조한 페스탈로치(Pestalozzi), 프뢰벨(Froebel) 등의 교육원리에서도 체계적이고 순차적인 교육과정 학습경험 구성의 원리가 잘 나타나고 있다.

영국의 공리학자인 스펜서(Spencer, 1861)는 '어떤 지식이 가장 가치가 있는가?(What knowledge is most worth?)' 라는 질문을 그의 저서인 《교육: 지적, 도덕적, 신체적*Education: Intellectual, Moral, and Physical*》을 통해서 제기하고, 교육의 목적은 '완전한 생활을 준비시키는 것'이라고 주장하면서 가치 있는 지식을 다섯 가지 영역으로 분류하였다. 스펜서의 지식의 분류는 활동중심 교육과정의 구성 측면에서 핵심적인 질문들을 거론하였으며 다섯 가지 영역은 다음과 같다. 첫째, 자기 보존에 필요한 지식으로 보건, 체육, 생리학 등 건강에 관한 지식을 의미한다. 둘째, 자기보전에 간접적으로 필요한 지식으로 직업교육, 수학, 기계, 응용과학, 사회과학이 이에 해당한다. 셋째, 자녀양육 및 교육에 필요한 지식으로 요리, 바느질, 육아가 있다. 넷째, 시민으로서 사회적, 정치적 관계유지에 필요한 활동으로 역사, 정치, 경제, 사회학이 있다. 다섯째, 개인적인 취미와 기호를 만족시킬 수 있는 활동으로 예술, 조각, 시, 음악이 있다.

인간의 생존과 진보를 촉진시키기 위한 실생활 측면에서의 교과들을 합리화한 스펜서의 지식의 분류는 교과영역 편성의 기준으로 활용되었고, 이후 듀이의 아동 중심의 생활교육, 학문 중심 교육과정의 발전, 그리고 1918년 미국의 '중등교육재건위원회'에서 발표된 중등교육의 7대 원리(seven cardinal principles of secondary education) 설정에도 영향을 미쳤다. 이 내용은 당시 중등교육의 목적 또는 원리가 사회의 필요, 학생 개개인의 특성 등에 의하여 새로운 방향을 설정하여야 한다고 역설하여 많은 사람들로부터 지지를 받았는데, 그 7대 원리로는 ① 건강, ② 기본과정의 이해, ③ 가치 있는 가족 구성원, ④ 직업준비, ⑤ 효율적인 시민, ⑥ 여가선용, ⑦ 윤리적 품성 등이 있다.

과학적 교육학의 선구자로 알려진 독일의 철학자이자 심리학자인 헤르바르트(Herbart, 1776~1841)는 단순 암기식 교육의 폐해를 비판하고 교수의 핵심은 '인지적 성장을 가져오는 기반을 형성하는 것'임을 강조하며 주어진 교과문제의 선정 및 조직에 체계적인 주의가 필요함을 강조하였다. 또한 교수의 진행은 학습자들의 인식획득의 4단계인 심리적 과정에 따라 진행되어야 함을 주장하였고 교수법의 발전에 지대한 영향을 미쳤다. 이러한 교수의 4단계는 명료(clearness), 연합(association), 계통(system), 방법(method)으로 이어지는 교수 4단계설로 소개되었다. 이후 그의 주장은 제자인 라인(Rein) 이후 다시 그의 제자인 질러(Ziller)에 의하여 준비(preparation), 제시(presentation), 연합(association), 일반화(generalization), 적용(application)의 5단계 단원중심 교수방법으로 확대, 발전하였고 유럽대륙과 미국에 걸쳐 그 단계를 보급시켰다.

3) 20세기 초 미국에서의 교육과정 발전

맥머리(McMurry, 1927) 형제는 이러한 헤르바르트의 사상에 영향을 받아 독일에서 돌아온 후에 헤르바르트의 방법을 미국의 학교에 적용하였다. 이들은 학습경험의 조직을 교육과정의 중요한 문제로 보고, 이전 형태의 지식과 새로운 지식이 융합되는 부분을 그 중심으로 보았다. 맥머리 형제의 교육과정에 대한 생각은 다음과 같은 다섯 가지 질문으로 요약될 수 있다. 첫째, 교육의 목적은 무엇인가? 둘째, 어떠한 교과가 가장 교육적인 가치가 있는 것인가? 셋째, 어떻게 교과와 교수방법을 관련짓는가? 넷째, 최상의 학습 순서는 무엇인가? 다섯째, 교육과정이 어떻게 잘 조직될 수 있겠는가?

1893년 하버드 대학 총장인 엘리엇(Eliot)의 주관 아래 소집된 10인의 위원회(Committee of Ten)에서는 필수교과, 선택교과, 대학준비교과 및 실과교과 등 고등학교의 학문적 교과목들의 요목을 선정, 분류하였는데 라틴어, 그리스어, 영어, 기타 현대언어, 수학, 물리과학, 자연과학, 사회과학, 지리 등을 선정하였다.

1896년부터 7년 동안 듀이는 시카고 대학 부속의 실험학교(laboratory school)에서 학생들의 삶에서 시작해 그들이 겪는 문제를 학습의 장면 속에서 해결하기 위한 실용적이고 진보주의적인 교육의 노력들을 시도하였다. 그의 실험학교에서는 전통적인 교육과정이 더 이상 새로운 산업사회에 의하여 만들어진 다양한 요구들을 충족시키지 못한다는 인식하에 공작, 가게운영, 바느질, 요리 등과 같은 실생활과 밀접한 활동들이 소개되었다. 듀이는 학교를 축소된 사회로 보고 아동 중심의 능동적이고 자율적인 '학습경험의 장' 제공을 통하여 민주적 시민의 양성과 함께 지역사회의 변화 발전까지 시도하였다.

한편, 컬럼비아 사범대학의 킬패트릭(Kilpatrick, 1918)은 듀이의 교육사상을 확대, 발전시켜 구안법(project method)을 주창하여 획기적인 주목을 받았다. 킬패트릭에 의하면 프로젝트란 사회적 상황에서 발생하는 생산되고 소비되는 그 무엇으로서 해결되어야 하는 문제 혹은 숙달되어야 하는 훈련을 의미한다.

교육과정이란 학문 분야에 대한 최초의 전문 서적인 《교육과정》이 1918년 보비트에 의하여 출판되었으며, 이러한 출판물의 발간은 교육과정이 하나의 학문 연구영역으로 인정받는 계기가 되었다. 당시 경영 및 산업 분야에서 추구하던 효율성 운동 및 테일러(Taylor)의 과학적인 경영방법에 영향을 받은 보비트는 이 책에서 교육과정을 "청소년들이 성인생활을 영위할 때 접하게 될 여러 가지 과제들을 적절히 잘 수행할 수 있도록 경험하지 않으면 안 될 일련의 일"로 정의하면서 자라나는 세대에게 새로운 산업사회에서 필요로 하는 성인의 역할 및 생활을 준비시켜주는 효과적인 것으로 교육과정을 강조하고 있다. 이후 1926년에는 컬럼비아 대학에 교육과정 연구센터가 최초로 설립되었으며, 이후 1937년 같은 컬럼비아 대학 사범대학에 교육과정 전공학과가 미국에서는 처음으로 설립되어 전문적인 학문 연구 분야로서의 기틀을 잡아가기 시작하였다.

한편, 1922년 덴버시의 교육장이었던 뉴론(Newlon)은 교육과정 개혁이 수업을 개선시키는 최고의 수단으로 생각하고 교사들의 주도하에 범체제적인 교육과정 개선 프로젝트를 착수하였으며, 몇 년 후 세인트루이스시에서도 비슷하게 교육과정 전문가(curriculum consultant)그룹과 수백 명의 교사들이 함께 참여하는 통합교육과정 개선 프로그램을 실시하여 큰 주목을 받게 되었다.

4) 연구 분야로서의 교육과정 학문의 발전

1933년에는 '8년 연구(Eight years of Study)'라는 고등학교(3년)부터 대학생활(5년)까지 학생들의 성장을 추적 연구한 종단적인 교육과정 실험이 진보주의교육협회에 의하여 전개되었다. 이 실험은 학습자 중심적인 교육과정의 자율적인 설계가 후에 학습자의 성장에 어떤 영향을 미치는지를 알아보기 위한 것으로, 진보적 실험정신이 강한 26개의 개별학교와 3개의 학교구가 참여하였다. 이 연구는 학습자 중심의 중핵 교육과정의 개발 및 과정(process) 중심의 교육과정적인 요인이 학습자의 전인적인 성장에 중요함을 제시하는 계기가 되었다.

1940년대 말에는 타일러의 《교육과정과 수업의 기본원리*Basic Principles of Curriculum and Instruction*》라는 잘 알려진 저서를 통하여 교육과정 연구의 기본적인 틀(frame)이 교육목표의 설정, 학습경험의 선정, 학습경험의 조직, 학습성과의 평가라는 네 가지 핵심 구성요소로 확립되었다. 이 교육과정 개발의 틀은 현재까지도 교육과정 개발이나 이론적인 탐구에서 큰 비중을 차지하는 영향력 있는 모형이다.

1950년대는 교육이 사회의 실제적인 문제들에 관심을 돌리게 되면서 사회중심적이고 미래지향적인 교육을 실시할 것을 주장하는 재건주의 교육사상이 득세하게 되었다. 이러한 사회재건주의 교육철학은 카운츠, 러그(Rugg) 그리고 후에 브라멜드에 의하여 정립되었다. 이들 재건주의자들은 새롭고 더욱 평등한 사회 창조를 위하여 학교의 지도적인 역할 수행을 강조하며 학교교육에서 이러한 사회개혁을 위한 교육적인 프로그램 개발의 필요성을 강조하였다.

1950년 후반에는 1957년 소련의 스푸트니크의 발사의 충격과 함께 지금까지 주류를 이루어왔던, 실용주의 특성을 강조했던 생활적응 교육에 대한 비판으로 미국 교육과정에 대한 개선의 요구가 거세졌다. 이러한 요구는 수학, 과학 등 기초과학 분야 학문에 대한 강화와 함께 교육과정 및 교수의 연구도 좀 더 학문적인 성격으로 바뀌어야 한다고 강조하게 되었다. 이런 상황에서 각 학문 분야의 전문가들이 모여 교육 문제에 대한 심도 깊은 토론이 일주일 이상 집중적으로 이어진 '우즈홀(Woodshole)회의'에서 의장 역할을 한 하버드 대학의 심리학과 교수 제롬 브루너(Jerome Bruner)는 그의 저서 《교육의 과정*The Process of Education*》에서 학문의 기본 성격에 맞게 지식을 가르치기 위해서는 '지식의 구조(structure of the knowledge)'를 가르쳐야 한다고 역설하며 각 교과의 특징을 잘 살릴 수 있고, 탐구과정으로서 지식의 성격을 잘 드러낼 수 있는 방향으로 교육과정을 개선할 것을 권고하고 있다.

1970년~1980년대의 시기는 고도의 산업사회와 과학문명이 빚은 인간성의 매몰과 비인간화 경향을 극복하고 자아실현을 주장하는, 인본주의를 근간으로 하는 학교교육의 인간화운동 및 열린교육운동이 일어난 시기이다. 실버만(Silberman, 1970)의 《교실의 위기*Crisis in the classroom*》, 드리븐(Dreeben, 1968)의 《학교에서 학습되는 것에 대하여*On what is learned in school*》 등의 저서들을 통하여 인간중심적인 교육환경의 중요성과 함께 잠재적 교육과정에 대한 관심이 증대되었다. 이들 운동에서는 공통적으로 교육이 지나치게 인지적 측면만을 강조하는 것에서 탈피하여 정의적 측면에서 건전한 자아개념 형성을 통해 학습자가 전인으로 성장하는 데 필요한 경험을 학교교육이 제공해야 한다고 강조하고 있다.

1983년에는 보고서 〈위기에 처한 국가〉가 발간되어 미국의 국가경쟁력 강화를 목적으로 한 교육의 질 향상을 위한 교육개혁이 시작되었다. 학생들의 기초학력을 강화시키고, 더 높은 학력 성취 기준을 요구하고, 대학의 입학 요건을 강화시키는 등 기초로의 복귀를 요구하는 대중적인 보수주의 성향이 주류를 이루게 되었다.

1980년대는 애플(Apple), 지로(Giroux), 파이너(Pinar), 아이즈너(Eisner) 등의 학자들을 중심으로 교육과정의 재개념화(reconceptualization)운동이 활발하게 시작된 시기이다. 교육과정에 대한 개발보다는 문화비평주의, 페미니즘(feminism), 다원적 문화주의, 신마르크스주의(Neo-Marxism) 등의 다양한 관점에서 교육과정에 대한 사회적 · 정치적 · 경제적 · 문화적 · 이념적인 이해, 해석을 추구하는 이들은 교육과정 학문에 대한 지평을 더욱 확장시키는 계기가 되었다.

2000년대에 들어와서 부시 정부의 '낙오학생방지법(No Child Left Behind: NCLB)'이 마련되어 학교교육에 있어서 책무성(accountability in education)의 개념이 크게 강조되었으며, 특히 읽기와 수학능력의 향상을 위하여 초 · 중등학교에 표준학력고사의 개념이 도입 · 일반화되기 시작하였다.

제3장 교육과정의 다양한 형태

이 장에서는 교육과정 구성요소들의 성격에 따른 분류에 따라 네 가지 대표적인 교육과정의 형태에 대하여 알아보도록 한다. 개별 교육과정에서 교육목적으로서 강조하는 것, '내용과 형식에 있어서 중요하게 취급되는 것들이 무엇인가? 각 교육과정이 탄생하게 된 시대 · 사회 · 문화적 배경은 무엇인가?' 등의 문제에 대하여 알아보도록 하고 각 교육과정과 관련된 중요한 학자 및 관련 이론이나 연구 등에 대하여도 살펴보기로 한다. 교육과정의 공식화 정도에 따른 세 가지 형태의 교육과정의 분류에 대하여도 살펴보기로 한다.

제3장 교육과정의 다양한 형태

1 교육내용의 선정 기준에 따른 교육과정 분류

1) 교과중심 교육과정

교과중심 교육과정(Subject centered curriculum)은 지식중심의 교육과정 이론으로 가장 오래된 교육과정의 형태이며 전문적인 교육과정의 연구가 행해지기 이전의 대부분 교육과정이 이에 해당한다고 볼 수 있다. 이는 교육과정을 일종의 교수요목(course of study)으로 보는 입장으로 대부분의 일선 교육자들에 의하여 거부감 없이 받아들여지고 있는 개념이라고 할 수 있다(김종서 외, 1994). 이러한 교수요목은 교과별로 작성되는 것이 일반적이므로 교과과정과 동일한 의미로 쓰이기도 한다. 교과중심 교육과정은 내용의 논리적이고 체계적인 조직에 의하여 구성되는 것으로 지식중심 교육과정으로도 불린다. 이는 지식이나 문화유산이 학습자의 필요, 흥미에 의하여 선정되기보다는 교사 또는 전문가, 교과서 제작자, 교육과정 작성자에 의하여 철저하게 계획된다. 교과중심 교육과정에서 교육의 기본 목적은 문화적 동화로, 성인 집단이 공유하고 있는 문화유산이나 특수한 정보들을 후세대들에게 전달하는 것이라고 할 수 있다. 각 학문의 영역별로 학생들에게 필요하다고 생각되는 주제를 열거하고 그에 대한 교육내용들을 선정하게 된다.

(1) 형식도야이론

'형식도야이론'은 교과중심 교육과정이 존재하는 근거를 제공하는 이론으로서 교과 설정의 근거에 대한 가장 오랫동안 받아들여져 온 이론이다. 형식도야이론에 따르면, 교과는 지각, 기억, 추리, 감정 등과 같은 몇 가지 기본적인 정신기능을 개발하는 수단이 되며 이러한 정신기능을 개발하는 데 적합한 교과가 따로 있다고 주장한다. 즉 형식도야이론에서는 특정 교과를 배움으로써 정신능력을 닦을 수 있다고 주장하고 있다. 우리가 특정 교과를 배우는 것은 그 교과가 담고 있는 내용 자체가 아닌 정신능력을 도야할 기회, 즉 우리 마음의 근육인 심근(心筋)을 연마할 수 있는 기회를 제공하기 때문이다. 고전읽기를 강조하는 이유도 같은 맥락에서 고전작품을 읽음으로써 도야된 정신능력이 인간관계, 사물에 관하여 판단, 추리하는 데에 유용하다고 판단되기 때문이다. 중세의 '7자유과(문법, 수사학, 논리학, 대수, 기학, 천문학, 음악)'나 조선시대의 '4서3경(대학, 중용, 논어, 맹자 및 시경, 서경, 역경)'과 같은 교과목들은 도야적 가치가 큰 과목들로서 교과중심 교육과정에서의 교과 선정에 중요한 기준이 되었다. 한편 컬럼비아 대학의 교수로 재직 중이었던 손다이크(Thorndike)는 전이실험을 통하여 이러한 형식도야이론의 일반적인 전이에 대하여 반박하며, 선행학습과 후행학습 사이에 내용이나 절차에 상호 동일한 공통적인 요소를 포함하고 있을 때에만 전이가 가능하다는 '동일요소설'을 주장하였다. 이러한 교과중심 교육과정의 주요 특징은 다음과 같다(김종서 외, 1994). 첫째, 문화유산의 전달이 주된 교육내용이 된다. 둘째, 교사중심의 교육과정이다. 셋째, 설명위주의 교수법을 요구하는 경우가 많다. 넷째, 한정된 교과영역 안에서만 분과(分科) 위주의 학습활동이 이루어진다.

(2) 파이데이아 제안

아들러는 인간의 존엄성과 시민의 질적 수준을 향상시키기 위하여 교양교육프로그램을 좀 더 강화할 것을 주장하였다. 파이데이아라는 말은 그리스어 파이스(pais)와 파이도스(paidos)에서 유래한 것으로 '아동의 양육'을 뜻하며 모든 인류가 소유해야만 하는 일반적인 학습 즉 교양교육을 의미한다. 파이데이아 제안에서는 초·중등 교육기간인 12년의 기간 동안 모든 학생들에게 공통적인 단선형(단일한 프로그램)으로 교육할 것을 제안하고 있는데, 이는 모든 사람에게 동일한 학교교육을 제공하는 것이다. 프로그램을 구성하는 대표적인 교과목은 언어(language), 문학(literature), 예술(fine arts), 수학(mathematics), 자연과학(natural science), 역사(history), 지리학(geography) 등이다. 파이데이아 제안에서는 세 가지의 다른 교육과정과 그에 따른 교수방법 및 주요 교육내용들을 개발하였다.

처음 1열에서는 지식의 습득을 목표로 설교적인 수업이 주를 이룬다. 이에 따른 교육내용들은 언어 문학, 수학, 자연과학, 예술, 역사, 지리 등이다.

2열의 교육과정에서는 실습에 의거한 기본학습능력의 습득을 목표로 개인지도 및 코칭과 같은 수업 방법이 동원된다. 읽기, 쓰기, 말하기, 듣기, 관찰, 측정, 비판적인 판단 등의 교과활동이 수반된다.

3열의 교육과정은 개념과 가치의 이해를 확장시키는 것으로 토론 및 소크라테스식 대화를 주요 교수방법으로 언급하고 있다. 이에 따른 교육내용은 교과서 이외의 다양한 책들과 예술작품에 대한 토론, 간학문적 교과(문화, 역사, 과학, 철학 등) 등을 언급하고 있다.

1982년에 발간된 파이데이아 제안은 1983년 보고서 〈위기에 처한 국가〉로 주목받았고, 1983~1988년까지 미국 공교육의 문제를 해결할 10개 연구에서 모두 파이데이아 제안에 따라 개혁을 제시함으로써 더욱 큰 주목을 끌었다.

(3) 고전읽기 프로그램

미국에서는 과거 시카고 대학에서 허친스 및 아들러 등의 영향으로 소위 '시카고 학파'가 실시했던 불변의 진리를 탐구하기 위한 고전읽기 프로그램이 교양교육 프로그램으로 도입되었다. 이러한 고전읽기 프로그램은 인간이 지성계발을 통하여 진정한 지적 자유인을 양성할 수 있다고 보았으며, 허친스는 이를 위한 위대한 고전읽기를 주장하였고, 필독서로 선정하여 학생들로 하여금 읽도록 하였다. 이러한 책읽기 프로그램을 통하여 자신의 이상적인 인물을 만나고, 그들의 삶 속에서 고귀한 가치를 발견하고 그 가치를 추구하며 살기 위한 큰 꿈을 그리면서 학생들은 변화되기 시작했고, 오늘날 시카고 대학은 노벨상 수상자의 최대 산실이 되었다. 현재 미국에서는 이러한 고전읽기 프로그램을 지속시키고 있는 교육중심 대학들이 많이 있다. 잘 알려진 사례로서 미국의 메릴랜드주의 아나폴리스에 위치한 세인트존스 컬리지의 고전읽기 프로그램을 소개한다. 1696년에 설립된 전형적인 학부교육중심의 인문교양대학(liberal art college)으로 이 대학에서는 대학 1학년부터 4학년까지 선택과목(non-electives)없이 100여 권의 고전 및 과학, 수학, 외국어, 음악 등의 교과를 이수해야 졸업할 수 있다. 이러한 고전읽기 교과들은 읽고(read), 토론하고(discuss), 쓰는(write) 방식을 고수하고 있으며, 그중 1학년들이 이수해야 하는 고전읽기 교과과정의 일부를 소개하면, 호머 《일리아드》, 《오디세이》, 플라톤 《메논》, 아이스킬로스 《아가멤논》, 플루타크 《영웅전》, 헤로도토스 《역사》, 플라톤 《국가론》, 투키디데스 《펠로폰네소스전쟁》 외에 다수의 고전 서적들이 필독서로 지정되어 있다.

2) 경험중심 교육과정

20세기 초 불기 시작한 실용주의 철학의 발달과 진보주의 교육운동의 등장은 사회에서도 개인주의, 자유주의의 물결을 촉진시켰다. 이러한 변화는 개인을 건전한 성장으로 이끌어 갈 수 있는 다양한 교육적 노력들에 관심을 갖게 되고 학생들의 흥미와 문제, 생활경험과 밀접한 교육경험 등을 제공하기 위한 여러 실행 가능한 원칙을 개발하려는 노력들에 관심이 집중되기 시작하였다.

이러한 상황은 1930년대의 대공황이라는 미국의 사회 · 경제적인 어려운 상황과 맞물려, 교과중심 교육과정이 비현실적이고 지나치게 지식중심 교과내용 위주의 교육활동이라는 비판이 설득력 있게 받아들여졌다. 고전이나 수학과 같은 이론적 지식들을 강조하는, 지식을 중심으로 한 과거의 전통적인 교육과정은 현실생활과는 거리가 멀다는 주장이 설득력을 얻게 되고, 이러한 교과서 위주의 지식중심 교육에서 탈피하여 학습자의 경험과 생활에 기초한 교육과정을 제안하였다. 즉 학교에서 생활 사태에 직접 도움을 줄 수 있는 지식 및 경험들을 가르치는 것이다.

경험중심 교육과정은 무엇을 가르칠 것인가에 대하여 '생활적응'을 목적으로 학습자에게 경험을 가르칠 것을 제안하였다. 인간생활의 제 영역에서 발생하는 문제들을 중심으로 교육내용을 조직하는 방식을 선호하며, 경험중심 교육과정에서 교육과정의 의미는 '교수요목' 대신에 '학교의 지도하에 학생들이 가지게 되는 모든 경험(experiences under the auspice of the school)'으로 정의하고 있다.

이러한 경험중심 교육과정의 사상은 루소, 페스탈로치, 프뢰벨 등의 아동중심 교육사상에서 많은 영향을 받았으며, 후에 진보주의 교육철학자인 듀이의 '경험을 통한 학습', 킬패트릭의 '구안법' 등으로 계승, 발전시켰다. 듀이는 존스 홉킨스 대학에서 박사과정 수학 중 지도교수인 홀(Hall)의 아동 및 청소년 교육에 관한 심리학적 연구에 지대한 영향을 받았다. 1896년 듀이에 의해 설립된 시카고 대학의 실험학교는 듀이 자신의 경험주의적 교육의 신념을 실천에 옮기는 장이 되었으며, 듀이는 진정한 학습은 경험을 통해서 가능하다는 것과 자신의 대표적인 저서 《학교와 사회*The School* *and Society(1900)*》 및 《아동과 교육과정*The Child and the Curriculum(1902)*》을 통하여 '경험(experience)' 및 '행함(doing)'의 원칙 아래 사회활동의 주제들과 관련된 자발적인 학습활동의 중요성을 강조하였다. 경험중심 교육에서는 이러한 활동들을 통하여 생활사태를 올바르고 종합적으로 처리할 수 있는 능력을 기를 수 있다고 주장한다.

듀이는 지식의 획득은 이성에 의한 사유나 감각적 경험의 기초에 의해 이루어지는 것이 아니라, 주관의 능동적인 활동을 통해서 이루어진다고 보았다. 이러한 관점은 교육에서 학습자의 활동을 강조하였으며 학습자가 가장 능동적일 때는 바로 문제상황에 봉착하였을 때라고 하였다. 이러한 듀이의 주장은 후에 그의 제자인 컬럼비아 사범대학의 킬패트릭에 의하여 '구안법'이라는 새로운 학습자 중심의 교수방법으로 꽃피우게 되었다. 프로젝트란 '사회적 상황에서 온 힘을 쏟을 만한 목적을 가지고 하는 일련의 활동들'로서 프로젝트 학습의 과정은 ① 목적설정, ② 계획, ③ 실행, ④ 검증의 4단계로 나뉜다. 학습자의 자발적이고 능동적인 학습활동을 강조하여 실천적인 문제해결 방법을 강조한 '구안법'은 당대의 현직교사 및 학교 행정가들에게 선풍적인 관심을 이끌었다.

경험중심 교육과정의 중심 사상은 학습자중심의 교육과정 운영이다. 따라서 학습자의 흥미, 욕구, 관심 등이 교육 프로그램의 근간을 이루게 되며 이러한 프로그램에서는 실제적인 생활의 장을 부여하게 된다. 타일러는 미국 진보주의교육협회의 후원으로 경험학습자중심 교육과정의 중등학교에서의 적용 가능성을 실험해 보기 위한 '8년 연구'를 진행하여 그 결과 미국 고등학교의 교육과정이 폭넓은 교양과 생활적응 교육을 포괄하는 방향으로 전환하게 되는 계기를 제공하였다(박승배, 2007). 경험중심 교육과정의 특징은 다음과 같이 요약할 수 있다.

첫째, 학생들의 흥미와 필요를 기초로 하여 학습내용 및 활동을 구성하고 학생들의 자발적 활동을 중시한다. 둘째, 생활인의 육성을 목표로 교육과정에서 실제적인 생활의 장을 부여하고 이에 관련된 학습활동을 행하게 된다. 셋째, 문제해결력의 함양을 강조한다. 학생이 개인적 또는 집단적으로 부딪치게 되는 현실사태에서의 문제를 자발적으로 해결하기 위한 계획을 세우고 직접 참여하여 해결하기 위한 방안을 적극적으로 모색하기 위한 학습활동이 이루어지게 된다. 이러한 과정을 통하여 민주시민으로서의 태도와 정신을 습득할 수 있다.

▸'8년 연구'

미국 진보주의교육협회가 중심이 되어 카네기재단과 교양교육위원회의 지원 아래 1933년~1941년까지 8년간 아동중심, 생활중심 등 소위 진보주의 교육의 효과를 검증하기 위하여 실시한 현장실험의 연구로서, 고교 교육과정 3년, 대학과정 5년의 기간에 걸쳐서 수행된 대규모 종단 연구이다. 타일러는 이 연구의 총책임자 역할을 수행하였다. 300개 이상의 주요대학들이 참여하여 고교 교육과정에서 요구되는 필수 이수요건이나 입학시험에 관계없이 이 실험에 참가한 학생들의 사전 입학을 허락을 받았다.

30개의 진보주의적 실험학교인 고등학교의 1,475명의 실험집단 학생들과 이와 같은 1,475명의 전통주의적 교육과정을 따르는 동수의 학생들이 통제집단으로 비교되었다. 실험학교의 교육과정은 성인사회의 요구와 청소년들의 관심 있는 문제나 흥미들을 위주로 중핵 교육과정(core curriculum) 형태의 자체 교육과정을 자유롭게 개발하여 운영하였다. 연구 결과, 실험학교 즉 진보주의적 원리에 입각한 교육과정을 개발·운영한 학교를 다닌 학생들의 대학 성취도는 전통적인 학교를 다닌 학생들에 비하여 결코 뒤떨어지지 않았으며, 특히 자기 자신의 생활을 주도하거나 사회적 적응 측면에서는 훨씬 더 좋은 성취도를 나타냈다. 이후 고교 교육과정에서는 폭넓은 교양과 생활적응 교육에 대한 내용 및 활동들이 포함되기 시작했으며 학습자들에게 교육의 결과보다 '어떻게 가르치고 배웠는가'하는 교육의 과정적인 측면에도 관심을 갖는 계기를 제공했다. 이 연구는 고등학교수준에서 어느 정도 지적인 자극과 학생의 학습에 대한 자기주도적 능력을 함양할 수 있도록 배려했을 때 학생들의 바람직한 성장과 발달을 촉진시킬 수 있다는 것을 시사하고 있다.

그러나 경험중심 교육과정에 내재하고 있는 지나친 아동중심적인 사고와 실용주의적인 측면의 지나친 강조, 무계획성 등이 교육현장에서 심각한 문제로 부각되고, 1960년대 들어서 과학기술의 급격한 발달과 함께 지식의 문제가 다시 교육과정의 핵심적인 이슈로 부각되기 시작하면서 경험중심 교육과정은 위기를 맞게 되었다.

3) 학문중심 교육과정

학문중심 교육과정은 지식과 기술이 폭발적으로 증가하면서 학교교육에서 무엇을 가르칠 것인가에 대한 심각한 문제의식과 함께 제기되었다. 그동안의 학교교육은 생활교육 지향 및 실용주의 특성들이 지나치게 강조되어 대학 이상의 수준에서 이루어지는 학문의 발전과 체계를 초·중등학교 수준의 교육에서 적절히 뒷받침하지 못했다는 비판과 함께, 교과중심 교육과정이 가지고 있는 지식의 전수 및 주입식 교육방법에 대한 문제점을 해결하고자 하는 시도에서 학문중심 교육과정이 비롯되었다. 아울러, 1957년 소련의 인공위성 스푸트니크의 발사 이후 미국의 국가 안보에 큰 위협이 가해졌으며, 이러한 이유로 수학 및 기초과학 분야 중심의 교육과정의 질적 수준을 향상시키려는 움직임은 학문중심 교육과정의 탄생의 계기가 되었다. 1959년 미국 매사추세츠주의 우즈홀 회의는 심리학자, 수학자, 생물학자, 물리학자, 교육학자, 영화감독 등이 참석하여 미국의 교육개혁의 방향을 모색하기 위한 회의였다. 하버드 대학의 심리학과 교수로 재직 중이던 브루너는 이 회의에서 논의된 모든 내용들을 모아서 《교육의 과정*The process of education*》을 출판하였고, 여기에서 학문(discipline)의 성격은 '학생들에게 지도하기 위하여 조직된 본질적이고 체계적인 지식체' 임을 밝히고 있다. 학문중심 교육과정의 핵심은 각 학문의 성격 즉 '지식의 구조'를 밝히는 일과 그것을 학생들에게 이해 가능한 형태로 번역하는 일이고, 이것은 이 회의를 통해 결론지어진 '지식의 구조'를 '발견학습

(discovery learning)'의 방법으로 가르치고 내용의 조직에 있어서는 '나선형 교육과정(spiral curriculum)'으로 조직하는 것이다.

'지식의 구조'란 핵심적인 아이디어 또는 기본적인 원리 또는 성격을 의미하는 것으로, 지식의 구조적인 특징을 잘 반영할 수 있도록 가르쳐야 하는 것을 강조한다. 이러한 기본구조를 습득할 때 그 교과의 이해를 쉽게 할 수 있으며 다른 사태에 적용 또한 용이하다. 브루너는 '학문연구의 방법'은 '학습의 방법'과 같아야 함을 내세우면서 다음과 같이 대담한 주장을 하고 있다. 브루너(Bruner, 1960)는 "지적인 활동은 어떤 학문의 첨단을 걷는 학자의 그것이나 초등학교 3학년 학생들의 그것이나 마찬가지이다. 그 차이는 정도에 있는 것이지 다루는 지식의 종류에 있는 것은 아니다. 물리를 공부하는 학생은 물리학자인 것이며, 그가 물리공부를 잘하려면 다른 어느 방법보다도 물리학자가 하는 그대로를 따르는 것이 가장 효과적이다."

발견학습은 그 교과에 내재해 있는 기본원리나 핵심적인 개념들을 교사가 주입식 교육이나 중간언어에 의하여 전해주는 것이 아닌 해당분야의 학자가 한 것과 같은 '눈'과 '방식'으로 이를 찾아내도록 하는 것을 의미한다. '나선형 교육과정'은 지식의 구조(핵심원리)를 학년이나 발달의 정도에 관계없이 가르칠 수 있다는 가정에서 초등학생부터 고등학생에 이르기까지 동일한 내용을 가르치되 다만 수준을 달리한다는 입장이다. 이는 핵심적인 원리나 지식을 학년의 진전에 따라 깊이와 폭을 더해 나간다는 의미이다. 브루너는 학습자들의 발달단계에 따라 서로 다른 표현양식을 적용할 것을 제안하는데, 이것을 지식의 표현양식이라고 언급하며 크게 3단계의 표현양식인 작동적(enactive) 표현양식, 영상적(iconic) 표현양식, 상징적(symbolic) 표현양식으로 구분하고 있다. 이러한 지식의 표현양식 원리는 학습자들의 인지발달 단계에 맞추어 폭넓게 그리고 심화, 확장시켜 초보지식에서 고등지식으로 수준을 높여 나가도록 구성하는 원리를 말한다.

브루너는 이러한 '지식의 구조'를 습득함으로써 갖는 이점을 다음과 같이 제시하고 있다.

첫째, 학습자들이 지식의 구조를 습득함으로써 쉽게 교과를 이해할 수 있다. 둘째, 오래 기억할 수 있게 한다. 셋째, 학습 이외의 사태에 적용할 수 있게 한다. 넷째, 지식의 구조를 습득함으로써 고등지식과 초등지식 간의 간격을 좁힐 수 있다.

이러한 학문중심 교육과정의 지식 구조 및 탐구학습의 학습방법이 반영된 새로운 교과과정이 개발되었는데, 이는 교과는 특별한 탐구 즉 주요 개념과 원리를 중심으로 한 탐구의 방법을 지닌 학문을 중심으로 재구성된 수학교과(SMSG: School Mathematics Study Group), 물리교과(PSCS: Physical Science Curriculum Study), 생물교과(BSCS: Biological Science Curriculum Study) 같은 새로운 국가수준의 교과과정 프로젝트가 탄생되게 되었다.

이러한 브루너의 지식의 구조를 밝히려는 노력과 같은 맥락으로 지식의 내용이나 지식의 실체, 타당화의 원칙이나 방법 등으로 지식의 영역을 분류하려는 학문적인 노력이 지속되어왔다. 피닉스(Phenix)에 의하면 교과는 '의미(meaning)'이며 이러한 의미는 인간의 본성과 깊은 관계를 맺고 있다고 설명하고 있다. 피닉스는 인간의 이해의 양식을 기초로 지식을 여섯 개 유형, 의미의 영역으로 구분하고 있는데 ① 표상적인 것(symbolics): 언어, 수학, ② 경험적인 것(empirics): 언어, 생물, 심리, ③ 심미적인 것(esthetics): 음악, 시각 예술, 신체적 예술, ④ 실존적 의미를 깨닫게 하는 것(synnoetics): 개인적 영역, ⑤ 윤리적인 것(ethics): 도덕적 지식과 법, ⑥ 개괄적인 것(synoptics): 역사, 종교, 철학을 제시하고 있다.

'지식의 형식'을 주장한 허스트(Hirst)는 인간의 경험을 일반적으로 인정되는 방식으로 분류하며 ① 수학과 형식적 논리학, ② 자연과학, ③ 인간과학, ④ 도덕적 이해, ⑤ 종교적 지식, ⑥ 철학, ⑦ 심미적인 지식, ⑧ 역사 등으로 분류하고 있다. 이러한 지식 분류의 틀은 교과를 논리적으로 조직하는 데 도움을 준다.

4) 인간중심 교육과정

고도의 산업사회 및 과학기술의 발전은 문명의 발전 및 인간번영의 측면과 함께 인간성의 매몰과 비인간화, 인간소외현상의 반대적 측면도 초래하였다. 20세기 후반에 이르자 교육의 수단관에 대한 회의를 느끼고 교육의 본질관에 대하여 관심을 갖기 시작하였다. 이러한 인간소외 및 비인간화의 경향을 극복하기 위하여 교육에서 인간성의 함양과 인간의 자아실현을 주장하고 나선 것이 인간중심 교육과정이다. 다시 말해, 인간중심 교육과정이란 '학생들이 학교생활을 하는 동안에 가지게 되는 경험의 총체'를 말하는 것으로, 기존의 교육이 지나치게 인지적 측면만을 강조하는 것을 비판하고, 학교교육이 개인들의 이기주의, 경쟁 위주의 문화에서 탈피하여 정의적 측면에서 건전한 자아개념을 형성하고 올바른 태도와 가치관을 발달시켜 학교교육을 통하여 학습자가 '전인'으로 성장하는 데 필요한 경험을 제공할 것을 강조하고 있다. 인간중심 교육과정 개념의 기본성격을 정리하면 다음과 같다.

첫째, 인간중심 교육과정에서는 '잠재적 교육과정'을 '표면적 교육과정(manifest curriculum)'과 똑같이, 경우에 따라서는 더 중시한다. 둘째, 학교환경의 인간화를 위하여 노력한다. 예를 들어, 대규모학교, 과밀학급, 낡은 학교환경 및 시설은 인간소외 현상, 반항심, 정서적 불안과 같은 문제를 제기한다. 잭슨(Jackson)은 "가장 시급한 교육적 과제의 하나는 학교 안에 인간적인 환경을 창조하고 유지하는 방법을 배우는 데 있다."라고 주장한다. 셋째, 자아실현을 목표로 한다. 매슬로우(Maslow)는 '욕구의 위계론'에서 인간의 궁극적인 필요는 '자아실현의 필요'라고 주장하고 있다. 넷째, 인간중심 교육과정에서는 인간주의적인 교사를 가장 필요로 한다.

이러한 인간중심 교육과정의 주장은 추상적인 내용들이 많고 이론이 모호하여 개념의 정착과 운영의 체계화가 아직 이루어지지 않은 상태이다. 우선 그것은 명확한 경험이나 일관된 원리를 바탕으로 이루어진 것이 아니다. 인간주의의 기본개념을 실천에 옮길 준거가 모호하며 인간주의 교육과정학자들이 제안하고 있는 집단경험이나 가치명료화 등의 여러 기법은 일반교사들이 현장에 적용하기에는 문제점들이 많다(이성호, 2009). 아울러 교육의 본질적인 측면에 대한 이해가 소홀하고 개인의 성장만을 지나치게 강조하다 보니, 전체 사회구조 속에서 이뤄지는 교육의 본질에 대한 전반적인 이해를 소홀하게 되는 측면들이 있다. 그러나 교사에 의한 모델링(modeling: 교사 자신이 자아실현을 가르치는 유일한 귀감이 되는 것, 즉 학습자에게 권장되는 모범적 행위를 교사가 행함)과 같은 온화한 교실분위기 속에서 자유로운 인격이 만나도록 하는 것이 인간중심 교육과정에서는 중요한 노력이라고 할 수 있다.

2 교육과정 공식화 정도에 따른 교육과정 분류

1) 표면적 교육과정

표면적 교육과정은 '공식적 교육과정(official curriculum)' 또는 '형식적 교육과정(formal curriculum)'이라고도 불리고, 의도된 교육과정으로서 문서화 형태로 나타난다. 이것은 사전에 계획되고 문서화된 교육과정으로 주체에 따라서 국가수준, 지역수준, 학교수준의 교육과정 형태로 나타날 수 있다. 예를 들면 국가 교육과정을 담은 교육부 장관이름으로 고시되는 '초·중등학교 교육과정'이나, 시·도 교육청에서 발간되는 교육과정지침, 지역수준의 지역 교육지원청에서 만들어진 장학자료, 개별학교수준에서 만들어지는 연간 학교교육과정 운영계획 등은 모두 사전에 명시적인 교육적 목적이 수립되고 이를 실현하기 위한 다양한 교육적 활동들이 수립되는데, 대부분 이러한 계획 및 활동들은 겉으로 드러나고 공식화되는 것들이 일반적인 특징이다.

2) 잠재적 교육과정

잠재적 교육과정은 표면적 교육과정 또는 명시적 교육과정에 대비되는 개념으로 학교교육을 통하여 학생들이 가지는 경험 중에서 종래 교육과정의 개념에서 통상 간과되어온 경험을 의미한다(김종서, 1994). 즉 학교가 계획하지 않아 공적인 문서에 명시되지 않았음에도 불구하고 학생들이 배우게 되는 학습경험이나 결과들을 의미한다. 이러한 잠재적 교육과정은 공식적인 교육과정의 성과를 더욱 공고히 할 수도 있고, 때로는 약화시킬 수도 있는 것으로서 교육과정 계획의 모든 국면에서 반드시 고려되어야 할 중요한 영역이라고 할 수 있다.

학교의 공식적인(official) 교육과정을 의미하는 용어로는 표면적(manifest), 계획된(planned), 가시적(visible), 형식적(formal), 구조화된(structured) 교육과정 등이 있고 이와 대비되는 잠재적(latent) 교육과정은 숨겨진(hidden), 비구조적(unstructured), 비공식적(unofficial), 비형식적(informal) 등의 용어가 사용되고 있다.

공식적인 교육과정의 그림자처럼 따라다니는 잠재적 교육과정은 주로 정의적인 측면이나 태도 또는 무의식적인 생활습관 등과 밀접히 관련되어 있다. 이러한 잠재적 교육과정의 내용은 오랜 기간에 걸쳐 학습되며, 한 번 학습된 내용은 오랫동안 잊혀지지 않는다는 특징을 지닌다(김재춘 외, 2000).

'잠재적 교육과정'이란 학교교육을 통하여 학생들이 가지는 경험 중에서 종래 교육과정의 개념에서 통상 간과되어온 경험으로, '가르치지 않은 교육과정'이라고 할 수 있다. 김종서는 잠재적 교육과정을 "학교의 물리적 조건, 제도 및 행정적 조직, 사회적 및 심리적 상황을 통하여 학교에서 계획한 바는 없으나, 학교생활을 하는 동안에 학생들이 은연중에 가지게 되는 경험"이라고 소개하고 있다. 인간중심 교육과정에서 잠재적 교육과정에 관심을 갖고 중요하게 취급하는 이유는 학교교육의 역기능을 분석하고 이를 표면화시키려는 노력을 통하여 학교교육의 순기능을 확대시키고 강화하려는 의도로 볼 수 있다(김종서, 1994).

잠재적 교육과정의 존재를 발견하고 학교라는 곳에서 일어나는 다양한 상호작용을 통하여 다시 학교라는 장소를 새롭게 관찰할 수 있는 계기를 제공한 것은 잠재적 기능에 대한 사회학적인 연구에서 비롯되었다.

잠재적 기능에 관련된 연구는 기능주의 사회학자인 머튼(Merton, 1968)의 사회제도에의 적응에 관련된 의도된 결과를 표면적인 기능으로, 의도되지 않고 인식되지 못했던 결과들은 잠재적 기능으로 구분하여 표면적 기능의 관점에서만 관찰되고 해석되던 사회적인 제도나 행동들이 잠재적인 관점에서 어떻게 관찰되고 해석될 수 있는지를 미국 남서부 아리조나주의 호피(Hopi) 인디안족의 기우제 풍습을 빌어 설명하고 있다.

호피 인디안족의 기우제 의식은 비를 내려 달라는 명시적인 기능이다. 그러나 이러한 기우제의 명시적인 기능 이외에 조금 더 내적인 측면의 기능을 들여다보면, 기우제는 구성원들의 응집력을 증대시키고 민심을 달래는 효과를 발휘하는데 이것이 기우제 의식의 잠재적 기능으로 인식되는 것이다. 표면적 기능의 관점에서만 보면 비합리적이고 미신에 불과한 기우제가 잠재적인 기능의 관점에서는 새로운 의미로 관찰되고 해석된다.

이러한 잠재적 교육과정에 대해서는 크게 두 가지 시각으로 나누어 볼 수 있는데, 첫 번째 시각은 잠재주의적 교육과정에 대한 순기능적인 측면 또는 기능주의적 측면에서의 연구로서 잭슨, 드리븐(Dreeben) 및 김종서의 연구들을 들 수 있다.

잭슨(Jackson, 1968)은 그의 저서인 《교실에서의 생활*Life in the classroom*》에서 학생들이 학교생활을 통하여 군집(crowd), 상찬(praise), 권력(power) 속에서 살아가는 방식을 습득하게 된다고 하며 학교 특성이 학생들의 삶에 미치는 영향력에 대하여 밝히고 있다. 이러한 것들을 계획하지 않았지만 학생들이 학교생활을 성공적으로 하기 위해서 배울 수밖에 없는 잠재적 교육과정을 구성한다는 것이다. 드리븐(Dreeben, 1968)도 《학교에서 배우는 것들*What is learned in school*》에서 학교교육의 사회화 기능을 강조하며 학교가 수행하는 사회화의 기능 중에서 독립심, 성취감, 보편성 및 특수성의 기준과 사회생활에 필요한 규범들을 자연스럽게 습득하여 나간다고 얘기하고 있다.

한편, 이와는 반대로 잠재적 교육과정이 누군가의 숨은(hidden) 의도로 이용되어 불평등한 사회 구조를 재생산해내는 기제로 작용한다고 보는 시각은 학교교육의 근본적인 변화를 요구한다. 비판주의적 측면에서 잠재적 교육과정을 보는 시각으로 애플(Apple), 보울즈와 진티스(Bowles & Gintis), 지로(Giroux)의 연구 등이 여기에 속한다.

매사추세츠주 애머스트(Amherst) 대학의 경제학 교수인 보울즈와 진티스(Bowles & Gintis, 1976)는 현행 학교교육이 인간교육에 실패하고 있다고 비판한다. 학교가 보편적인 가치를 가르치기보다는 자본주의사회의 유지 및 발전에 필요한 가치관, 인간특성을 주입시키는 기능을 잠재적 교육과정이라는 숨겨진 기능을 통하여 사회의 불평등 구조를 재생산하고 정당화시키고 있다고 주장하며 이른바 학교와 경제적 생산체제가 서로 친화적으로 상응한다는 상응이론(correspondence theory)을 설파하였다.

라이머(Reimer, 1971)의 《학교는 죽었다*School is Dead*》 그리고 일리치(Illich, 1970)의 《탈학교 사회*De-schooling Society*》와 같은 저서에서도 학교의 구조 자체를 비판하고 현행 학교제도 자체가 부정적인 잠재적 교육과정의 원천이라고 비판하며 학교 제도 폐기를 주장하고 있다. 위스콘신 대학의 급진적 사회학자인 애플(Apple, 1995)은 지배문화의 영향력(헤게모니) 행사를 위하여 학교의 잠재적 교육과정을 적극적으로 활용할 수 있다는 관점을 제시하고 있다. 애플에 의하면, 학교교육을 통하여 힘을 가진 자는 그 힘을 더 오래 유지할 수 있도록 도와주고, 반대로 힘을 갖지 못한 계급에게는 그러한 무능력을 인정하고 받아들일 수 있도록 고착화시킨다는 것이다. 이러한 지배계급의 구조를 영속화시키는 재생산 이데올로기가 학교교육을 통하여 작동되는 잠재적 교육과정에 대한 깊이 있는 이해가 따를 때 보다 정의로운 사회를 건설할 수 있다고 주장한다.

김종서는 표면적 교육과정과 잠재적 교육과정을 다음과 같이 특징적으로 대비시켜 제시하고 있다. 첫째, 표면적 교육과정은 학교에 의하여 의도적으로 조직되고 가르쳐지는 반면에 잠재적 교육과정은 학교에 의하여 의도되지 않았지만 학교생활을 하는 동안에 은연중에 배우게 된다. 둘째, 표면적 교육과정이 주로 지적인 것과 관련이 있다면, 잠재적 교육과정은 주로 비지적인 정의적인 영역과 관련이 있다. 셋째, 표면적 교육과정이 주로 교과와 관련이 있다면 잠재적 교육과정은 주로 학교의 문화 풍토와 관련이 있다. 넷째, 표면적 교육과정은 단기적으로 배우며 어느 정도 일시적인 경향이 있는데 반하여 잠재적 교육과정은 장기적·반복적으로 배우며 보다 항구성을 지니고 있다. 다섯째, 표면적 교육과정은 주로 교사의 지적·기능적인 영향을 받으나 잠재적 교육과정은 주로 교사의 인격적인 감화를 받는다. 여섯째, 표면적 교육과정이 주로 바람직한 내용인데 반하여 잠재적 교육과정은 바람직한 것뿐만 아니라 바람직하지 못한 것도 포함한다. 일곱째, 표면적 교육과정과 잠재적 교육과정이 서로 조화되고 상보적인 관계에 있을 때 학생행동에 강력한 영향을 미칠 수 있다. 여덟째, 잠재적 교육과정을 찾아내어 이를 계획한다 하여도 표면적 교육과정과 잠재적 교육과정의 구조는 변하지 않는다. 아홉째, 표면적 교육과정 자체의 잠재적 기능이 있다.

겉으로 드러나고 계획되는 표면적 교육과정만을 교육과정이라 생각하고 잠재적 교육과정에 대하여 관심을 갖지 않는다면 인간교육의 발전적인 탐색과 실행에 있어서 장애가 되는 것이다. 따라서 인간교육의 실천에 저해가 되는 잠재적 교육과정의 원천이 무엇인지를 찾아내어 교정하고 제거하는 일은 교육의 순기능을 강화할 수 있는 일이고 결국 인간중심 교육과정이 추구하는 방향에도 부합되는 것이 될 수 있다(김종서, 1994).

3) 영교육과정

아이즈너는 저서인 《교육적 상상력*The educational imagination*》에서 표면적인 공식적 교육과정과 잠재적 교육과정 이외에 또 다른 교육과정의 영역이 있다고 밝히고 있는데, 이것이 '영(零)교육과정(null curriculum)'의 개념이다(Eisner, 1979). 영교육과정이란 교육적으로 가치가 있고 학습할 만한 내용이지만, 학교가 의도적으로 배제하거나 소홀히 취급하고 공식적으로 가르치지 않아 배울 기회를 갖지 못하는 교과나 지식 혹은 사고양식을 의미한다.

아이즈너는 학생들에게 주는 교육적 영향 중에서 가장 핵심적인 요소로 '학습할 기회'를 들면서 학교 교육내용에서 '포함되는 것'과 '포함되지 않는 것'에 대한 심각성을 제기하였다. 학교에서 선택된 과목이나 지식들을 통해서 학생들이 접한 내용들만 중요한 것으로 생각하게 되고 그 방향으로 훈련되어 길들여지게 된다. 그러나 한편, 학교 교육과정에서 제외되어버린 중요한 지식과 능력들은 전혀 개발되지 못하고 그 결과 우리의 문화유산은 한 방향으로만 발전되어 버린다는 것이다. 흔히 학교교육에서 논리적인 사고가 강조되고 직관력이나 상상력은 소홀히 취급되는 경우, 성경에서 강조되는 창조론 대신 진화론이 학교교육에서 가르쳐지는 경우, 역사교육에서 자국에게 불리한 역사적 사실들이 교육내용에서 제외되는 경우 모두가 영교육과정의 좋은 사례가 될 수 있다. 이러한 영교육과정에 대한 논의는 우리 학교교육에서 선택 및 제공해야 할 교과에 대한 중요한 시사점을 제공하고 있으며, 공식적인 교육과정의 영역 및 내용들이 더욱더 깊이 있고 풍성해질 수 있음을 암시한다.

제4장 교육과정의 연구 동향

맥도날드(MacDonald, 1971)는 교육과정 학문 분야와 관련한 종사자들의 활동을 크게 다음과 같은 세 가지 부류로 분류하고 있다. 첫째는 교육과정 개발에 도움을 주고자 하는 집단, 즉 교육과정 연구, 개발, 평가 등에 응용할 수 있는 안내 체계를 마련하고 이러한 활동들을 교육과정 이론이라고 보는 그룹이다. 둘째는 교육과정에 대한 과학적 탐구를 강조하여 교육과정 현상을 경험, 과학적으로 탐구하려는 집단이다. 셋째는 실제적인 문제의 처방이나 실증적인 검증 없이 교육과정 분야를 창조적인 지적활동과 이해를 통한 교육과정 이론을 형성하려는 집단으로 분류하고 있다. 파이너(Pinar, 2004)는 이러한 맥도날드의 분류에 의거하여 이들을 '전통주의자(traditionalist)', '개념적 경험주의자(conceptual-empiricist)' 및 '재개념주의자(reconceptualist)'로 분류한다.

제4장 교육과정의 연구 동향

1 전통주의자

전통주의자들의 모형은 '과학적 관리주의'의 이론을 충실하게 지키고 있는 자들로서 '체제접근적 모형'이라고도 불린다. 이들은 교육과정 개발과 같은 실제적 업무에 유용한 지침, 방법을 찾는 데 중점을 두고 있는데, 파이너에 의하면 전통주의자들은 학교에서 현장의 교육과정을 실천하는 사람들에게 서비스를 제공하는 것을 가치로 여기는 사람들로 정의하고 있다. 대부분의 교육과정 개발 종사자들은 바로 전통주의자들의 체제접근적인 방법에 따라 교육과정 개발활동에 참여하고 있다고 할 수 있다. 이들이 교육과정 개발활동에 있어서 우선적으로 다루는 것은 바로 목표의 중요성이다. 대부분의 전통주의자들의 모형은 바로 이 목표 설정의 단계를 중요하게 취급하고 있다. 모든 사고의 출발점은 목표에서 이루어지고 이후의 활동 및 과정들은 목표를 효과적으로 달성하기 위한 수단이다. 이러한 전통주의자들의 목표에 대한 접근 방식은 실용적인 가치 및 실천적인 성과를 중요시하는 미국의 실용주의적인 전통에서 비롯되었다. 타일러는 전통주의자들을 대표하는 인물로 그의 유명한 저서인 《교육과정과 수업의 기본원리》에서 교육과정의 기본적인 요소를 교육목표, 학습경험의 선정,

학습경험의 조직, 그리고 평가 이 네 가지로 보았다. 좀 더 구체적으로 타일러는 이 저서에서 교육과정과 수업을 계획할 때에 직면하게 될 문제를 어떤 순서로 어떻게 해결해야 할 것인가에 대한 원리들을 체계적이고 합리적으로 다음과 같이 제시하고 있다.

첫째, 달성해야 할 교육목표는 무엇인가? 둘째, 목표를 달성하기 위하여 어떤 학습경험을 선정해야 하는가? 셋째, 학습경험을 효과적으로 조직하는 방법은 무엇인가? 넷째, 목표가 달성되었는지를 어떻게 알 수 있는가?

타일러의 개발모형 [그림 4-1]에서는 아울러 목표의 결정에 앞서 학습자, 사회, 그리고 교과에 대한 분석을 제시하고 있다. 교육과정 설계자는 이 세 가지 원천으로부터 여러 자료들을 수집하여 목표를 세울 것을 제안한다. 이러한 과정을 통하여 규명된 목표는 다시 교육철학과 교육심리라는 두 가지 기준에 의하여 걸러져 최종목표로 다듬어진다.

이러한 타일러의 개발모형은 합리성, 효율성을 강조하는 기술공학적인 접근방식으로, 교육과정 개발 시 직면하게 될 문제들을 어떤 순서로 어떻게 해결해야 할 것인가에 대하여 체계적이고 합리적으로 처방하는 데 있어 현장의 실천가들에게 직접적인 도움을 제공하고 있다. 그러나 이 개발모형에 대한 비판적인 시각도 존재한다. 이 모형은 기준이나 절차, 방법 등에만 관심이 집중되고 있고, 목표, 내용의 가치에 대한 직접적인 답을 제공하지 못하는 외형적인 활동들에 그 초점이 맞춰져 있다(Tanner & Tanner, 1980).

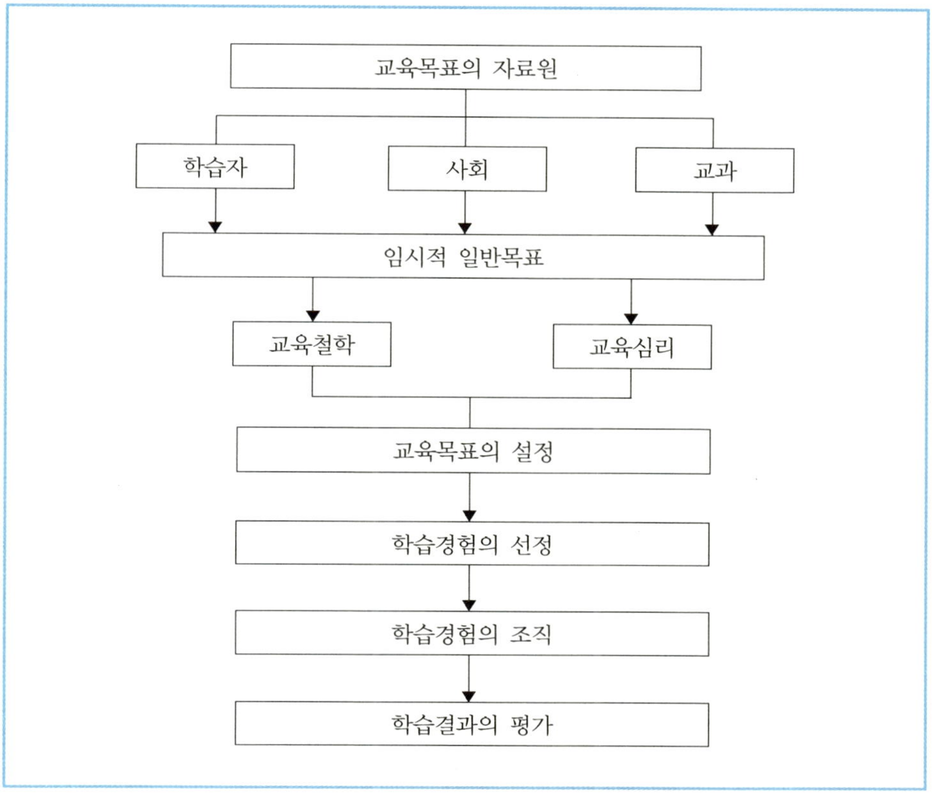

[그림 4-1] **타일러의 교육과정 개발모형**

[그림 4-2]에 소개되는 모형은 또 다른 전통주의자로 소개되고 있는 타바(Taba)의 교육과정 개발모형이다(Taba, 1962). 교육과정 개발에 있어서 교사의 참여를 강조했던 타바는 전통적인 하향식 형태의 관리모형을 반대하며, 상향식 접근인 구체적인 사실에서부터 출발하여 일반적인 설계모형을 구성하는 교육과정 개발에 있어서 귀납적 접근의 모형으로 '풀뿌리 합리 모형'으로도 소개된다. 이 모형은 교사에 의한 단원수준 교육과정 개발의 상황에서 유용한 모형이다.

이 모형을 좀 더 살펴보면, 첫 번째 학년별 또는 교과 영역별 시험적인 교수-학습단원의 구성을 교사가 직접 개발하기 위하여 요구진단에서 균형과 계열성 검증에 이르는 8단계가 순차적으로 필요하다고 제안한다.

두 번째 단계인 시험단원 검증은 앞의 단계에서 개발된 시험적인 단원의 교수가능성이나 타당성을 검증하기 위하여 다른 수준의 학년이나 교과 영역에 확대 적용하는 것이다.

세 번째 단계인 개정 및 통합의 단계는 개발된 단원들을 수정 · 통합하여 다양한 유형에 적용 가능한 보편타당한 교육과정을 개발하는 것이다.

네 번째 단계인 구조 개발은 많은 단원이 개발된 이후 단원들을 구조화하여 전체의 범위나 계열성이 적합한가에 대하여 시험하는 단계이다.

다섯 번째 단계인 새 단원 정착 및 확산은 새 단원을 교실수업에 투입하고 정착시키기 위해 교사들의 연수를 통하여 확산시켜 나가는 것이다.

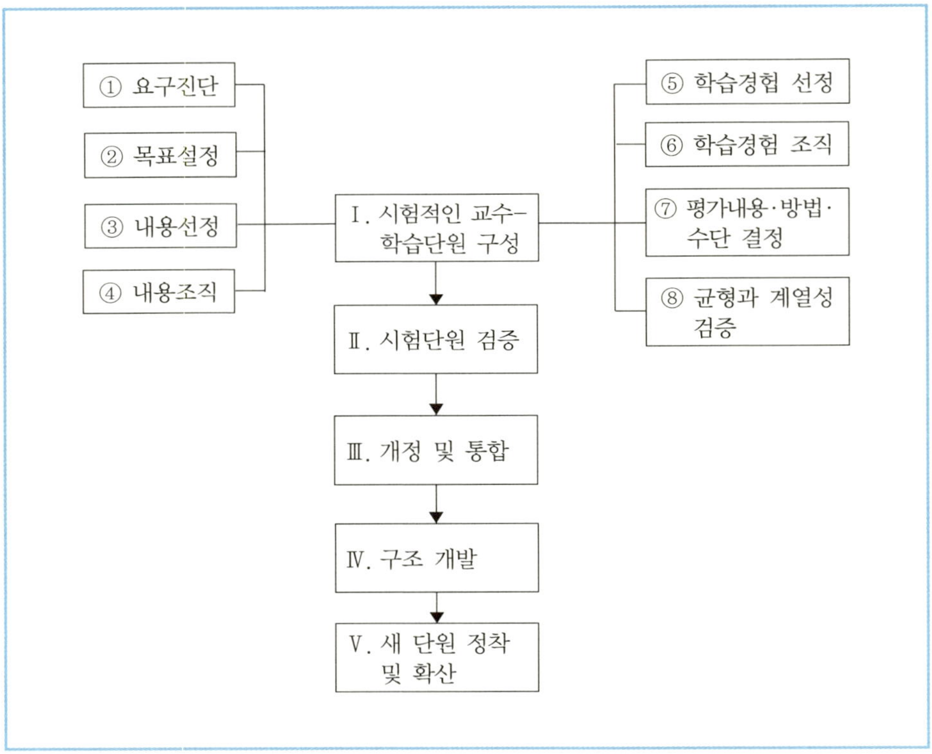

[그림 4-2] 타바의 교육과정 개발모형

2 개념적 경험주의자

이 부류에 속한 학자들의 교육과정에 대한 기본적인 전제는 교육과정을 포함해서 인간행동에 대한 과학적 이론이 가능하다고 보는 것이다. 개념적 경험주의자(conceptual-empiricist)들은 교육과정을 구성하고 교육과정에 대한 실천적 지침을 형성하는 과제에 있어서 교육과정의 실제적이고 가시적인 현상에 관심을 갖고 이에 대한 원인 및 결과 등을 분석하려고 노력한다. 이들의 주장 및 문헌들에서는 사회과학자들이 사용하는 '개념적' 및 '경험적'이라는 용어들이 자주 사용되고 있기 때문에 개념적 경험주의자로 불리고 있다. 이들은 교육과정 현상을 경험 · 과학적으로 탐구 및 설명이 가능하다고 보고, 기술하는 것에 관심을 갖는다. 따라서 기존 교육과정의 현상에 관련된 개념이나 생각들을 보다 분명하게 하고, 교육과정 분야의 문제해결을 위해서 교육과정 현상을 체계적 · 학문적으로 연구해야 한다고 주장하며 숙고(deliberation)의 단계를 강조한다. 이러한 개념적 경험주의자들의 부류에 속하는 모형으로는 존슨(Johnson), 워커(Walker), 뷰챔프(Beauchamp) 등의 모형을 들 수 있다.

존슨은 교육과정을 '구조화된 일련의 의도적 학습성과(structured series of intended learning outcomes)'로 규정하고 있다. 이러한 규정은 교육과정과 수업(instruction)을 이원화하여 구분한다. 그는 교육과정은 교육과정개발체제의 산물인 동시에 수업체제에 대해서는 투입역할을 한다고 설명하며 교육과정은 수업을 안내하는 역할이며, 교육과정 개발체제(curriculum development system)와 수업체제(instructional system)를 차별화하여 설명하고 있다[그림 4-3].

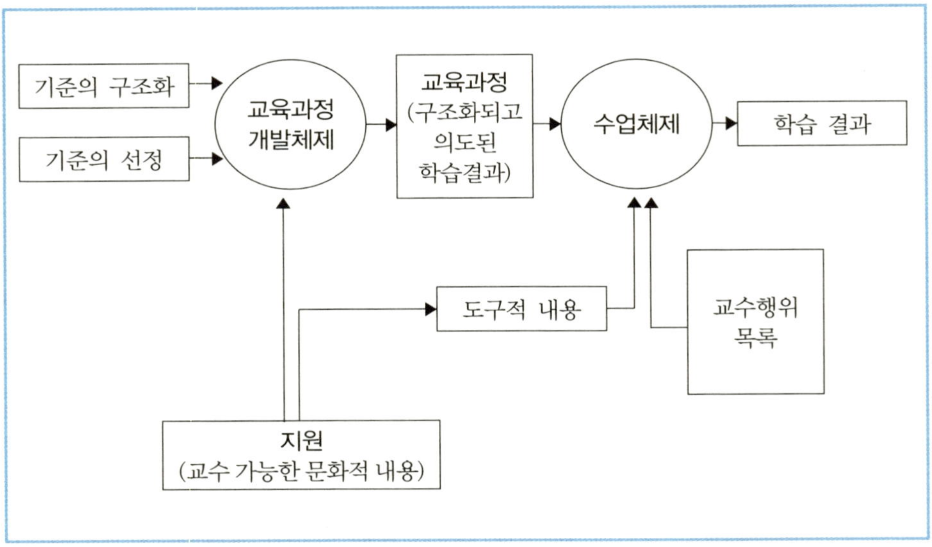

[그림 4-3] **존슨 교육과정 개발모형**

워커의 교육과정 개발에 대한 모형은 교육과정을 계획하는 동안 실제로 이러한 개발 절차들이 어떻게 이루어지고 있는지에 대하여 구체적이고 실제적으로 기술하였다. 워커는 기존의 교육과정 개발모형이 프로그램의 성격에 충분한 관심을 기울이지 않고 오직 처방적인 절차에만 관심을 갖는 비합리성을 비판하였다. 그의 모형은 실제 상황에서 어떻게 교육과정이 개발되는가에 대한 절차들을 [그림 4-4]에서 구체적으로 묘사하고 있는데, 이는 교육과정 개발에 대한 자연주의적(naturalistic) 모형으로 소개되고 있다. 워커의 개발모형은 출발점(platform), 숙의(deliberation), 설계(design)의 세 가지 요소로 구성된다.

첫째 출발점 단계에서는 교육과정을 개발하는 참여자들의 신념, 가치체계, 태도, 이상, 정치적 강령 등이 토대로 모여 무엇이 중요하고 무엇이 추구되어야 하는가에 대한 논의들이 시작되는 단계이다. 이 단계는 교육과정 개발 시 추구해야 하는 목표가 무엇인지를 분명하게 제시하는 단계이다.

둘째 단계는 숙의 단계이다. 이 단계에서는 교육과정 개발에 참여한 구성원들이 다양한 대안을 검토하고 논의하여 공통적인 그림을 그리기 위하여 상호작용하는 단계라고 할 수 있다.

셋째 단계는 설계의 단계이다. 개발자들이 논의를 통하여 교육프로그램의 상세한 계획을 수립하는 단계이다. 숙의의 단계에서 선택한 대안을 실천 가능한 것으로 구체화하는 단계라고 할 수 있다.

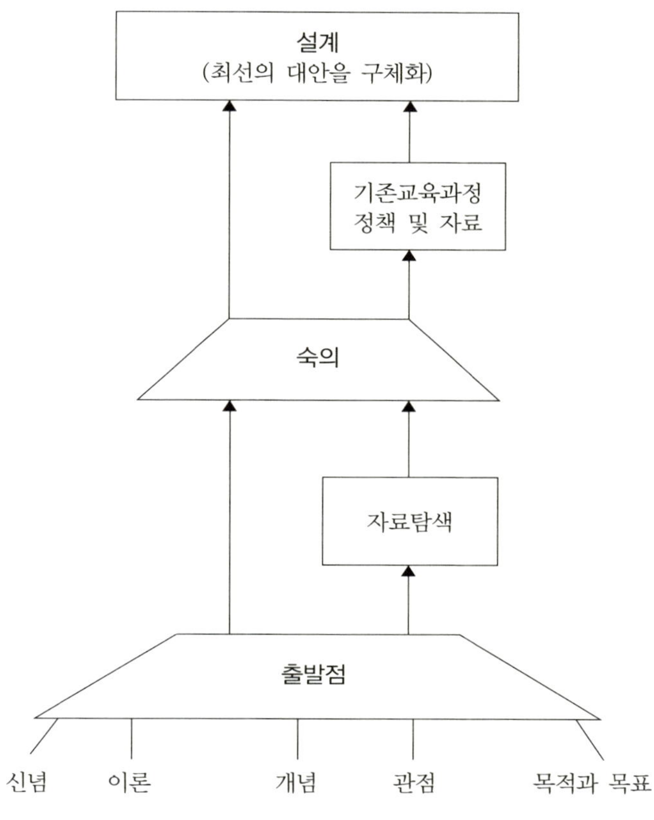

[그림 4-4] **워커의 실제적 교육과정 개발모형**

3 재개념주의자

교육과정에서 재개념주의가 처음으로 공론화되기 시작한 계기는 파이너의 1975년 저서인 《교육과정의 이론화: 재개념주의자*Curriculum Theorizing: The Reconceptualists*》이다. 재개념주의자는 교육과정의 개발보다는 다양한 개인적 혹은 실존적인 관점에서의 이해 또는 해석에 연구의 관심을 갖는 그룹이라고 할 수 있다.

이들 재개념주의자들의 연구 주제는 매우 다양하나 이들의 공통점은 전통적인 교육과정에 대한 비판적인 시각이라고 할 수 있다. 재개념주의자들은 기존의 교육과정 개발에 대한 기술과학적, 경험과학적, 실증주의적인 접근들을 비판하고 교육과정에 대한 관념적, 목적론적이고 실존적인 본질의 이해를 시도한다. 이들의 학문적인 출신 배경은 역사, 철학, 종교, 문학 등 다양한 인문과학 계통으로 맥닐(McNeil)은 이들 재개념주의자들을 연성 교육과정학자(soft curricularists)로 분류하고 있다. 재개념주의자들의 연구 관심 분야 및 접근방식들은 매우 다양하여 간단히 이들의 입장이나 접근방식을 정리하는 것은 쉽지 않다. 파이너(Pinar, 2004)는 《현대교육과정의 담론》에서 재개념주의자들의 탐구 영역을 교육과정에 대한 1) 역사적 맥락에서의 기술공학적 접근에 대한 비판, 2) 교육과정 이론과 실제의 의미와 관련성, 3) 정치적 · 사회적 관점, 4) 심미적 관점, 5) 현상학적 관점, 6) 남 · 녀 간의 성차별에 대한 사회적 불평등 문제 등으로 분류를 시도하고 있다. 그중 몇 가지 문헌에 잘 알려진 재개념주의자들의 연구들을 소개하면, 파이너는 교육과정을 인간 개인의 실존적 경험 측면에서, 베이츠만(Batesman)은 교육과정의 정치성에 대하여, 애플은 교육과정의 이념성에 대하여, 아이즈너는 교육적 사고에서 예술적 측면을 고려할 것을 주장한다. 또한 클리바드(Kliebard), 만(Mann) 등은 비평주의적인 측면에서 전통적인 교육과정 개발모형의 탈역사성, 탈사회성을 비판하고, 프라이(Frye), 아오키(Aoki) 등은 페미니즘적인 측면 교육과정에서 나타나는 남녀 간의 불평등문제와 성역할 관념 등을 재조명하며 누가 교육과정에서 더 특권적인 위치를 누리는가와 같은 문제들을 다루고 있다.

1) 쿠레레로서의 교육과정-실존적 접근

재개념주의자 부류의 핵심적인 인물 가운데 하나인 파이너의 '쿠레레'로서의 교육과정은 실존적인 경험으로서의 자기분석적인 교육과정으로 교육적인 체험을 자신의 존재와 연관시켜서 반성하고, 궁극적으로는 자신의 삶과 미래의 가능한 방향을 상상하거나 창출하는 것이다. 파이너는 개인의 경험을 이해하는 가장 좋은 방법은 개별적인 경험의 특수성을 강조하는 것이고, 개인이 교육적인 경험 속에서 갖는 내적 경험의 탐구에 초점을 맞추는 것이라고 강조한다. 자서전적인 방법(autobiographical method)으로서의 교육과정으로 잘 알려진 이 '쿠레레'의 방법은 회상-전진-분석-종합 4단계로 일종의 교육과정을 자기분석 혹은 자기이해의 방법으로 접근하고 있다. 회상(regressive)은 과거를 회상 · 기술하고 현재와의 심리적 관계들을 분석하는 단계이다. 전진(progressive)은 자신의 미래상을 상상하고 그것과 현재와의 관계를 결정하는 단계이다. 분석(analytical)은 자신의 현재 상황을 기술하고 과거, 현재, 미래를 현재의 입장에서 관련성을 생각하며 기술하는 단계이다. 종합(synthetical)은 앞의 세 단계를 거치면서 사회적 제도라는 구조 안에 있는 자신의 실존적인 경험에 대한 자각을 하는 단계, 즉 개인적이고 독특한 학습을 하게 되는 단계이다.

2) 정치적 · 사회적 접근

대표적 학자인 애플과 지로는 마르크스사상에 기반을 두고 학교의 교육과정을 정치적 · 사회적 맥락에서 분석, 비판하고 있다. 이들은 교육과정이 결코 중립적이 될 수 없으며, 학교교육이 경제적 · 정치적 구조와 관련을 맺고 교육과정이 이들의 영향을 받아 기득권 집단의 이익에 영향력을 행사하고 있다고 본다. 특히 잠재적 교육과정을 헤게모니 투쟁을 위하여 지배문화의 영향을 존속시키려 적극적으로 활용하고 있음을 간파하고 있다. 학교에서 다루어지는 교육내용의 선정과 조직에 대하여 비판을 가하며 '학교에서 다루어지는 지식은 어떤 성격의 지식인가? 누가 어떤 목적으로 그런 지식들을 선정하였는가? 누가 학교에서 경험하게 될 지식의 분량들을 통제하는가?' 등의 비판적인 질문들을 제기하며, 지배적인 이데올로기가 기존 학교교육체제에 작동하는 것을 비판하고 있다. 이들은 기존의 학교교육이 불평등하고 정의롭지 못한 현재의 사회체제를 정당화하는 데 기여하고 있다고 '재생산이론'을 주장하며, 따라서 좀 더 민주적이고 정의로운 사회를 만들어가기 위해서는 학교에서 이러한 재생산이론이 작동되는 것을 중단시켜야 한다고 제시한다. 이들은 교육과정의 결정을 학교만의 문제에서 탈피하여 교육과정이 선정되는 사회, 정치, 경제적인 맥락에까지 확대시키고 관심을 갖도록 유도하였다.

3) 예술적 접근

스탠포드 대학에서 교수를 역임한 아이즈너는 예술교육 및 교육과정 분야에서 많은 저술을 남긴 잘 알려진 학자로, 특히 행동적인 목표나 전통적인 학교 교육과정의 이론적 교과목들에 대하여 비판적인 시각에서 여러 대안적 방안들을 제시하였다. 그는 질적인 연구 방법의 개발의 필요성을 주장하며 예술교육 분야의 관심 분야와 교육과정 분야를 결합시켜 그만의 고유한 질적 연구 방법을 발표하였다. 일련의 논문과 책을 통하여 사회의 현실이 협상되고, 주관적이며, 만들어지고, 복합적인 것으로 보았고 그는 개인들이 의미를 구성하는 여러 가지 방법들이 가능하다는 시각을 주장했다. 그의 이러한 시각은 교육에도 투영되어 교육과정에 대한 결정을 내려야 하는 사람을 생각할 때, 예술가들이 사실에 대한 생각을 표현할 때 수많은 다양한 방식에서 선택을 하는 것과 비슷한 방식을 적용할 수 있다고 주장한다.

아이즈너는 잘 알려진 저서《교육적 상상력, (1979)》에서 '교육 분야의 연구에서는 새로운 정통적인 신념이 아닌 교육적 실천의 풍요함을 감상하는 데 도움을 줄 수 있는 다양한 가정 및 방법이 필요하다'라고 역설하며 대안적인 접근방식의 필요성을 강조한다. 이는 교육에 대한 그의 예술적 사고방식에서의 접근을 잘 보여주고 있다. 아래 아이즈너의 예술적 교육과정 개발 절차를 보면 그의 예술적 접근의 윤곽을 잘 나타내고 있다. 표피적으로 보면 타일러의 교육과정 개발모형과 흡사한 논리가 전개되는 것

▸ 아이즈너의 예술적 교육과정 개발 절차

1. 목적 및 중요도
   - 명백한 목표뿐만 아니라 잘 정의되지 않은 목표(표현 목표)들을 고려할 필요.
   - 중요도에 대한 논의 과정에서 숙고의 필요.
2. 교육과정의 내용
   - 교육과정 선정에서 고려해야 할 사항들.
   - 영교육과정에 대한 사항 고려.
3. 학습 기회의 종류
   - 학습자들에게 의미 있는 목표 및 내용들을 학습활동으로 변화.
4. 학습 기회의 조직
   - 학습자들의 다양한 학습결과를 격려하기 위한 비선형적 접근 방식 강조.
5. 내용 영역의 조직
   - 다양한 교과들을 관통하는 내용 조직 강조.
6. 제시의 방식 및 응답의 방식
   - 학습자들이 학습경험을 넓혀주기 위한 소통 방식의 다양화.
7. 평가 절차의 형식
   - 교육과정 개발 과정의 여러 단계에서 종합적인 평가의 절차를 사용.

갈지만, 그 안에 흐르는 논리 및 사고의 전개는 사뭇 다른 것을 알 수 있다.

아이즈너는 교육과정 개발에 대한 이러한 대안적인 접근 이외에도 행동 목표에 대한 비판, 참평가(assessment), 교육적 감식안(connoisseurship)과 교육비평(educational criticism), 질적탐구(qualitative inquiry) 등 교육과정 및 평가의 과정에서 기존의 기술공학적이고 경험과학적인 시각에서 탈피, 다양한 예술적 접근을 시도하였다.

재개념주의자들의 문헌에서 자주 볼 수 있는 단어들은 자유(liberation), 해방(emancipation)이란 용어로 그들은 기존에 받아들여진 사회적 관습(social convention)이나 신념, 작동체제로부터의 자유로움을 시도한다. 주로 비판과학적인 입장에서 정치적인 좌익에 있거나 문화의 근본적인 변화를 추구하고 있다. 예를 들면 애플이나 지로와 같은 학자들은 학교에서 학생들의 경험 및 지식의 유형들을 누가 통제하는가? 다양한 학생 집단들에게 제공해야 할 지식의 양을 누가 조정하는가? 학교생활에서 성공이나 실패의 준거를 누가 결정하는가? 등의 기존 학교체제에 대한 비판적인 시각들을 제시하고 있다. 이들의 가장 큰 특징 중의 하나는 세상에 대한 정치적이고 이데올로기적인 접근이라고 할 수 있다. 재개념주의자들의 주장이나 연구를 접할 때 우리도 어느 정도 비판적인 시각을 유지하는 것이 필요하다. 그렇지만 이들이 기본가정에 감추어진 역할들을 간파할 수 있도록 하고 지식의 선정이나 배분, 사회적 불평등의 원인 등 사회체제 역할에 대하여 거시적 관점에서 파악할 수 있도록 하는 등 교육과정 분야의 시야확대에 기여한 바도 크다고 할 수 있을 것이다.

제5장 우리나라 교육과정 개편의 역사

해방 이후 현재까지의 교육과정은 교육부의 구분에 의거하여 교수요목의 시기, 제1차 교육과정 시기, 제2차 교육과정 시기, 제3차 교육과정 시기, 제4차 교육과정 시기, 제5차 교육과정 시기, 제6차 교육과정 시기, 제7차 교육과정 시기, 제7차 교육과정 개편 이후의 부분적인 개편의 시기 등으로 나눠 볼 수 있다. 이러한 기준에 따라 지금까지 크게 7차례에 걸친 전면적인 교육과정의 개정 취지, 역사 및 시대적·사회적 배경, 각 개편의 시기별 중요 사항 및 교육에서 추구한 방향, 그 이후 부분적으로 개정된 내용들을 다루기로 한다.

제5장 우리나라 교육과정 개편의 역사

1 교수요목의 시기(1946~1954년)

1948년 대한민국의 정부 수립 이후 정부는 대한민국의 교육이념과 제도에 대한 정비에 착수하였다. 해방 이후 혼란스러운 상황 가운데 학교교육에서 가장 우선적으로 시급히 해결되어야 했던 문제는 각 교과별로 가르쳐야 할 중요한 주제를 무엇으로 할지에 대한 문제였다. 교수요목이란 교과의 지도 내용을 상세히 기술하고 있는 문서를 의미하는 것으로, 당시 시대적 상황에서는 학교급별 교수요목, 교과별 가르칠 주제들을 열거하고 교과목별 주당 수업시간 등을 정하는 것이었다. 아울러 이 시기에는 1949년 12월 공포된 교육법 86호에 의거해서 교육 이념을 홍익인간으로 정하였으며, 미국의 학제를 기반으로 하여 6-3-3-4의 학제를 확정하였다. 이 당시 제정된 교수요목의 특징은 교과서 지도 내용을 상세히 표시하고 기초능력을 배양하는 데 주력하였으며, 교과는 분과주의를 채택하여 체계적인 지도와 지력의 배양에 중점을 두었고, 우리의 교육이념인 홍익인간의 정신에 입각하여 애국애족의 교육을 강조하였으며 일재의 잔재를 없애고자 노력한 점들이다.

2 제1차 교육과정 시기(1954~1963년)

제1차 교육과정은 1954년 문교부령 제35호로 제정 · 공포된 초등학교, 중학교, 고등학교, 사범학교 교과과정 시간 배당 기준령 및 1955년 문교부령 제44호, 제45호, 제46호로 공포되어 1956년부터 시행되기 시작한 초등학교, 중학교, 고등학교, 사범학교의 교과과정을 말한다. 최초로 법령형태의 체계적인 교육과정이 만들어지게 된 시작점이라고 할 수 있다. 제1차 교육과정은 교과중심의 지적인 체계를 중시하는 교육과정이었지만, 내용의 편성에서는 학생들의 경험과 생활을 존중하는 생활중심을 지향했다. 이 당시 교과과정의 특징은 첫째, 교과활동을 크게 교과활동과 특별활동의 2대 영역으로 나누었다. 둘째, 교과는 분과주의를 지양하고 통합의 원칙에 따라 사회생활, 자연 등과 같이 광역형을 취하였다. 셋째, 특별활동 시간을 두고 전인교육을 지향하였다. 넷째, 실과를 중시하고 지역사회에 쓸모 있는 국민을 육성하는 데 힘썼다.

3 제2차 교육과정 시기(1963~1973년)

1963년 문교부령 제119호, 제120호, 제121호로 제정 · 공포된 초등학교, 중학교, 고등학교 및 실업학교의 교육과정으로, 이 당시의 시대적인 상황은 5 · 16 군사혁명과 제3공화국의 출범을 배경으로 한다. 제2차 교육과정은 경험중심 교육과정을 특징으로 한다. 교육과정을 '학교의 지도하에 학생들이 가지는 경험의 총체'로 보고, 교육과정 내용에서는 '자주성, 생산성, 유용성' 등의 내용을 강조하며 생활경험을 중심으로 하는 교과과정을 지향하여 관련성 있는 교과의 종합지도를 강조하고 있다. 당시 생활중심 교육과정의 도입은 처참한 6 · 25 전쟁 후 경제상황극복을 위한 교육에서의 실용적이고 생산적인 내용들의 요구 및 강조라는 측면에서 당연한 것이라고 할 수 있겠다. 초등 및 중학교 교육과정에서는 반공·도덕교육을 교과활동, 특별활동과 같은 수준의 하나의 교육과정 영역으로 독립시켜 편성하였는데 이것으로도 당시의 시대적 상황을 충분히 짐작할 수 있다.

4 제3차 교육과정 시기(1973~1981년)

1973년 문교부령 제310호로 초등학교 교육과정 개정을 시작, 1974년 12월 제350호 고등학교 교육과정이 개정된 제3차 교육과정은 종래의 생활중심 교육과정을 탈피하고 학문중심 교육과정을 강조하는 것이 중요한 특징이다. 주체성을 강조하고 한국의 전통을 존중하며 창조의 정신을 기름으로써 국가발전에 참여하는 역군을 키워야 한다는 사회의 요구에 따라 우리 교육이념의 재확립을 목적으로 '국민교육헌장'을 제정·공포하였다. 국민교육헌장에 나타난 교육의 지표에서는 창조의 힘과 개척정신, 협동정신, 국민정신함양 등의 4가지를 기본적인 교육과정의 추진 방향으로 삼았다. 그 당시 1973년 문교부령 제310호 교육과정 총론에는 기본방침을 아래와 같이 소개하고 있다.

"이러한 점에 비추어 교육과정을 구성함에 있어서는 국민교육헌장 이념의 구현을 기본방향으로 삼고 국민적 자질의 함양, 인간교육의 강화, 지식·기술교육의 쇄신을 기본방향으로 하였다."

특히 제3차 교육과정의 시기는 지식·기술교육의 쇄신을 표방하고 있으며, 이는 학문중심 교육과정과 밀접한 관련을 맺고 있다. 교육내용과 교육방법에 있어서 현대화 또는 개선을 이루고자 하였는데, 교육내용적인 측면에 있어서는 학문중심 교육과정에서 강조하고 있는 기본개념이 강조되고 있으며, 교육방법적인 측면에서는 발견 · 탐구학습이 강조되고 있다.

수학, 과학 등의 교과에서 제3차 교육과정의 성격이 가장 잘 나타나고 있는데, 이를 잘 나타내고 있는 부분은 기본개념의 파악으로 "지식의 구조를 이루는 기본개념과 관계를 이해하고 지적인 탐구방법을 익힐 수 있도록 지도내용을 정선하여야 한다."와 같이 표현하고 있다.

또한 지식의 구조와 발견학습을 강조하면서 학습내용이 과다해지고 어려워지며 분과 위주의 학습이 이루어져 일상생활과 관련된 문제해결의 능력이나 전인교육이 소홀해지는 결과를 초래하기도 하였다. 도덕교과를 새롭게 신설하였으며 중 · 고등학교에서 국사교육을 강조하여 사회교과에서 분리하여 가르치게 된 것도 이 시기이다.

5 제4차 교육과정 시기(1981~1987년)

1981년 12월 문교부 고시 제422호로 각급학교의 교육과정이 다시 개정되었다. 이 시기는 제5공화국의 출범과 1980년 단행된 교육개혁조치 등을 배경으로 하고 있다. 제4차 교육과정 개정은 교육부가 아닌 교육 관련 전문 연구기관인 한국교육개발원(KEDI)에서 처음 연구 · 개발되었으며 미래지향적인 과학교육과 인간중심의 교육을 표방하고 있다. 미래사회를 민주사회, 고도산업사회, 건전사회, 문화사회, 통일조국으로 전망하고, 이러한 사회에 필요한 인간상인 건강한 사람, 심미적인 사람, 능력 있는 사람, 도덕적인 사람, 자주적인 사람을 길러내는 데 목적을 두고 있다. 제4차 교육과정은 초등학교 1, 2학년에 처음으로 통합교과를 신설하였다. 도덕, 국어, 사회를 통합하여 바른생활로, 산수, 자연을 통합하여 슬기로운 생활로, 체육, 음악, 미술을 통합하여 즐거운 생활로 명명하고 새로운 통합교과를 만들었다. 중학교에서는 자유선택 과목을 학교장 재량하에 두어 신설하였지만 최저 0시간이라는 기준으로 인하여 실질적인 의미는 지니지 못했다.

6 제5차 교육과정 시기(1987~1992년)

1987년 3월 문교부 고시 제87-1호로 개정된 제5차 교육과정 개정은 사회적인 변화나 학문적인 필요에 의한 개정의 당위성보다는, 교과서 사용 연한인 5~7년 주기의 법 규정 및 행정상의 이유에 따른 새로운 교과용 도서개발의 근거를 마련하기 위한 교육과정 개정이라고 할 수 있다. 따라서 제4차 교육과정 개정의 골격을 그대로 유지하면서 점진적인 개선을 필요로 하는 부분에 대한 개정을 시도하였다(박도순 외, 2008).

제5차 교육과정은 건강한 사람, 자주적인 사람, 창조적인 사람, 도덕적인 사람을 양성하는 것을 목적으로 하였다. 구체적인 개정의 방침으로는 첫째, 이수과목의 축소, 학습량의 적정화, 교과목의 조정, 개발 과정의 효율화를 통한 교육과정의 적정화이다. 둘째, 교육목표의 상세화, 교육내용의 정선, 지도서의 실용화, 평가방법의 다양화를 통한 내실화이다. 셋째, 교과용 도서의 2종화, 교과 단원의 지역화, 교재활용의 다양화, 교육과정 운영의 탄력화를 통한 지역화에 기본 방침을 두었다. 제4차 교육과정 개편에서 전격 시행되었던 초등학교 통합 교육과정 운영에 대해서는 국어와 수학 교과는 분리시켜 독립된 교과로 운영함으로써 좀 더 체계적이고 집중적인 지도를 꾀함에 따라 5개 교과 체제를 유지하게 되었다. 1교과에서 다교과서 체제를 도입하여 국어(말하기, 듣기, 읽기), 산수(산수, 산수익힘책) 등의 교과서가 제작되었다. 교육과정 운영의 지역화 측면에서는 초등학교 4학년의 사회교과에 처음으로 시·도 단위의 교과서가 개발되기 시작하였다. 중학교에서는 기술·가정이라는 명칭으로 남녀 공용의 통합교과를 만들어서 각 학교별로 자율 선택하도록 하였다. 고등학교의 경우에는 최소 2단위 이상의 자유선택 교과목을 운영하여 교육학, 논리학, 심리학, 철학, 생활경제, 종교와 같은 선택교과를 개설, 학생의 필요와 학교와 지역사회의 실정을 고려하여 학교장 재량으로 선택할 수 있도록 하였다.

7 제6차 교육과정 시기(1992~1997년)

1992년 고시되어 1995년 3월 초등학교 및 중학교 신입생부터 적용된 제6차 교육과정은 교육과정 연구 · 개발을 위하여 '교육과정 개정 연구위원회'를 구성하여 개발하였다. 새로운 교육과정 개정의 중점사항으로 크게 네 가지를 들 수 있는데, 교육과정 결정의 분권화, 교육과정 구조의 다양화, 교육과정 내용의 적정화, 교육과정 운영의 효율화를 설정하였다(교육부, 1994). 세부 내용들을 더 자세히 들여다보면, 첫째, 교육과정 결정의 분권화는 중앙집권형 교육과정을 지방분권형 교육과정으로 전환하여 시 · 도 교육청과 학교의 자율 재량권을 확대하였다. 둘째, 교육과정 구조의 다양화는 다양한 이수과정과 교과목을 개설하고, 필수과목들을 축소하고 선택과목을 확대하여 교육내용의 획일성을 해소하였다. 셋째, 교육과정 내용의 적정화는 학습량과 수준을 조정하고 교과목 체계의 개선으로 교육내용의 적합성을 높이고 학습 부담을 줄였다. 넷째, 교육과정 운영의 효율화는 학생의 적성, 능력, 진로를 고려하고 학습과 생활의 기초능력을 신장하며, 평가방법을 개선하여 교육과정을 효율적으로 운영할 수 있도록 하였다.

제6차 교육과정 개정의 가장 큰 특징은 지역수준 교육과정 운영의 개념이 도입된 것이라고 할 수 있다. 시 · 도 교육청 그리고 학교의 자율권을 확대하여 교육부-시 · 도교육청-학교로 이어지는 교육과정 편성, 운영체제를 강조하였다. 제6차 교육과정의 편제에서도 교과활동, 특별활동, 그리고 학교재량시간의 세 영역으로 구성되어 교육과정 운영에 있어 시 · 도 교육청 및 학교에 자율권과 융통성을 부여하였다.

아울러 1997년 초등학교 3학년에 영어교과가 신설되었으며, 중학교에서는 국사교과가 사회에 통합되었다. 중학교에서는 선택교과제로 한문, 컴퓨터, 환경 세 교과가 도입되었으며, 중학교 한문교과의 경우 국어교과에 편입되었다.

8 제7차 교육과정 시기(1997~2007년)

제7차 교육과정 개편은 21세기의 세계화 · 정보화사회를 살아갈 학생들을 위해 자율적이고 창의적인 한국인 육성을 목표로 대통령 직속기관인 교육개혁위원회의 발의로 시작되었다. 이후 한국교육개발원에서 개정에 대한 기본 계획을 수립하고, 관련 학회, 현장 교원 등의 검토 및 협의회, 세미나, 공청회, 심의회 등의 절차를 거치며 수차례 시안에 대한 검토 및 수정작업을 통하여 1997년 12월 교육부 고시 제1997-15호로 발표하게 되었다. 제7차 교육과정은 교육기본법 제2조의 교육이념을 바탕으로 다음과 같은 목적을 추구하고 있다.

- 전인적 성장의 기반 위에 개성을 추구하는 사람.
- 기초능력을 토대로 창의적인 능력을 발휘하는 사람.
- 폭넓은 교양을 바탕으로 진로를 개척하는 사람.
- 우리 문화에 대한 이해의 토대 위에 새로운 가치를 창조하는 사람.
- 민주시민의식을 기초로 공동체의 발전에 공헌하는 사람.

이러한 목적을 구체적으로 실현하기 위한 제7차 교육과정의 핵심적인 개편 내용들은 다음과 같다.

① **국민공통 기본교육과정의 편성** : 초등학교 1학년부터 고등학교 1학년까지 10년의 기간을 국민공통 기본교육 기간으로 설정하여, 국어, 도덕, 사회, 수학, 과학, 실과(기술·가정), 체육, 음악, 미술, 외국어(영어)의 10개 교과목을 필수과목으로 선정하여 의무적으로 학습하게 한다. 고등학교 2, 3학년의 교육과정은 선택중심 교육과정으로 자신의 능력, 소질, 적성, 진로에 따라 희망하는 과목을 선택할 수 있도록 하였다.

② **수준별 교육과정의 운영** : 학생들의 능력 수준에 따라 내용이나 방법을 달리하는 것으로, 수준별 교육과정은 학생의 흥미, 관심, 적성, 학습능력과 학습 요구에 상응하는 교육내용, 방법, 기회를 제공할 수 있다. 자기주도적 개별화 학습기회를 제공하여 수요자 중심의 교육, 즉 교육주체가 함께 실현해 갈 수 있는 교육과정을 만들고자 하였다(교육과학기술부, 2000). 수준별 교육과정의 운영은 교육의 수월성을 추구할 수 있으며 아울러 일제식, 획일적인 수업의 폐해로 지적되는 학습부진과 결손을 줄일 수 있는 대안으로 마련되었다. 수준별 교육과정은 과목의 성격에 따라서 단계형, 심화보충형, 과목선택형으로 나뉜다.

③ **재량활동의 신설 및 확대** : 교육과정의 결정 및 운영의 자율화, 학습자·지역사회의 요구, 학교의 상황, 교장 및 교사들의 교육관에 따라서 학교의 요구 및 상황에 맞는 자율적이고 창의적인 교육과정을 편성·운영할 수 있는 기회를 제공하고자 하였다. 제6차 교육과정 개편에서 초등학교에 우선 실시되었던 학교재량활동 시간이 제7차 교육과정에서는 시간 배정이 늘어나고 중등학교에서도 적용되기 시작하였다. 교과재량활동은 중등학교의 선택과목 학습과 국민공통 기본교과의 심화학습을 위해 운영되고, 창의적 재량활동은 학교의 독특한 교육적 필요, 학생의 요구에 따른 범교과적 학습 및 자기주도적 학습을 위한 활동으로 구분된다.

이후의 교육과정 개정은 일정한 주기에 따른 개정이 아닌 수시 개정체제로 들어가게 됨에 따라 더 이상 제8차, 제9차 교육과정 개편과 같은 명칭을 부여하지는 않는다. 계속하여 제7차 교육과정 개편 이후의 개편의 중요한 내용들에 대하여 살펴보기로 한다.

〈표 5-1〉 제7차 교육과정의 편제와 시간 배당 기준

<table>
<tr><th colspan="2" rowspan="3">학교
학년</th><th colspan="6">초등학교</th><th colspan="3">중학교</th><th colspan="3">고등학교</th></tr>
<tr><th colspan="10">국민공통 기본교육과정</th><th colspan="2">선택중심
교육과정</th></tr>
<tr><th>1</th><th>2</th><th>3</th><th>4</th><th>5</th><th>6</th><th>7</th><th>8</th><th>9</th><th>10</th><th>11</th><th>12</th></tr>
<tr><td rowspan="12">교과</td><td>국어</td><td colspan="2">국어
210~238</td><td>238</td><td>204</td><td>204</td><td>204</td><td>170</td><td>136</td><td>136</td><td>136</td><td colspan="2" rowspan="13">선택
과목</td></tr>
<tr><td>도덕</td><td colspan="2">수학
120~136</td><td>34</td><td>34</td><td>34</td><td>34</td><td>68</td><td>34</td><td>34</td><td>34</td></tr>
<tr><td>사회</td><td colspan="2">바른생활
60~68</td><td>102</td><td>102</td><td>102</td><td>102</td><td>102</td><td>136</td><td>136</td><td>170
(국사
68)</td></tr>
<tr><td>수학</td><td colspan="2" rowspan="2">슬기로운
생활
90~102</td><td>136</td><td>136</td><td>136</td><td>136</td><td>136</td><td>102</td><td>102</td><td>136</td></tr>
<tr><td>과학</td><td>102</td><td>102</td><td>102</td><td>102</td><td>102</td><td>136</td><td>136</td><td>102</td></tr>
<tr><td rowspan="2">실과</td><td colspan="2" rowspan="5">즐거운
생활
180~204</td><td rowspan="2">·</td><td rowspan="2">·</td><td rowspan="2">68</td><td rowspan="2">68</td><td colspan="4">기술 · 가정</td></tr>
<tr><td>68</td><td>102</td><td>102</td><td>102</td></tr>
<tr><td>체육</td><td>102</td><td>102</td><td>102</td><td>102</td><td>102</td><td>102</td><td>68</td><td>68</td></tr>
<tr><td>음악</td><td>68</td><td>68</td><td>68</td><td>68</td><td>68</td><td>34</td><td>34</td><td>34</td></tr>
<tr><td>미술</td><td>68</td><td>68</td><td>68</td><td>68</td><td>34</td><td>34</td><td>68</td><td>34</td></tr>
<tr><td>외국어
(영어)</td><td colspan="2">우리들은
1학년
80~</td><td>34</td><td>34</td><td>68</td><td>68</td><td>102</td><td>102</td><td>136</td><td>136</td></tr>
<tr style="display:none"></tr>
<tr><td colspan="2">재량활동</td><td>60</td><td>68</td><td>68</td><td>68</td><td>68</td><td>68</td><td>136</td><td>136</td><td>136</td><td>204</td></tr>
<tr><td colspan="2">특별활동</td><td>30</td><td>34</td><td>34</td><td>68</td><td>68</td><td>68</td><td>68</td><td>68</td><td>68</td><td>68</td><td colspan="2">8단위</td></tr>
<tr><td colspan="2">연간수업시수</td><td>830</td><td>850</td><td>986</td><td>986</td><td>1,088</td><td>1,088</td><td>1,156</td><td>1,156</td><td>1,156</td><td>1,224</td><td colspan="2">144단위</td></tr>
</table>

〈표 5-2〉 제7차 교육과정의 선택중심 교육과정

<table>
<tr><th colspan="3" rowspan="2">구 분</th><th rowspan="2">국민공통
기본교과</th><th colspan="2">선택과목</th></tr>
<tr><th>일반 선택과목</th><th>심화 선택과목</th></tr>
<tr><td rowspan="11">교
과</td><td rowspan="3">인문
·
사회
과목군</td><td>국어</td><td>국어(8)</td><td>국어 생활(4)</td><td>화법(4), 독서(8), 작문(8), 문법(4), 문학(8)</td></tr>
<tr><td>도덕</td><td>도덕(2)</td><td>시민 윤리(4)</td><td>윤리와 사상(4), 전통윤리(4)</td></tr>
<tr><td>사회</td><td>사회(10)
국사(4)</td><td>인간사회와 환경(4)</td><td>한국지리(8), 세계지리(8), 경제지리(6), 한국 근·현대사(8), 세계사(8), 법과 사회(6), 정치(8), 경제(6), 사회·문화(8)</td></tr>
<tr><td rowspan="3">과학
·
기술
과목군</td><td>수학</td><td>수학(8)</td><td>실용 수학(4)</td><td>수학I(8), 수학II(8), 미분과 적분(4), 확률과 통계(4), 이산수학(4)</td></tr>
<tr><td>과학</td><td>과학(6)</td><td>생활과 과학(4)</td><td>물리I, 화학I, 생물I, 지구과학I : 각(4)
물리II, 화학II, 생물II, 지구과학II : 각(6)</td></tr>
<tr><td>기술
·
가정</td><td>기술·
가정(6)</td><td>정보사회와 컴퓨터(4)</td><td>농업 과학, 공업 기술, 기업 경영, 해양 과학, 가정 과학 : 각(6)</td></tr>
<tr><td rowspan="3">예체능
과목군</td><td>체육</td><td>체육(4)</td><td>체육과 건강(4)</td><td>체육 이론(4), 체육 실기(4 이상)</td></tr>
<tr><td>음악</td><td>음악(2)</td><td>음악과 생활(4)</td><td>음악 이론(4), 음악 실기(4 이상)</td></tr>
<tr><td>미술</td><td>미술(2)</td><td>미술과 생활(4)</td><td>미술 이론(4), 미술 실기(4 이상)</td></tr>
<tr><td rowspan="2">외국어
과목군</td><td rowspan="2">외국어</td><td>영어(8)</td><td>–</td><td>영어I(8), 영어II(8), 영어회화(8), 영어 독해(8), 영어 작문(8)</td></tr>
<tr><td>–</td><td>독일어I, 프랑스어I, 스페인어I, 중국어I, 일본어I, 러시아어I, 아랍어I : 각(6)</td><td>독일어II, 프랑스어II, 스페인어II, 중국어II, 일본어II, 러시아어II, 아랍어II : 각(6)</td></tr>
</table>

9 2007년 개정 교육과정(2007~2010년)

2007년 개정된 교육과정은 제7차 교육과정의 기본적인 철학과 체제를 유지하면서 국가·사회의 요구를 적극적으로 수용하고, 단위학교별 교육과정의 편성 및 운영의 자율성 확대를 실질적으로 꾀한 교육과정으로서 의미가 있다고 할 수 있다.

먼저, 단위학교별 교육과정 편성·운영의 자율성 확대는 국가수준에서 수준별 교육과정을 실시하려던 제7차 교육과정의 움직임에서 각 학교의 실정을 고려하여 수준별 수업의 운영을 장려하였다. 재량활동 및 특별활동의 편성·운영에 있어서도 학교의 자율권이 확대되었고 주5일제 수업을 월2회 실시하는 것에 따른 수업 시수를 연간 34시간 이내에서 감축·조정할 수 있도록 하였다. 즉 학교 자율적으로 학교급의 특성을 고려하여 수업일수, 수업시수를 조정, 운영할 수 있게 하였다. 또한 교과의 효율적인 운영을 꾀하기 위해 교과의 집중이수제를 도입하여 학기 또는 학년단위로 교과를 집중적으로 이수할 수 있도록 허용하였다. 특성화학교 및 자율학교 등에는 학교의 설립목적에 따른 특성화된 교육이 가능하도록 교육과정 편성·운영에 자율권을 부여하였다.

국가·사회적 요구 수용은 과학 및 역사교육을 강화하였다. 과학교과의 경우 고등학교 1학년에서 주당 3시간에서 4시간으로 시간 배당을 강화하였으며, 주변국들의 역사왜곡 사태에 능동적으로 대응하고자 사회교과에서 중등 역사교과를 독립시켰고, 고등학교 1학년에서는 역사과목의 수업을 주당 2시간에서 3시간으로 상향시켰으며 고등학교 선택교과목으로 '동아시아사'가 새롭게 개설되었다.

고교 선택과목군을 기존의 5개 과목군인 인문·사회과목군(국어, 도덕, 사회), 과학·기술과목군(수학, 과학, 기술·가정), 예·체능과목군(체육, 음악, 미술), 외국어과목군, 교양과목군(한문, 교련, 교양)에서 6개 과목군으로 조정하여 예 · 체능과목군(체육, 음악, 미술)을 체육과목군(체육)과 예술과목군(음악, 미술)으로 분리시킨 것도 특이할 만한 사항이다.

10 2009년 개정 교육과정(2011년~현재)

2009년 12월 23일 공포된 2009년의 개정 교육과정의 개편방향은 학기당 이수교과목 수의 축소를 통한 학습 효율성 제고, 창의적 체험활동 도입을 통한 인성교육 촉구, 고교교과 재구조를 통한 학생의 핵심역량 강화, 교육과정 자율화를 통한 학교의 다양화 유도이다. 2009년 개정된 교육과정의 주요 내용은 다음과 같다.

첫째, 공통교육과정 기간 축소로 국민공통 기본교육과정을 기존의 10년에서 9년으로 축소하였다. 중학교 3학년까지의 기간을 공통교육과정으로 운영하고 고등학교 1학년부터는 선택교육과정 체제가 도입되어 실시되는 것이다.

둘째, 학년군과 교과군 도입으로 학년별, 교과별 수업시수 배정에서 학년군 개념을 도입하고 세분화된 교과목을 묶어 교과군 개념을 도입하였다. 초등학교를 3개 학년군, 중학교를 1개 학년군, 고등학교를 1개 학년군으로 설정하였다. 한 학기 이수하는 교과목 수를 줄이고 수업의 집중도를 높이기 위하여, 교과군별 총 수업시수를 배정하고 아울러 교과군의 수를 축소하였다. 현행 국민공통 기본교육과정의 10개 교과를 초등학교는 7개 교과군, 중학교는 8개 교과군, 고등학교는 8개 이하의 교과군으로 정리하였다.

셋째, 수업시수 20% 범위 자율적 증감으로, 학교의 특성, 교사 및 학부모의 요구를 수용해 각 교과별 20%의 범위 내에서 수업시수의 증감이 가능하도록 하여 학교단위의 교육과정 운영의 자율성을 확대 적용하였다.

넷째, 창의적 체험활동 도입으로 기존의 재량활동과 특별활동이 창의적 체험활동으로 통합되고 시수도 확대되어 운영되었다. 이에 따라 자율활동, 동아리활동, 봉사활동, 진로활동 영역이 설정되었다.

〈표 5-3〉 **창의적 체험활동의 구성 체제**

영역	성격	세부활동 내용	
자율 활동	학급이나 학교 구성원의 자발적이고 자율적인 참여를 중시하는 활동	적응활동	입학, 진급, 전학, 기본생활습관 형성, 축하, 친목, 사제동행, 학습, 건강, 성격, 교우 등의 상담활동 등
		자치활동	학급회, 학생회 협의활동, 모의의회, 토론회 등
		행사활동	시업식, 입학식, 졸업식, 종업식, 전시회, 발표회, 학예회, 경연대회, 학생건강체력평가, 체육대회, 수련활동, 현장학습, 수학여행, 문화답사, 국토순례 등
		창의적 특색 활동	학생, 학급, 학년, 학교, 지역특색활동, 학교전통수립, 계승활동 등
동아리 활동	학생들의 공통의 관심사와 동일한 취미, 특기, 재능, 취미 등을 지닌 학생들이 함께 모여서 자발적인 참여와 운영으로 자신들의 능력을 창의적으로 표출해 내는 것을 주활동으로 하는 집단 활동	학술활동	외국어회화, 과학탐구, 사회조사, 컴퓨터, 인터넷, 신문활용, 발명, 다문화탐구
		문화예술 활동	문예, 창작, 회화, 조각, 서예, 전통예술, 현대예술, 성악, 기악, 뮤지컬, 오페라, 연극, 영화, 방송 등
		스포츠활동	구기, 육상, 수영, 체조, 배드민턴, 인라인스케이트, 하이킹, 야영, 민속놀이, 씨름, 태권도, 택견, 무술 등
		실습노작 활동	요리, 수예, 꽃꽂이, 조경, 사육, 재배, 설계, 목공, 로봇제작 등
		청소년단체 활동	스카우트연맹, 걸스카우트연맹, 청소년연맹, 청소년 적십자, 우주소년단, 해양소년단 등

봉사활동	어떤 대가를 목적으로 하는 활동이 아니라, 자발적인 의도에서 개인이나 단체로 다른 사람을 돕거나 사회에 기여하는 지속적인 무보수 활동으로 인간의 존엄성에 대한 인식뿐만 아니라, 더불어 사는 사회의 이해, 협동의식의 고취 등 다양한 의미를 부여할 수 있는 활동	교내봉사활동	학습부진 친구, 장애인, 병약자, 다문화가정 학생 돕기 등
		지역사회봉사활동	복지시설, 공공시설, 병원, 농·어촌 등에서의 일손 돕기, 불우이웃돕기, 고아원, 양로원, 병원 군부대에서의 위문 활동, 재해 구호, 국제 협력과 난민 구호 등
		자연환경보호활동	깨끗한 환경 만들기, 자연 보호, 식목활동, 저탄소 생활 습관화, 공공시설물, 문화재 보호 등
		캠페인활동	공공질서, 교통안전, 학교 주변정화, 환경 보전, 헌혈, 각종 편견극복 등
진로활동	개인이 자신의 진로를 계획하고 그 진로에 대한 준비를 하며, 적절한 시기에 진로를 선택하고, 선택한 진로에 대해 잘 적응하고 발전할 수 있도록 도와주는 활동	자기이해활동	자기이해 및 심성 계발, 자기 정체성 탐구, 가치관 확립 활동, 각종 진로 검사 등
		진로정보탐색활동	학업 정보 탐색, 입시정보 탐색, 학교 정보탐색, 학교 방문, 직업정보 탐색, 자격 및 면허 제도 탐색, 직장 방문, 직업 훈련, 취업 등
		진로계획활동	학업 및 직업에 대한 진로 설계, 진로지도 및 상담 활동 등
		진로체험활동	학업 및 직업 세계의 이해, 직업체험활동 등

〈표 5-4〉 2007년 개정 교육과정과 2009년 개정 교육과정의 내용 비교

구 분		2007년 개정 교육과정	2009년 개정 교육과정
공통	용어	• 국민공통기본교육과정 • 선택중심 교육과정 • 외국어(영어) • 재량활동, 특별활동	• 공통 교육과정 • 선택 교육과정 • 영어 • 창의적 체험활동
	신설 사항		• 학년군, 교과군 개념 • 교육과정 자율권 확대교과(군)별 기준 시수의 20% 증감 운영 등 • 교과교실제 운영 활성화 유도 • 학습부진아, 다문화가정 자녀 등에 대한 특별한 배려와 지원 • 학교 교육과정 편성 · 운영 지원을 위한 국가 및 시 · 도교육청 지원사항 신설
학교급별	초등학교	• 초등 통합교과 '우리들은 1학년' 분리 독립 • 정보통신활용교육, 보건교육 등을 재량활동을 활용하여 지도	
	중학교	• 선택과목 : 한문, 정보, 환경, 생활 외국어 보건 등	
	고등학교	• 고1 교과 필수 • 총 이수단위 : 210단위 • 외국어 계열 고등학교 : 전문교과 이수단위의 50%를 전공 외국어로 하고, 전공 외국어 포함 3개의 외국어 교육	• 고교 모든 교과 선택 • 총 이수단위 : 210단위 • 학기당 이수과목 수를 8개 이하로 편성 • 대학과목 선이수제의 과목을 개설할 수 있고, 국제적으로 공인받은 교육과정 과목을 선택과목으로 인정 • 과학, 영어, 예술 등 영역별 중점학교를 운영할 수 있으며, 학교자율과정의 50% 이상을 관련 교과목으로 편성 • 외국어 계열 고등학교 : 전문교과 이수단위의 80%를 전공 외국어로 하고, 전공 외국어 포함 2개의 외국어 교육
	공통	• 민주시민교육, 경제교육 등 35개 요소	• 녹색교육, 한자교육, 한국문화사교육 추가

11 2015년 개정 교육과정(문 · 이과 통합교육과정)

2018년부터 도입 예정인 2015년 개정교육과정의 특징은 문 · 이과 통합교육과정의 운영이다. 개정된 교육과정은 '인문 · 사회 · 과학기술에 대한 기초소양을 함양, 인문학적 소양과 과학적인 창의력을 갖추고 다양한 지식들을 융합하여 새로운 가치를 창출할 수 있는 창의융합형 인재로 성장하기 위한 교육'이라는 목표 아래 탄생하였다.

고등학생들이 인문 · 사회 · 과학 분야의 기초적인 소양지식을 쌓을 수 있도록 공통과목들을 도입한 것이다. 고등학교의 국어 · 수학 · 영어 · 사회 · 과학 교과에서 공통과목이 8단위(1단위: 주 1시간 수업)로 신설되는 것이다.

2009년 개정 교육과정의 큰 틀에서 벗어나지 않는 범위에서 사회와 과학 교과의 필수단위가 늘어나게 된다. 이는 고등학생으로서 반드시 배워야 하는 공통과목들을 도입한 것이다. 아울러 '소프트웨어교육'이 초 · 중학교에서는 필수로 고등학교에서는 일반선택으로 이수하도록 하였으며 안전교육이 강화되어 과학, 기술 · 가정, 보건, 체육 등의 교과에서 단원으로 안전단원이 추가된다.

〈표 5-5〉 현행(2009년) 개정 고등학교 교육과정과 2015년 개정 교육과정 비교

현행			개정안			
교과 영역	교과(군)	필수이수 단위	교과 영역	교과(군)	필수이수 단위	공통과목 (단위)
기초	국어	10	기초	국어	10	국어(8)
	수학	10		수학	10	수학(8)
	영어	10		영어	10	영어(8)
				한국사	6	한국사(6)
탐구	사회 (역사/도덕 포함)	10	탐구	사회 (역사/도덕 포함)	10	통합사회(8)
	과학	10		과학	12	통합과학(8) 과학탐구 실험(2)
체육 예술	체육	10	체육 예술	체육	10	
	예술 (음악/미술)	10		예술 (음악/미술)	10	
생활 교양	기술 · 가정/ 제2외국어/ 한문/교양	16	생활 교양	기술 · 가정/ 제2외국어/ 한문/교양	16	
소계		86	소계		94	
학교자율과정		94	학교자율과정		86	
창의적 체험활동		24 (408시간)	창의적 체험활동		24 (408시간)	
총 이수단위		204	총 이수단위		204	

제2부

교육과정 개발의 실제

제6장 요구사정의 절차와 방법
제7장 교육과정 목적과 목표의 설정
제8장 교육과정 내용선정과 조직
제9장 교육과정의 시행
제10장 교육과정 평가

제2부 교육과정 개발(curriculum development)의 실제에서는 제1부에서 다룬 이론적 배경들을 토대로 어떻게 교육과정의 구성요소들을 적합한 원칙과 원리에 의해 배열할 것인지에 대한 방법을 제시한다. 구체적으로 요구사정의 절차와 방법, 교육과정 목적과 목표의 설정, 교육과정 내용선정과 조직, 시행, 평가에 이르는 전반적인 교육과정 설계와 관련된 계획활동을 다룬다.

제6장 요구사정의 절차와 방법

본 장의 제1절에서는 요구사정의 의미와 계획과정을 이해하고, 제2절에서는 교육 프로그램이 현장에서 시행되기 전에 어떠한 요구사정의 과정을 거쳐 다양한 교육적 요구가 반영되는지 살펴본 후, 제3절에서는 요구사정의 기술적 방법에 대해 알아보도록 하겠다. 교육과정 개발은 실제로 여러 분야의 사람들이 폭넓은 이해와 협력, 그리고 민주적인 절차를 통해 보다 나은 교육과정을 구성하기 위한 노력의 결실이며, 이것의 시발점은 요구사정이라고 할 수 있다.

제6장 요구사정의 절차와 방법

1 요구사정의 의미와 계획과정

인간은 다양한 요구(need)를 지니고 있으며, 이는 심리학에서 오랜 기간 많은 연구를 통해 입증되어왔다. 교육은 이러한 요구들을 반영하여 원하는 이상과 이념, 목적들을 실현하고자 부단히 노력하고 있다. 학생을 포함한 교육 소비자들의 요구, 사회적 요구, 교과 또는 지식의 발전에 따른 요구 등을 충족시키기 위한 방법을 모색함으로써 교육과정 개발의 완성도를 높일 수 있을 것이다.

1) 요구사정의 의미

교육과정 개발에서 사용되는 요구란 현재의 상태나 수준과 바라고 원하는 이상적인 소망 상태(목적)나 수준 간의 차이를 말한다. 요구사정(needs assessment)은 이러한 현재 상태와 소망 상태(목적), 또는 실제와 이상 간의 차이를 조사 · 규명하고 비교하여 우선순위를 결정하는 활동이다. 따라서 교육과정의 책무성과 적절성에 대해 대처하기 위한 수단으로 요구사정이 필요하다.

요구사정의 기본전제는 "교육이란 근본적으로 학습자와 사회의 요구에

봉사하기 위해 존재한다."는 것이다. 교육과정 개발에 있어서 출발점 단계인 요구사정은 교육과정 목적과 목표의 설정, 교육과정 내용선정과 조직, 교육과정 시행 및 평가의 방향을 제시해주는 데 그 목적이 있다. 요구사정은 교육의 생산자에게는 상황의 변화에 따른 교육제도 개혁에 도움을 주는 필수적 절차이고, 교육의 소비자에게는 개개인의 학습자 특성에 맞는 진단과 처방에 도움을 주는 절차이다.

2) 요구사정의 필요성

요구사정을 해야 하는 이유는 오늘날 교육의 문제점을 정확하게 규명하여 모든 교육과정 개발에 기초가 되는 현재의 상황과 목적에 맞는 사정을 통해 교육과정 개발 참여자들의 다양한 의견을 수렴할 수 있기 때문이다. 즉 요구사정을 통해 교육과정이 원래 의도한 대로 개발되도록 도울 수 있으며, 교육과정 개발활동을 보다 과학적이고 체계적으로 수행하여 개발할 교육과정의 타당성을 높일 수 있다.

베리에(Berrie, 1976)는 요구사정의 이점을 "첫째, 교육자, 지역사회, 시민, 그리고 학생 간의 의사소통을 증진시킨다. 둘째, 학교의 현재 교육 실태의 구명을 통한 교육 성과와 과정의 간격을 발견할 수 있다."고 기술하고 있다. 요구사정을 통해 학습자, 사회, 교과의 요구에 맞춰 교육 프로그램의 초점을 맞출 수 있으며, 이때 교육의 생산자, 소비자, 조장자 간에 형성되는 협동과 유대는 교육개혁과 변화에 대한 더욱 강한 수행 책무의식을 가져다줄 수 있다.

요구사정은 오늘날 중·고등학생들의 학력 저하, 학생폭력의 증가, 왕따문화 형성, 교육의 하향평준화라는 사회의 비난과 더불어 잦은 대학입학 시험제도의 변경 등 우리 교육상황 주변에서 그 당위적 필연성을 찾아볼 수 있다. 요구사정의 수준은 폭넓게 국가적 차원에서 시·도 지역별, 학교군별, 지역사회 단위에서 개개 학교별, 학년별, 개개 학습자별로 다양화될 수 있다. 또한 요구유형에 따라 학습자의 신체적·생리적 요구, 사회심리학적 요구, 교육적 요구, 발달과업 요구 등으로 나눠 요구사정을 얼마든지 달리할 수 있다.

3) 요구사정의 대상

요구사정의 중점 대상은 일반적으로 사람, 프로그램, 조직으로 나눌 수 있다. 요구사정의 대상인 사람은 첫째, 모든 학습자(소비자), 둘째, 교육행위에 실제로 종사하는 교수자나 행정가(생산자) 등, 셋째, 학부모를 비롯한 지역사회 구성원(조장자) 등이 있다.

요구사정의 중점 대상인 프로그램도 앞서 제시한 사람의 분류에 따라, 첫째, 학습자를 위한 교육과정과 수업전략, 둘째, 교육관계 종사자들을 위한 현직교육 및 계속교육 프로그램, 셋째, 성인들을 위한 교육 프로그램으로 나누어 볼 수 있다.

마지막으로 요구사정의 중점 대상인 조직은 학교의 다양한 행정조직이나 학급 편성 조직, 그리고 그 조직의 의사소통체제나 관리 구조를 포함한다. 또한 단위학교 내에, 학교 상호 간에, 학교와 다른 사회기관 간에 존재하는 의사소통과 통합관계 등이 포함된다.

4) 요구사정의 계획과정

(1) 요구사정의 체제적 계획순환과정

카우프만(Kaufman, 1977)에 의하면 체제적 계획과정은 포괄적인 문제해결의 도구로서, 실증적 자료들을 밑바탕으로 하여 계속적인 의사결정을 해나가는 데 작용하는 합리적이고 논리적인 과정이라고 주장하였다. 카우프만은 잉글리시(English, 1979)와 함께 체제적 계획순환과정을 다음 〈표 6-1〉과 같이 6단계 모형으로 제시하였다.

〈표 6-1〉 체제적 계획순환과정

1단계	문제의 구명 [알파(Alpa)형 요구사정] 현재의 성취결과와 바람직한 성취결과 간의 차이를 결정, 우선순위로 배열하고, 가장 중요한 요구를 선택한다.
2단계	해결요건의 결정과 해결대안의 구명 [베타(Beta)형 요구사정] 현재 상황에서 바람직한 성취결과로 이동해 나가는 데 필요한 요건을 결정한다. 이때 행동적인 목표 진술이 도구로써 자주 사용된다. 그리고 가능한 해결방법과 수단을 구명하고 각 방법과 수단의 장·단점을 밝힌다.
3단계	해결전략의 선정 [감마(Gamma)형 요구사정] 위의 2단계에서 구명된 선정대안 중 가장 가능성 있는 전략을 선택한다. 이때 체제분석, 비용-효과분석, 계획-편성-예산체제(PPBS) 등을 활용한다.
4단계	선정된 방법과 수단의 시행 [델타(Delta)형 요구사정] 선정된 방법과 수단을 실제로 시행에 옮겨 시도한다.
5단계	시행효과의 검토 및 평가 [입실론(Epsilon)형 요구사정] 시행결과 어떤 점은 잘되었고, 어떤 점은 잘 안되었는지, 즉 방법과 수단의 효과와 효능을 분석한다. 총합적 평가단계에 해당된다.
6단계	개정 및 변경 [제타(Zeta)형 요구사정] 만약 위의 5단계에서 시행 효과에 문제가 있음이 발견되면 적절한 개정과 변화를 준다. 이것은 일종의 형성적 평가행위라고 할 수 있다.

카우프만은 위 모형을 통해 여섯 단계의 순환적인 체제적 계획단계 가운데 어느 단계에서든 요구사정은 시작될 수 있다고 보았다. 체제적 계획과정은 기본적으로 '문제의 발견'에서부터 출발하여 최선의 해결책을 탐색하는 과정이다.

요구사정은 일반적으로 세 단계로 구성되어 있는데, 첫째, 목적이나 목표를 설정하고(이상), 둘째, 현재 상태에 대한 자료수집(실제)이 이루어진 후, 셋째, 이 차이에서 요구의 우선순위를 결정하는 것이다. 즉 이상이 있고 그다음에 실제가 있으며 여기서 나타나는 차이가 요구가 되는 것이다. 이 세 가지 단계의 요구사정은 이상에서 문제가 생길 수 있고, 실제에서도 문제가 있을 수 있기 때문에 각 단계 어디에서나 앞서의 문제로부터 출발하는 체제적 계획순환과정이 이루어질 수 있다.

[그림 6-1]은 체제적 계획과정과 요구사정 단계의 상호작용 관계를 보여준다(이성호, 2009).

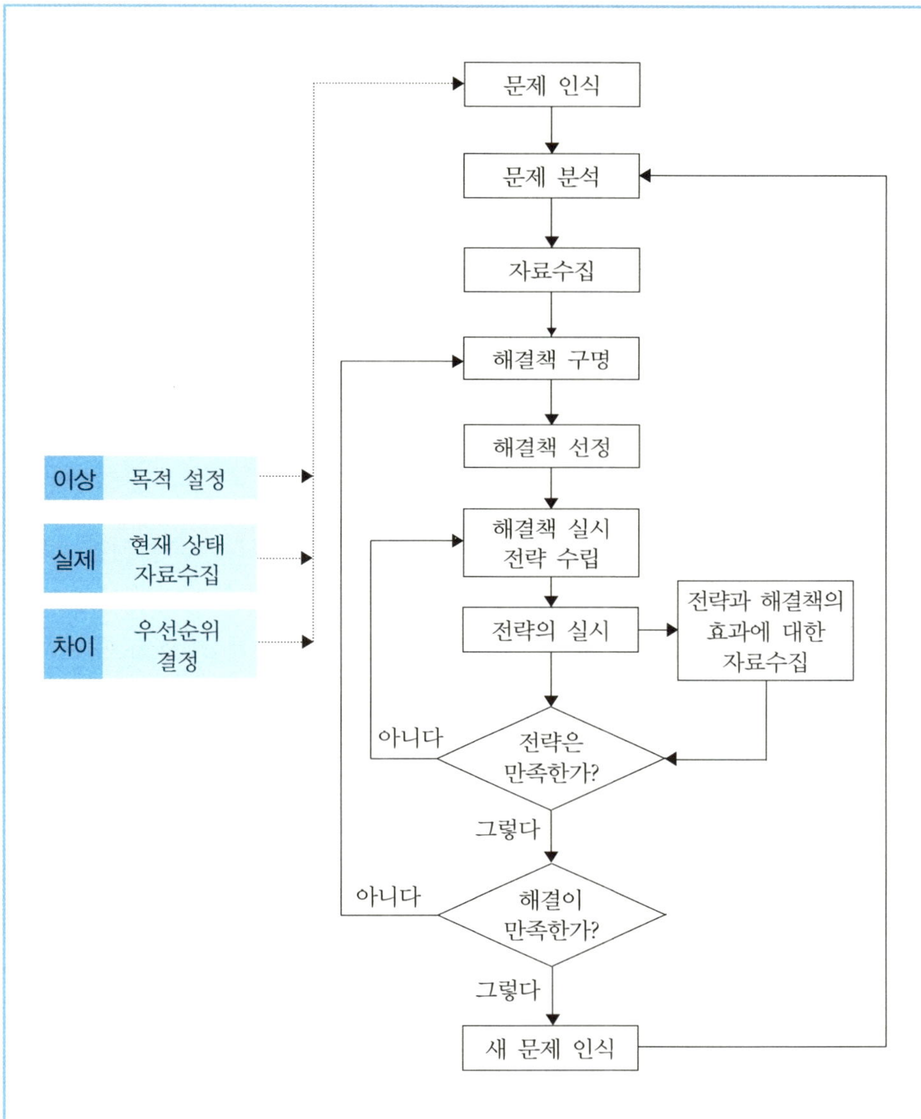

[그림 6-1] **체제적 계획과정과 요구사정 단계**

(2) 요구사정을 위한 사전계획

체제적 계획과정으로서의 요구사정은 협력적 계획이 필요하다. 지역사회를 비롯한 다양한 교육 분야에 관련된 사람들의 참여와 더불어 모든 사람의 종합적인 대표성과 그들의 참여가 최대한 보장되어야 한다. 대표성을 확보하기 위해서는 요구사정 대상자들의 인구학적 분석 실시, 이들의 역할과 특성에 대한 사전 분석 검토, 사람이나 집단을 대표하는 대상을 정하기 위한 기준을 개발해야 한다. 대표성이 확보되면 최대한의 참여를 보장하는 방안이 강구되어야 하며, 각 대표적인 개인이나 집단 간에 발생할 수 있는 차이와 갈등을 최소화하여 원활한 의사소통과 상호작용이 가능하도록 해야 할 것이다. 이를 위해 학교는 참여자들이 최대한 교육계획에 관련된 여러 가지 구체적 정보나 지식을 미리 갖추도록 개방적인 자세를 가질 필요가 있다.

요구사정이 협력적으로 원활히 이루어지기 위해 필요한 사전계획은 다음과 같다.

첫째, 요구사정의 필요성과 수행 책무성이 인식되고 조성되어야 한다. 이를 위해서는 오늘날 교육의 문제점을 정확하게 규명하고 현재의 상황과 목적을 파악하여 개발이 이루어지는 특정 학교의 실재와 사회적 맥락을 고려할 필요가 있다. 둘째, 요구사정을 위한 가용 자원을 분석하는 일이 필요하다. 특히 요구사정의 범위 등을 결정하는 데 있어 인적 자원, 재정 비용, 물적 자원이 얼마나 가용한가의 문제를 분석하는 일은 매우 중요한 사전작업이다. 셋째, 요구사정을 실제로 실시하고 수행하는 행정관리 기구를 조직 · 구성하는 일이다. 필요에 따라서는 전문기능을 발휘할 수 있는 하위부서를 조직할 수도 있다. 넷째, 요구사정의 범위를 결정하는 사전작업이 필요하다. 요구사정의 대상수준, 포함시킬 학교나 지역, 총체적 발달 영역(인지적 · 정의적 · 심체적 영역), 선정된 목적에 따른 바람직한 성취행동수준 등은 요구사정 범위를 결정하는 데 있어서 기본적으로 이 문제에 대한 해답이 우선 이루어져야 한다. 다섯째, 요구사정의 과정을 결정하는 일이 필요하다. 이는 요구사정 모형의 적합한 단계를 설정하는 문제라고 할 수 있는데, 요구사정 과정의 구체적인 세 단계 절차, 즉 목적 설정, 현재 상태에 관한 자료수집, 우선순위 결정의 단계들을 체제적 의사결정 또는 문제해결 과정과 연결시키는 사전작업이 필요하다. 여섯째, 요구사정 대상 집단에 대한 여러 가지 인구학적 분석, 의견조사, 관심조사, 공청회, 협의회 등을 통해서 그 대상 집단이나 개인의 특성에 관한 정보를 수집하는 일이다. 즉 사람, 프로그램, 조직의 세 가지 중점 대상에 관한 정보수집과 분석이 필요하다. 일곱째, 요구사정 프로젝트에 참여할 사람을 선정하고 오리엔테이션을 시키는 사전작업이 필요하다. 요구사정을 수행하는 데 필요한 전문적·기술적 지식과 기능을 갖춘 사람을 선정하고, 그들에게 요구사정의 목적과 과정을 명확히 이해시키도록 오리엔테이션이 실시되어야 한다. 이러한 요구사정의 사전계획 작업들이 이루어진 후 요구사정을 계획할 수 있게 된다.

2 요구사정의 과정

요구사정 과정에는 세 가지 행동이 주축을 이룬다. 즉 ① 요구사정 목적의 설정, ② 현재 실태에 관한 자료수집, ③ 교육적 요구의 우선순위를 결정하는 일이다. 이렇게 해서 결정된 교육적 요구는 교육 프로그램으로 투입되며, 선정된 변화전략에 따라 교육적 요구가 반영된 교육 프로그램은 현장에서 실시되는 것이다.

1) 교육과정 목적의 설정

요구사정에서의 교육과정 목적 설정은 목적의 구명, 목적의 우선순위 결정, 목적의 분석과 종합의 세 가지 행위절차로 이루어진다.

(1) 목적의 구명

목적 자체를 연구하는 접근 방식으로 두 가지 방법이 있다. 첫째, 총체적 교육체제에 관한 일반적인 접근을 통한 목적을 구명하는 방법으로, 학교의 총체적인 교육 프로그램에 대한 종합적이고 일반적인 목적을 구명하는 것이다. 둘째, 특정 프로그램의 한 측면에 대한 중점적인 목적을 구명하는 방법으로, 특정 요구 영역 또는 특정 문제를 중심으로 목적을 구명하는 것이다.

(2) 목적의 우선순위 결정

요구사정 과정에서 우선 목적들이 구명되면, 그다음엔 그 목적들의 우선순위를 결정해야 한다. 우선순위를 결정할 때 가장 많은 관심이 집중되어 있고, 가장 중요하며, 가장 고려해야 할 목적이 무엇인가에 대해 분석해야 한다. 이 중에서 어느 기준을 사용하건 간에 이러한 기준에 입각하여 우선순위를 결정하는 데에는 여러 가지 방법이 있다.

요구사정 과정에서 목적의 우선순위를 결정하는 데 있어서 반응조사 방식으로 평정척도(rating scales)와 서열절차(ranking procedures)를 사용할 수 있다. 평정척도의 경우 ① 대단히 중요하지 않다, ② 대체로 중요하지 않다, ③ 그저 그렇다, ④ 대체로 중요하다, ⑤ 대단히 중요하다와 같이 5단계 또는 3단계, 7단계의 중요도, 강조성 등을 척도로 준비해 놓고 해당 번호에 표시하도록 하는 방식이다. 그러나 평정척도는 간혹 여러 개의 목적들을 모두 높게 또는 낮게 평정하게 함으로써 실제로 각 목적 간에 식별이 이루어지지 않아 우선순위를 결정하기 어려울 때가 있다. 이러한 평정척도의 결점을 대처하는 반응조사 방식이 등위를 매기게 하는 서열절차 방식이다. 서열절차는 가장 중요한 것부터 1번, 2번, 3번, 4번…… 차례대로 번호를 매기는 것으로, 대체로 요구사정 과정에 제시되는 목적의 개수가 적을 때(10개 미만) 효과적인 방식이다.

(3) 목적의 분석과 종합

목적이 구명되고 목적의 우선순위가 결정된 후에는 각각의 목적들을 정리, 분석, 종합하는 절차가 필요하다. 기대하는 목표와 현재 상태 사이의 간격과 간격의 크기를 정하기 위한 자료를 분석하고, 점수화한 결과를 토대로 집단을 분석하여 목적의 우선순위를 결정한 후 이를 종합적으로 정리한다.

2) 현재 실태에 관한 자료수집 절차

현재 실태에 관한 자료수집은 다음 〈표 6-2〉에 제시한 다섯 가지 절차를 수행함으로써 보다 효율적으로 실시할 수 있다.

〈표 6-2〉 현재 실태에 관한 자료수집 절차

1단계	**자료수집 계획** 자료수집 절차에는 직접 관찰에 의한 방법, 면접이나 질문지를 통해 자료를 수집하는 방법, 각종 문서나 보고서 등을 분석해서 그 속에서 자료를 추출하는 방법 등이 있다. 자료수집의 범위는 그 목적의 상대적 중요성, 자료수집의 비용, 자료의 타당성, 자료수집의 가능성, 자료수집이 가져올 영향 등을 고려하여 결정한다.
2단계	**자료원 구명-절차의 타당성 검토** 현재 실제 상태에 대한 평정은 자료원이 폭넓게 확보될 때 타당성을 지닌다. 자료원은 요구사정의 중점 표적대상이 되는 사람, 프로그램, 조직의 세 가지에서 비롯되어야 하며, 문서를 통해 간접적으로 얻는 방법과 사람을 직접 조사하여 얻는 방법이 활용될 수 있다.
3단계	**표집과정** 모집단으로부터 정해진 수만큼의 표집을 함으로써 효율적인 조사가 가능하다. 표집절차를 잘 수행하려면 조사대상 모집단에 대해 정확히 파악하고 있어야 하고, 그다음 표본크기를 정한다. 표본크기가 정해지면 표집절차를 택해서 조사대상 표본을 추출하는 작업을 한다.
4단계	**새롭게 개발 · 제작하거나 이미 제작되어 있는 적절한 조사도구 선택** 우선 목적 성취를 위한 지표(indicators)를 결정한 후에 요구사정의 세 가지 중점 표적대상인 사람, 조직, 프로그램을 구체적으로 어떻게 지표로 사용할 것인지에 대한 탐색이 이루어져야 한다. 그다음엔 변인을 규정하고 자료수집 방법을 결정한다.
5단계	**자료수집과 분석** 자료가 수집되면 본래 의도한 목적에 적합한지 분석 · 정리한다. 자료분석을 위해서는 요구사정에 종사하는 모든 사람들이 기본적인 통계처리를 할 수 있는 능력을 갖추고 있어야 한다.

일반적으로 현재 실태 자료수집이 충분히 잘 이루어졌는지를 알기 위해서는 다음과 같은 기본적인 자료수집의 방침을 갖추는 것이 좋다.

- 수집된 자료는 요구사정에 제시되는 교육과정 목적과 관계가 있어야 한다.
- 다양한 자료수집 도구를 사용하여야 한다.
- 자료수집은 교육과정 목적에 부합되는 변인들에 기초해서 이루어져야 한다.
- 조사대상자에게 적합한 자료수집 도구를 선정해야 한다.
- 계획적인 표집이 자료수집에 사용되어야 한다.
- 조사도구는 분명하고 객관적이며 구체적이어야 한다.
- 자료를 기록하기에 쉽고 편리하도록 도구의 형태가 만들어져야 한다.
- 자료수집 시 소요되는 시간이나 비용 · 효과 측면에서 경제적이어야 한다.
- 새로운 조사도구 개발은 주기적으로 타당도를 검증하면서 수정해야 한다.
- 자료수집을 할 때 주관과 편견이 가능한 한 철저히 배제되어야 한다.
- 자료수집자는 자료수집에 대한 기본 훈련이 되어 있어야 한다.

3) 교육적 요구의 우선순위 결정

이상적인 소망 상태(목적)가 구명되고, 현재 실태에 관한 자료수집이 이루어지면 우리는 그 차이(discrepancy)를 발견하게 된다. 즉 기대하는 목적과 현재 실태 간의 차이가 곧 교육적 요구이며, 그 차이가 심한 내용 순으로 우선순위가 결정된다. 이러한 교육적 요구를 확인하기 위하여 다양한 형태의 방법을 활용할 수 있다. 교육적 요구를 제시하는 데 널리 사용되고 있는 방법에는 구체적인 변인들을 통해서 작성된 동일한 도구에서 현실 상황과 이상에 대한 기대수준을 동시에 확인해주는 방법이 있다. 즉 진술된 목적에 대하여 한편에서는 이상적인 소망수준이나 기대수준 척도에 응답하게 하고, 다른 한편으로는 현실적인 수준을 파악하는 척도에 응답하게 하는 방식이다.

다음에 제시한 [그림 6-2]는 중학교 교과목인 《기술 · 가정》중에서 '청소년의 발달'에 대해 진술된 목적에 맞는 교육의 목표를 설정하기 위하여 요구사정을 확인하는 방법을 보여주는 예시이다.

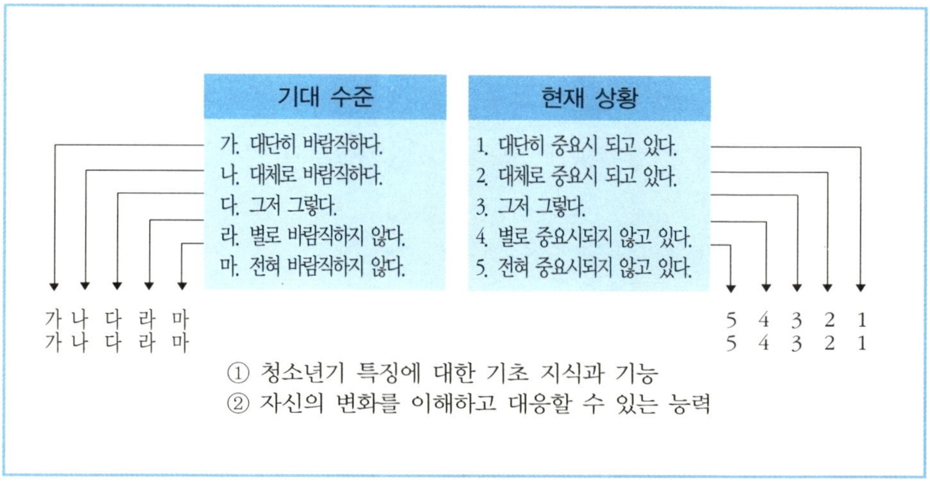

[그림 6-2] **교육의 목표에 관한 요구사정 예시**

교육적 요구의 확인방법을 통해 목적과 현재 실태 간의 차이를 발견한 후에 발견된 차이에 대해 우선순위를 결정해야 한다. 이때 가장 쉽게 활용할 수 있는 방법은 사간표(matrix) 작성법이다(이성호, 2009).

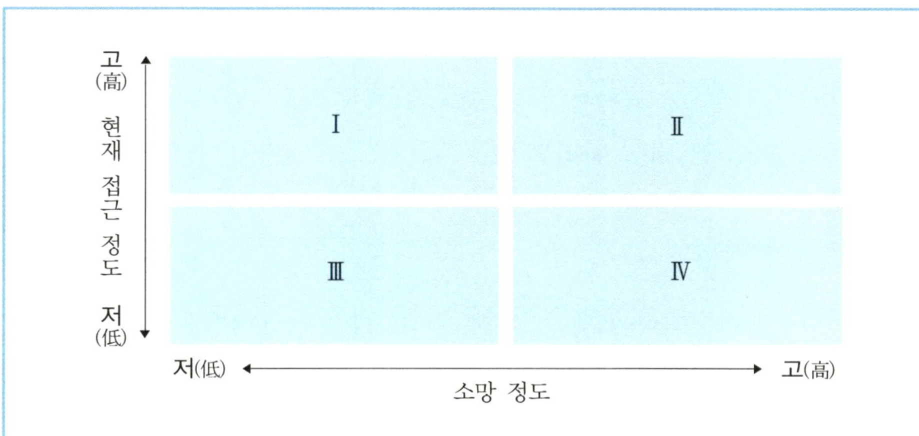

[그림 6-3] **교육적 요구의 사간표(matrix)**

즉 [그림 6-3]에서 보는 바와 같이 한쪽에는 종으로 목적의 현재 접근 정도나 성취 정도를 높고 낮음으로 갈라놓고, 다른 한쪽에는 횡으로 목적의 소망 정도나 중요성 정도를 높고 낮음으로 갈라놓게 되면 네 칸의 목적 분류가 가능해진다.

다시 말해, 칸 II와 칸 IV의 목적들은 칸 I이나 칸 III의 목적들보다 더 중요하고, 또는 더 바람직하게 생각되고 있는 것이다. 칸 I과 칸 II의 목적들은 칸 III이나 칸 IV의 목적들보다 현재 교육 실제에서 훨씬 더 잘 성취되고 있는 목적들이다.

이 네 가지 중에서 소망수준 정도는 대단히 높지만 현재는 그렇게 이루어지지 않고 있는 목적들, 즉 앞으로 교육과정 개발에서 가장 시급하게 우선적으로 고려되어야 할 교육적 요구는 칸 IV의 목적들이라는 것을 쉽게 알 수 있다.

3 요구사정의 기술적 방법

요구사정의 타당성과 신뢰도를 높이기 위해서는 요구사정에 적합한 기술적 방법을 선택하고 사용할 수 있는 능력이 필요하다. 여기서는 요구사정 과정에서 가장 많이 사용되고 있는 델파이(Delphi) 방법과 큐 분류방법(Q-sort technique)에 대해 살펴보기로 하겠다.

1) 델파이 방법

델파이(Delphi) 방법은 원래 미국 랜드연구소(Rand Corporation)에서 1950년대 초에 개발한 의견조사 방법이다(Linstone & Turoff, 1975). 가장 전통적인 의견조사 방법으로는 어떤 주제에 대해 의견이나 판단을 수렴하기 위하여 사람들이 모여서 집단회의를 하는 방식이나 우편을 이용한 질문지 조사법이 사용되었다. 델파이 방법은 의견 또는 판단을 수렴하는 새로운 방식으로서, 전통적인 조사 방법처럼 사람들이 모여서 의논하지 않아도 되며, 질문지 조사가 갖고 있는 단점을 배제하면서 효과적으로 의견을 수렴하는 방식이다. 델파이 방법의 기본적인 절차는 다음과 같다. ① 해당 교육 분야의 전문가 집단을 선정하여 조사대상을 구성한다, ② 주요 교육과정의 목적 또는 문제에 대한 1차 질문지를 송부한다, ③ 1차 조사를 통하여 회수된 결과를 정리·재작성하여 다시 2차로 송부한다. 이때 그 목적과 문제의 중요성, 필요성, 성취 가능성 등의 기준에 따라 등위를 매겨 평가하도록 요구한다, ④ 2차 조사결과를 분석하고 통계 처리하여 요약된 결과를 3차 질문지로 작성하여 다시 송부한다, ⑤ 3차 조사결과를 통계적으로 다시 분석하고, 다수의 평가결과와 함께 소수의견을 정리하여 4차 질문지를 송부하여 평정의견을 수정할 수 있는 최후 기회를 준다.

이러한 절차는 필요에 따라서 또는 합의되는 정도에 따라서 두세 차례로 줄일 수도 있고, 또 몇 차례씩 계속 반복할 수도 있다. 델파이 방법은 여러 집단의 다양한 교육적 요구를 추출해낼 수 있다는 이점 때문에 요구사정에 많이 사용되고 있다.

델파이 방법은 지역적으로 산재해 있는 여러 사람들의 상호작용을 촉진시킴으로써, 다양한 집단과 많은 사람들의 의견을 수렴할 수 있다. 또한 소요시간이나 비용·효과 면에서도 비교적 경제적이다. 전문가들은 각자 편리한 시간에 자유롭고 독립적으로 의사결정과 판단을 내릴 수 있다. 특히 폭넓은 분야에 걸쳐서 교육적 요구에 대한 심층적인 의견을 수렴할 수 있다는 장점을 가지고 있다.

반면 델파이 방법은 요구사정 진술문이 모호하게 작성되어 그 뜻이 명확하지 않거나 왜곡될 수도 있다. 또한 한 번에 너무 많은 항목에 걸친 요구조사를 시도하거나 대상자를 잘못 선정했을 때 비협조적인 태도를 보일 수 있으며, 비전문가의 왜곡된 참여 가능성도 발생할 수 있다. 뿐만 아니라 조사대상자 선정의 대표성을 확보하지 못할 때 생기는 편파적인 의견 수렴이나 반복되는 통계적 처리, 우편 송부와 회송을 위한 번거로운 절차와 시간의 소요 등이 단점으로 지적되고 있다.

2) 큐 분류방법(Q-sort technique)

큐 분류방법은 스티븐슨(Stephenson)에 의해 고안되었으며, 심도 깊은 통계적 분석을 통하여 목적의 등위를 정하려 할 때 활용될 수 있는 방법이다.

큐 분류방법의 기본적인 절차는 다음과 같다(Kerlinger, 1973). ① 목적에 대한 진술문들을 카드 한 장에 하나씩 적어서 각 개인에게 나누어 준다, ② 각 개인은 그 카드에 기술된 목적에 대한 찬성과 반대의 정도에 따라 카드를 분류한다. 예를 들면, 다음에서 제시하는 [그림 6-4]와 같은 척도를 주고 그 척도의 각 눈금 위에다 카드를 분류해서 놓도록 한다, ③ 만약 결정을 하다가 도저히 결정하기 어려운 목적의 카드가 있으면 이를 [그림 6-4]의 눈금 중에서 6과 같은 중간 지점에 놓게 한다, ④ 그다음 눈금에 따라 주어지는 모든 사람의 점수를 각 목적(카드)별로 정리하여 표를 작성하고 총점 등의 기본적인 기술 통계치를 산출한다, ⑤ 여기서 나온 결과에 대하여 상관계수나 변량분석 등의 통계적 처리를 실시한다.

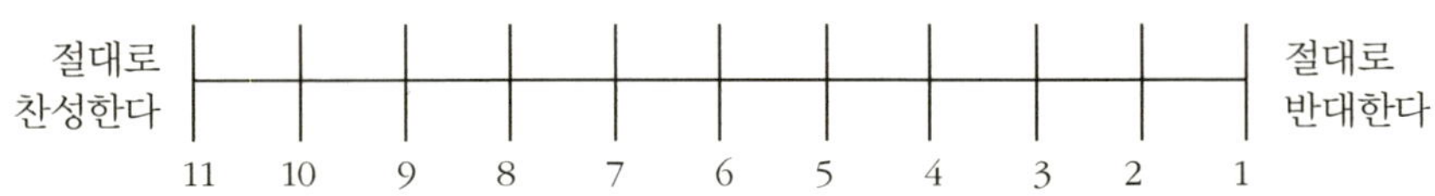

[그림 6-4] **큐 분류방법**

큐 분류방법은 목적의 우선순위를 결정하는 데 있어 통계적 분석을 통한 객관성을 확보할 수 있으며, 종속변수에 대한 다양한 독립변수의 작용을 분석함으로써 여러 가지 목적들이 상호 간에 어떻게 우선순위에 영향을 미치는지 분석해낼 수 있다는 장점이 있다.

반면 큐 분류방법은 표본의 크기가 클 때에는 적합하지 않기 때문에 요구사정에서 목적의 우선순위를 결정할 때 많은 조사 대상자들을 참여시키기 어렵다. 또한 카드를 분류할 때 앞서 분류한 카드가 다음에 분류할 다른 카드에 영향을 주어 반응의 독립성을 해칠 가능성이 높고, 카드 분류가 강제성을 띠고 있다는 점이 단점으로 지적되고 있다.

지금까지 열거한 델파이 방법과 큐 분류방법 외에도 목적의 우선순위를 결정하고 요구사정에서 활용될 수 있는 여러 가지 기술적인 방법이 있다. 이에 대한 자세한 내용은 각종 교육연구법 관련 전문서적을 통해 알 수 있다.

결론적으로 효율적인 요구사정을 위해 목적의 구명과 요구 결정 과정에 가능한 한 많은 사람들이 참여하여 그들의 다양한 의견과 판단을 충분히 수렴하고, 이를 활용하기 위한 다양한 기술적 방법들의 연구가 계속되어야 할 것이다.

제 7 장 교육과정 목적과 목표의 설정

본 장에서는 우선 제1절 목적과 목표의 개념을 분명히 하고, 제2절에서는 목적과 목표 설정에 대한 가장 대표적인 세 가지 접근 유형에 대해 살펴본 후, 제3절에서는 행동적 목표(behavioral objectives)의 발전과정, 그리고 그것이 지니고 있는 실제적인 이점들과 문제점에 대해 알아봄으로써 향후 교육과정 목적과 목표 설정에 바람직한 기준을 세울 수 있는 방향을 제시한다.

제7장 교육과정 목적과 목표의 설정

1 목적과 목표의 의미와 위계

교육과정의 목적과 목표는 교육내용, 교수방법 및 학습경험의 선택과 조직, 교육평가에 이르는 전반적인 교육의 방향을 결정하고 구체화시켜 주기 때문에 교육과정 개발과정에서 매우 중요한 단계이다.

교육 분야의 문헌들을 살펴보면 목적(goal, aim)에 관련된 다양한 용어들이 사용되고 있다. 즉 목표(objectives, purposes, ends), 성과 또는 결과(outcomes), 기능(functions) 등의 용어와 더불어 목적이란 용어가 교호적으로 쓰일 때가 많다. 그러나 그 의미를 좀 더 명확하게 따져 보면 몇 가지 커다란 차이가 있다.

목적과 목표에 대한 의미의 차이는 여섯 가지 수준에서 위계적으로 구분할 수 있는데, 목적 또는 목표를 가장 포괄적이고 일반적인 것에서부터 가장 폭이 좁고 특수한 것으로 순서대로 나열하면 [그림 7-1]과 같다.

[그림 7-1]에 제시된 목적 및 목표의 위계를 살펴보면, 목적과 목표의 의미는 상당한 차이가 있음을 알 수 있다. 목적은 목표보다 포괄적인 개념이고, 목표는 목적을 실현시키기 위한 활동이자 목적을 보다 구체적으로 심화시킨 것이다. 목적이 교육의 방향 또는 중점을 일반적이고 포괄적

으로 진술한 가치규범적인 것이라면, 목표는 교육과정에서 실제로 다루어야 할 영역, 우선순위 결정, 내용선정, 학습경험의 선택과 조직 등에 대한 구체적인 행동지침을 제시해주는 수단이라고 할 수 있다.

[그림 7-1]과 같이, 목적과 목표의 위계는 교육 → 교육과정→ 수업의 단계로 이어지며, 구체화되는 활동지침 범위에 따라 목적과 목표가 세 가지 층으로 구분된다. 즉 교육목적이나 교육목표가 가장 일반적이고 포괄적으로 교육에 대한 국가나 사회의 요구를 담아 국가의 교육이념, 사명, 교육철학 등을 포함시켜 추상적으로 진술하고 있으며, 비교적 장기적인 시간을 필요로 한다. 우리나라 교육의 목적은 교육법으로 규정하고 있는데,

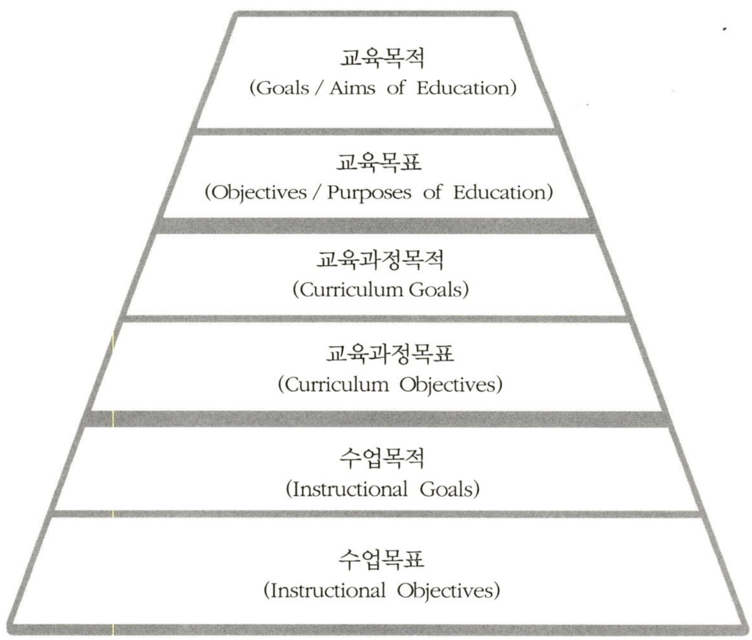

[그림 7-1] **목적 및 목표의 위계**

교육기본법 제2조에 명시된 '홍익인간의 이념'과 그에 따른 교육목적은 우리나라 교육 전반에 걸쳐 추구해야 할 교육의 목적을 제시한 것이다. 또한 교육목적과 교육목표가 오랜 시간 변함없이 적용될 수 있는 보편적 가치를 지니고 있는 이념적 · 철학적 내용들로 진술되어 교육이 지향해야 할 바를 보여준다.

교육의 목적과 목표 아래 단계에는 교육과정 목적과 목표가 있다. 교육과정 목적과 목표는 교육의 목적과 목표가 국가 내의 특정 지역 학교들이나 특정 학교급별 수준(유치원, 초등학교, 중학교, 고등학교, 대학교)과 같이 제한된 범주의 교육대상이나 교육영역에 적용되는 목적과 목표를 의미한다. 즉 교육과정 목적과 목표는 교육이념, 목적 및 목표를 교육현장에 구체화시킨 것이며, 수업목적과 목표에 비해 비교적 장기적인 시간이 필요하다.

끝으로, 수업의 목적과 목표는 교육과정 목적과 목표를 더욱 구체화시킨 것으로, 수업을 통해 학생들이 성취해야 하는 것을 교실수준에서 상세히 진술하고 이를 달성하기 위한 학습내용, 학습경험, 학습활동 등을 구체적으로 제시한 것이다. 이는 교육 목적과 목표, 교육과정 목적과 목표보다 시간상으로 비교적 단기적이다. 결국 교육과정 목적이나 목표는 교육이 나아가야 할 방향(ends)을 제시하고 안내하는 역할을 하는 것이라면, 수업 목적과 목표는 제시된 방향으로 올바르게 가기 위한 수단에 해당되는 것이다.

▸ **교육기본법 제2조(교육이념)**

교육은 홍익인간(弘益人間)의 이념 아래 모든 국민으로 하여금 인격을 도야(陶冶)하고 자주적 생활능력과 민주시민으로서 자질을 갖추게 하여 인간다운 삶을 영위하게 하고 민주국가의 발전과 인류공영(人類共榮)의 이상을 실현하는 데 이바지하게 함을 목적으로 한다.

1) 교육의 일반적 목표

교육의 목적은 교육에 대한 국가나 일반적인 사회의 요구를 담고 있으며, 장기간의 교육을 통해 개발되는 인간의 다양한 특성들로 진술되어 있다. 교육의 일반적 목표는 이러한 교육의 목적으로부터 도출되며, 교육의 목적에 비해서 덜 포괄적이고 적용기간이 비교적 더 짧다. 교육의 일반적 목표로는 학교급별 목표, 기관별 목표, 교과별 목표를 들 수 있다.

(1) 학교급별 목표

학교급별 목표는 국가수준에서 결정하는 유치원, 초등학교, 중학교, 고등학교, 대학교 등의 교육목표를 말한다. 학교급별 목표는 학습자의 발달적 특성과 일반적인 사회의 요구가 반영된 학교의 단계별 특성에 의해 결정되며, 각급학교에 해당하는 학생들에게만 적용된다.

[2009년 개정 교육과정에서의 학교급별 교육목표]

〈표 7-1〉 초등학교 교육의 일반적 목표

초등학교 교육목표	초등학교 교육은 학습과 일상생활에 필요한 기초능력 배양, 기본생활습관 형성에 중점을 둔다.
	가. 풍부한 학습경험을 통해 몸과 마음이 건강하고 균형 있게 자랄 수 있도록 하며, 다양한 일의 세계에 대한 기초적인 이해를 한다. 나. 학습과 생활에서 문제를 인식하고 해결하는 기초능력을 기르고, 이를 새롭게 경험할 수 있는 상상력을 키운다. 다. 우리 문화에 대해 이해하고, 문화를 향유하는 올바른 태도를 기른다. 라. 자신의 경험과 생각을 다양하게 표현하며 타인과 공감하고 협동하는 태도를 기른다.

〈표 7-2〉 **중학교 교육의 일반적 목표**

중학교 교육목표	중학교 교육은 초등학교 교육의 성과를 바탕으로 학생의 학습과 일상생활에 필요한 기본능력, 민주시민으로서의 자질을 함양하는 데 중점을 둔다.
	가. 심신의 건강하고 조화로운 발달을 추구하며, 다양한 분야의 경험과 지식을 익혀 적극적으로 진로를 탐색한다. 나. 학습과 생활에 필요한 기초능력과 문제해결력을 바탕으로 창의적 사고력을 기른다. 다. 자신을 둘러싼 세계에 대한 경험을 토대로 다양한 문화와 가치에 대한 이해를 넓힌다. 라. 다양한 소통능력을 기르고 민주시민으로서의 자질과 태도를 갖춘다.

〈표 7-3〉 **고등학교 교육의 일반적 목표**

고등학교 교육목표	고등학교 교육은 중학교 교육의 성과를 바탕으로 학생의 적성과 소질에 맞는 진로개척능력과 세계시민으로서의 자질을 함양하는 데 중점을 둔다.
	가. 성숙한 자아의식을 토대로 다양한 분야의 지식과 기능을 익혀 진로를 개척하며 평생학습의 기본역량과 태도를 갖춘다. 나. 학습과 생활에서 새로운 이해와 가치를 창출할 수 있는 비판적 · 창의적 사고력과 태도를 익힌다. 다. 우리의 문화를 향유하고 다양한 문화와 가치를 수용할 수 있는 자질과 태도를 갖춘다. 라. 국가공동체의 발전을 위해 노력하며, 세계시민으로서의 자질과 태도를 가진다.

(2) 기관별 목표

기관별 교육목표는 현재 각 교육청이나 각급학교에서 설정하는 교육목표들을 말한다. 교육청과 각급학교에서는 자체적으로 교육목표를 설정하여 교육의 목적이나 학교급별 교육목표를 바탕으로 해당지역이나 학교의 특수한 여건과 요구들에 대한 분석 결과를 참고하여 교육목표를 정하게 된다. 대체로 교육에 대한 비전(vision)은 기관의 교육지표나 기본목표 등으로 표현되는 기관별 교육목표를 가리키며, 기관의 중점과업(mission)은 기관에서 정한 비전이나 목표들을 달성하기 위하여 필히 시행해야만 하는 주요과업들로 구성된다. 기관별 목표는 학교의 교육철학을 토대로 학교교육의 기본방향을 제시해줌으로써 교육목표와 학습활동, 교직원의 역할과 사명, 학습전략과 방법 등을 결정하고 안내해주는 역할을 한다.

(3) 교과별 목표

교과별 교육목표는 교과의 성격을 바탕으로 설정되며, 교육과정 문서에 제시된다. 교육청과 각급학교의 교육목표는 교과의 목표들을 달성함으로써 실현된다고 볼 수 있다. 국가수준의 교육과정 문서에는 교과별 교육목표가 일반적인 수준으로 제시되어 있으며, 각 교육청과 개별 학교의 교육과정 문서에는 각 기관의 특수한 상황을 반영한 교과별 교육목표가 제시된다. 교육의 목적이나 목표들과 달리 교과별 교육목표는 특정 영역에 한정되어 목표가 설정되고, 그 목표에 도달하기 위한 수단을 구체적으로 제시하고 있다.

2) 교육의 구체적 목표

교육의 구체적 교육목표는 비교적 단기간의 수업을 통하여 학생들이 성취해야 하는 것들을 진술한 것으로서, 이를 달성하기 위한 수단(학습내용과 학습활동 등)을 구체적으로 제시하고 있다. 김호권(1977)은 수업목표를 '수업이 효과적일 경우 그 수업과정에 참여한 학생들의 생각과 느낌과 행동이 어떻게 변하는지를 규정해둔 진술문'이라고 정의하였다. 즉 수업목표를 세목화하여 분명하게 진술함으로써 학습자가 무엇을 얼마나 잘할 수 있어야 하는지에 대한 방향을 제시해주는 것이다.

변영계(1984)는 구체적인 교육목표가 필요한 이유를 다음과 같이 기술하고 있다. 첫째, 교수자나 교수설계자가 교육목표를 분명히 알게 되면, 주어진 시간에 무엇을 가르쳐야 하는지가 분명해져 수업시간을 낭비하지 않으며, 수업태도를 바르게 할 수 있다. 둘째, 학습자가 교육목표를 알게 되면, 학습자 스스로 자기의 수업계획을 세우게 되어 학습의 효과를 높일 수 있다. 셋째, 구체적이고 세분화된 교육목표는 학습평가의 타당도와 신뢰도를 높일 수 있으며, 따라서 수업의 질을 높일 수 있도록 평가의 결과를 재투입한다는 면에서 효과를 낳을 수 있다. 넷째, 교육목표가 세분화되면 길러야 할 행동이 무엇인지 분명해져서, 어떤 수업매체를 선정해야 하는지가 명확해진다.

교육의 구체적 목표는 학년별 교과의 내용을 분석하여 며칠 또는 몇 주에 걸쳐 학습하게 될 단원목표나 단시 또는 차시의 수업목표로 구분할 수 있다.

교육의 구체적 목표는 대체로 장기계획과 단기계획으로 구분하여 수업계획을 세우는 데 포함된다. 장기계획에는 학습의 연간 · 월간 · 단원계획이 포함되며, 모든 학교활동 · 생활지도 · 행사교육 · 평가 및 진도 등에 관한 세부적인 계획이 배경을 이루고 있는 예정 설계이다.

단기계획에는 모든 장기계획을 바탕으로 일주일 단위로 구체적인 지도계획을 세우는 주안, 그날그날의 학습지도를 계획하는 일안, 그리고 매시간 학습내용에 따라 효과적인 학습지도를 하기 위한 계획을 세우는 시안을 포함하고 있다.

이외에도 단원전개계획과 차시별계획으로 나누어 교육의 구체적 목표를 포함하는 수업계획을 세우기도 한다. 단원전개계획은 교과목별로 정해져 있는 각 단원을 어떤 방법으로 가르칠 것인가에 대한 총체적이며 개략적인 계획으로 단원의 설계 또는 단원지도계획이라 부르기도 한다. 차시별계획은 단원의 계획에서 세분화되어 매 수업시간별로 한 시간 수업을 어떻게 시작해서 어떠한 활동을 시키고 매듭지을 것인가에 대한 좀 더 치밀한 계획이다. 차시별계획을 위한 수업계획안은 그 계획의 세분화 정도에 따라 아주 자세하게 작성하는 세안과 아주 간략하게 작성하는 약안이 있다.

대부분의 교사들은 여건상 교육의 일반적 목표 설정에 참여하기 힘들다. 따라서 교사에게 직접적으로 가장 가까운 것은 교육의 구체적 목표이며, 최근 수업에 대한 교사의 재량권이 증가함에 따라 이를 적절히 활용하여 철저히 준비된 수업을 해야 한다. [그림 7-2]는 수업계획의 수준별 유형을 나타낸 것이다.

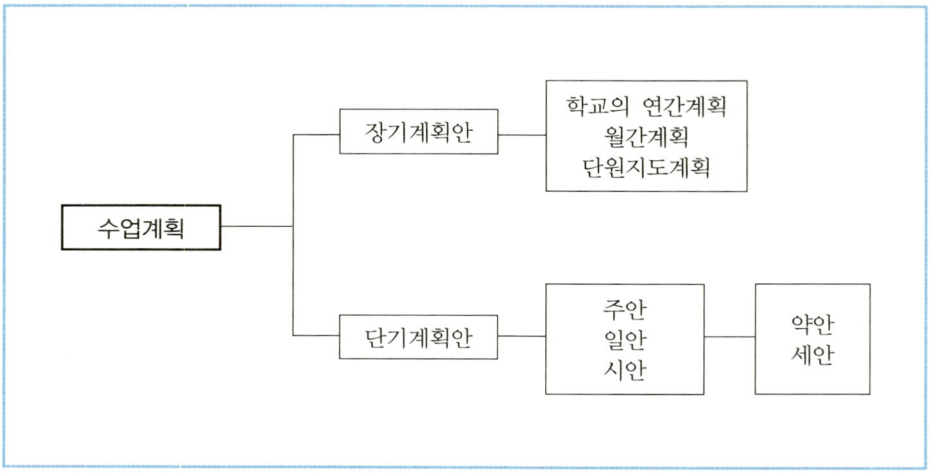

[그림 7-2] **수업계획의 수준별 유형**

2 목표 설정의 유형

교육목표는 교육을 통해 기대되는 성과, 즉 학습자를 가장 바람직한 상태로 변화시키는 것을 의미하며, 교육활동의 기준과 방향을 제시해준다. 따라서 교육목표가 구체적이고 상세할수록 교육활동과 달성해야 할 내용을 분명하게 해준다. 학습목표를 진술하기 위해서는 사전에 적절한 과제분석이 요구되며, 이를 기초로 하여 최종 학습목표가 제시되어야 한다. 특히 교육목표를 설정하는 데 있어 지금까지 가장 대표적인 접근방식으로는 블룸(Bloom, 1956)의 분류학적 접근, 가네(Gagné, 1970)의 결과분석적 접근, 그리고 교육의 구체적 목표 진술에 관심을 둔 타일러(Tyler, 1949)의 합리적 접근 등이 활용되고 있다.

1) 블룸의 분류학적 접근

교육목표를 결정할 때 인간의 능력을 몇 가지 영역(domain)으로 구분하여 설정하는 방안에 대하여 다양한 연구가 시도되었다. 특히 세부목표 설정 영역 분류와 관련하여 가장 잘 알려진 블룸(Bloom, 1956)은 '교육목표의 분류'라는 용어를 사용하면서 분류학적인 접근을 통해 교육목표를 세분화하였다. 그가 사용한 두 가지 중요한 개념은 목표(objectives)와 분류(taxonomy)이다. 그는 교육과정에서 교육목표를 명료화할 수 있도록 인간의 능력을 크게 인지적 영역, 정의적 영역, 운동기능적 영역(심체적 · 심동적 영역)으로 나누고, 각 영역들을 다시 여러 가지 세부 능력으로 구분하여 제시하였다. 교육목표를 세 가지 영역으로 구분하고 위계적인 구체적 항목으로 세분하여 분류한 블룸의 분류학적 접근은 교육과정 목표를 체계적으로 세우는 데 많은 도움을 주었다. 또한 그것을 평가하는 데 있어 하나의 지침이 될 수 있는 기초가 되었고, 준거 틀로서도 사용되고 있다. 이것은 흔히 '교육목표 분류학(taxonomy of educational objectives)'으로 불린다. 블룸의 교육목표 분류학적 접근은 교육과정 내용구성의 포괄성과 타당성을 확보하는 데 기여하였으며, 교실현장에서 수업하는 교수자에게는 위계적 구조로 영역별 수업을 조직하고 전개해 나가는 데 도움을 주었다. 또한 교수자들이 실제 수업에 필요한 매체선택이나 수업전략 선정, 평가에 대한 의사결정을 하는 데 널리 활용되었다.

(1) 지적 영역

지적 영역(Cognitive domain)은 이성적 또는 지적 사고를 필요로 하는 학습 영역으로서 앎(knowing)에 대한 목표라고 할 수 있다. 이 영역은 위계적 구조로 지적 작용의 복잡성 수준에 따라서 여섯 개의 능력으로 분류하였다(Bloom, 1956).

① 지식(knowledge) : 인지나 재생에 의하여 사실, 개념, 원리, 유형 등 개개의 고립된 정보를 기억하고 다시 회생해내는 능력.

② 이해력(comprehension) : 어떤 자료에 포함되어 있는 의미를 파악하는 것으로서, 단순히 기억을 재생하는 수준을 넘어 정보의 여러 요소에 초점을 맞추고 그것을 식별하거나 그 의미를 파악하고 해석하는 지적 행위능력.

③ 적용력(application) : 이미 알고 있는 개념이나 규칙, 원리, 이론 등을 새로운 상황에 적용하여 문제를 해결할 수 있는 능력.

④ 분석력(analysis) : 전체 현상을 이해하며, 이를 구성하고 있는 작은 요소들로 나누어 검토하고 추론할 수 있는 능력.

⑤ 종합력(synthesis) : 내용의 여러 개별적 요소를 하나로 통합하여 새로운 전체를 조직하고 창조할 수 있는 창의적 능력.

⑥ 평가력(evaluation) : 주어진 사태에 대하여 적절하고 분명한 기준을 세워 자료와 방법의 가치를 판단할 수 있으며, 이때 자신의 결론을 입증하는 증거를 세울 수 있는 능력.

지적 영역에서의 여섯 가지 능력은 각각 앞서의 능력을 선행조건으로 하는 위계적 구조로 이루어져 있다. 블룸이 분류한 기본 원칙은 복잡성의 원칙(principle of complexity)에 기초한 것이다. 즉 지적 영역의 여러 가지 행동목표를 최대한 나누어서 단순히 나열한 데 그친 것이 아니라, 지적 능력의 작용을 기준으로 하여 가장 단순한 것에서부터 복잡한 능력의 순서대로 위계화시켜 조직한 것이다. 이는 곧 학습하기 가장 쉽고 학습에 가장 기초가 되는 능력부터, 학습하기 가장 어렵고 가장 높은 수준의 능력으로 분류 · 배열한 것이다.

(2) 정의적 영역

정의적 영역(Affective domain)의 교육목표는 마음 깊이 자리 잡고 있어서 잘 변하지 않는 내면화의 정도(수준)를 말하며, 태도와 가치에 관련된 학습 영역으로서 느낌(feeling)에 대한 목표라고 할 수 있다. 정의적 영역의 교육목표 역시 지적 영역의 경우처럼 위계적으로 분류되어 있는데, 이때 위계적인 분류의 준거는 내면화의 수준(level of internalization)이 사용되었다. 정의적 영역은 다음과 같이 다섯 개의 능력으로 분류하였다(Krathwohl, Bloom, & Masia, 1964).

① 감수(receiving) : 특정한 현상이나 사상에 대해서 자발적으로 주의를 기울이고, 여러 자극 가운데 특정 자극을 변별하여 자극에 주의집중하는 단계를 말한다.

② 반응(responding) : 어떤 자극 또는 활동에 대해서 적극적이고 자발적인 반응을 보이며, 특정 현상에 대하여 학습자가 능동적으로 반응함으로써 스스로 정서적인 만족감을 얻게 되는 행동을 말한다.

③ 가치화(valuing) : 내면화가 좀 더 심화됨을 의미하며, 이는 가치 수용, 가치 채택, 가치의 확신 수준으로 전개된다. 즉 어떤 활동이나 행동에 대하여 일관성과 안정성을 가지고 가치를 추구하는 것을 말한다.

④ 조직화(organizing) : 서로 다른 수준의 가치를 비교하고 연관시켜 통합하여 여러 가지 가치들을 하나의 체계로 구성하는 것으로서, 우선 가치 개념화가 이루어진 다음 가치 체계를 정립한다.

⑤ 인격화(characterizing) : 내면화가 성숙되면 하나의 가치 체계, 구조, 세계관을 갖고 가치 상황에 아주 일관성 있는 반응을 하게 된다. 이는

개인의 행동과 생활의 기준이 되며, 특정 가치관이 학습자에게 내면화되어 그 가치에 따라 행동을 일관성 있게 유지함으로써 인격화가 이루어져 자신만의 인생철학을 수립하게 된다.

(3) 운동기능적 영역

운동기능적 영역(Psychomotor domain)은 신체의 근육체제 사용을 강조하고 요구하는 학습 영역으로서, 행함(doing)에 대한 목표에 해당한다. 이 영역의 행동은 다음의 네 가지 단계로 분류하였다(Harrow, 1972).

① **관찰**(observing) : 학습자는 어떤 운동기능 과제가 어떻게 수행되어야 하는가를 주의 깊게 관찰하고 기술할 수 있다.

② **모방**(imitating) : 학습자는 관찰한 복잡한 운동기능들을 요소별로 부분부분 떼어서 세분화하여 자신이 보고 들은 대로 따라해본다.

③ **연습**(practicing) : 학습자는 모방한 운동기능이 몸에 익숙해지도록 반복연습하고, 전체 과정을 능숙하게 할 수 있어야 한다.

④ **적용**(adapting): 이 단계에 이르면 학습자는 스스로 감각기관을 통하여 자극을 지각하고 해석하여 확실한 운동기능을 행할 수 있으며, 운동 또는 활동 과정을 완전히 자기 것으로 만들어 내면화, 사유화를 통해 유사한 상황에서도 적응할 수 있다.

위와 같이 여러 가지 이점이 있는 블룸의 분류학적 접근은 그 공헌도에 반하여 문제점도 많다는 비판을 받기도 했다(A. V. Kelly, 1977; D. Lawton, 1973). 인간의 능력을 단순히 세 가지 영역으로 대별한 것은 다소 인위적인 분류이며, 이 세 가지 영역은 서로 밀접하게 관련되어 있어 실제로 교수-학습이 이루어질 때 이들 영역의 여러 하위 행동은 복합적으로 동시에 나타나는 경우가 많다. 즉 이들의 엄격한 분류는 경우에 따라서는 오히려 교수-학습에 저해요인이 될 수도 있다는 것이다.

또한 위계적인 분류로 이루어진 분류학적 접근은 앞서 분류된 순서에 따라 반드시 순차적으로 발달되고 습득되는 것이라고 단정하기 어렵다. 이와 같이 행동 영역으로 분류하였을 때 대부분 외형적으로 측정 가능한 행동에만 관심을 기울이게 되어 내면적으로 발생하는 변화나 측정하기 어려운 행동은 소홀히 다루게 될 우려가 많다. 운동기능적인 영역의 경우는 각 영역 내에서의 행동 분류에 대한 절대적인 합의가 이루어지지 않고 있다는 것이 문제점으로 지적되고 있다.

2) 가네의 결과분석적 접근

가네(Gagné, 1970)는 어떤 종류의 교육 프로그램이든지 가장 중심이 되는 목적은 학습의 증진이라고 믿었다. 그는 학습의 세 가지 측면, 즉 학습에 개재되는 내면적 과정(internal process), 학습능력으로 표현되는 학습결과(outcomes of learning), 그리고 그러한 결과를 가져오기 위해서는 어떠한 학습조건(conditions)들이 필요한가에 대해 깊은 관심을 가졌다. 오랜 시간의 연구를 거쳐 가네는 학습결과라는 용어를 사용하여 목표를 진술하는 결과분석적인 접근을 사용하게 되었다. 가네는 학습결과란 학습자가 지속적으로 어떠한 행위를 할 수 있는 능력을 의미한다고 보았으며, 학습결과의 유형을 다섯 가지로 분류하였다. 그러나 이것은 블룸 등의 경우와 같이 어떠한 복잡성이나 중요성에 비추어 위계적인 순서가 설정되어 있는 것은 아니다.

가네가 제시한 학습결과의 다섯 가지 유형은 다음과 같다.

① **언어정보**(verbal information): 조직화된 정보 또는 지식으로서, 언어정보는 학습자가 자신의 용어를 사용하여 명제형(propositional form)으로 기술할 수 있는 것을 의미한다.

② **지적 기능**(intellectual skills): 앞의 정보 내용(what)에 비추어 정보의 방법(how)을 학습하는 것으로서 언어정보를 처리하는 전형적인 기능들을 말한다. 여기에는 정신 기능의 복잡성에 따라 식별(discrimination), 구체적 개념(concrete concepts), 정의된 개념(defined concepts), 규칙(rules) 그리고 고차원 규칙(high-order rules)과 같이 위계적으로 표현될 수 있는 다섯 가지 하위기능을 포함하고 있다.

③ **인지전략**(cognitive strategies): 학습과 사고에서 학습자의 행동을 통제하는 내면적으로 조직된 능력을 의미한다. 지적 기능이 학습자의 환경, 즉 학습자 외부에서의 행동에 대한 작용이라면, 인지전략은 학습자 자신의 내면화된 행동이다.

④ **태도**(attitudes): 블룸이 제시한 분류학적 접근에서의 정의적 영역에 해당하는 가치, 신념 등과 같은 학습을 말한다.

⑤ **운동기능**(motor skills): 신체 근육을 사용하는 일상생활의 운동기능적인 활동과 관련된 학습내용을 말한다.

3) 타일러의 합리적 접근

타일러(Tyler, 1949)의 교육과정 개발모형은 합리적 모형, 목표중심 모형, 평가중심 모형, 처방적 모형, 직선적 모형 등 다양한 형태로 불린다. 타일러의 교육과정 개발모형이 이렇게 여러 가지 이름으로 불리는 이유는 누구나 쉽게 이해할 수 있고 적용할 수 있다는 점에서 합리적 모형으로, 교육과정 개발의 구성요소 중에서 목표를 가장 우선시한다는 점에서 목표중심 모형으로, 목표가 무엇을 평가할지에 대한 안내를 한다는 점에서 평가중심 모형으로, 교육과정 개발자들이 따라야 할 절차를 명확하게 제시한다는 점에서 처방적 모형으로, 개발의 단계가 목표설정에서 평가방법을 구안하는 방향으로 일정하게 진행된다는 점에서 직선적 모형이라고 할 수 있기 때문이다.

타일러는 교육과정과 수업은 하나의 과정이며, 이를 계획하거나 평가하기 위해서는 교육목표의 설정, 학습경험의 선정, 학습경험의 조직, 학습성과의 평가라는 네 가지 구성요소를 포함해야 한다고 제안하였다. 즉 우선 목표를 설정하고, 그다음에 설정된 목표를 달성하는 데 있어서 최적의 학습경험 선정과 조직 문제를 해결한다. 마지막으로 처음 단계에서 설정한 목표가 얼마나 잘 달성되었는가를 평가하는 방안이 마련되어야 한다는 것이다. 따라서 타일러의 교육과정 모형은 교육목표–학습경험–평가의 단계별 과업이 체제적 · 위계적으로 연결되어 정립되는 특성을 가진다.

타일러가 제시한 교육과정의 네 가지 구성요소와 그들 간의 관계를 구체적으로 나타내면 [그림 7–3]과 같다.

타일러의 합리적 모형에서 제시한 교육과정의 네 가지 구성요소를 구체적으로 살펴보면, 우선 교육목표 설정의 원천으로서 학습자, 사회, 교과를 들고 있다. 목표를 설정할 때 학습자의 특성에 대한 연구, 사회적 요구에 대한 조사, 교과전문가의 견해 등을 기초로 하여 잠정적 교육목표를 구성한다. 그런 다음에 이것이 교육철학과 학습심리학이라는 체(틀)에 의하여 걸러지고, 우선순위가 결정되면 명세적 교육목표가 수립되는 것이다. 또한 설정된 교육목표를 달성하기 위하여 학습자에게 제공해야 될 학습경험을 선정하고, 이를 효과적으로 조직하기 위한 방법을 제시한다. 마지막으로 학습성과의 사정과 평가를 통해 교육목표가 달성되었는지 여부를 결정한다.

타일러의 합리적 모형은 교육과정을 분석하는 하나의 틀로서, 교육과정이 포함해야 하는 요소들과 이들 요소들이 상호 관련되는 방식에 영향을 주었다. 타일러 모형의 장점은 어떤 교과나 수업수준에서도 적용 가능한 폭넓은 유용성이 있다는 것과 논리적이고 합리적인 일련의 절차를 제시하여 교육과정 개발자나 수업계획자가 비교적 쉽게 따라 할 수 있다는 것이다.

또한 학생의 행동과 학습경험을 강조함으로써 평가에 매우 광범한 지침을 제공해주었으며, 구체적인 교육목표의 진술로 교육과정 관련자들 사이의 원활한 의사소통이 가능하도록 하였다. 이 모형은 교육과정과 수업을 구분하지 않고 통합적으로 목표-학습경험 선정-학습경험 조직-평가를 포괄하는 광범위한 종합성을 띠고 있다.

그러나 타일러의 모형은 목표의 원천은 제시하고 있으나, 무엇이 교육목표이고 왜 그 목표가 선정되어야 하는지 분명하게 이유를 밝혀주지 못하였으며, 미리 설정된 목표는 수업과정에서 새롭게 발생할 수 있는 부수적·확산적 목표를 간과하고 있다. 또한 세분화된 목표를 내용보다 우위에

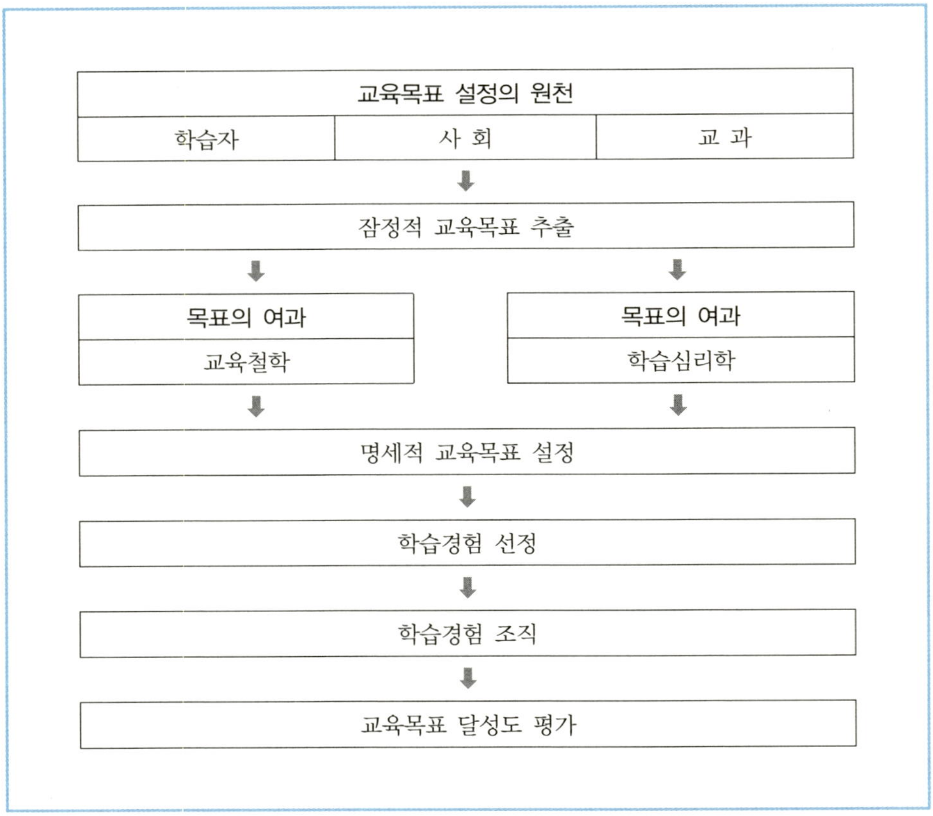

[그림 7-3] **타일러의 합리적 모형**

두어 내용을 단지 목표달성을 위한 수단으로 취급하였으며, 목표설정과 평가에서 외현적(外現的)으로 측정할 수 있는 결과만을 지나치게 강조함으로써 학습자의 인지구조, 가치, 태도, 감정 등의 변화를 배제하고 있다는 비판을 받고 있다.

3 행동적 목표 설정

1) 행동적 목표 진술

교육의 구체적 목표 중에서 수업목표를 행동적 용어로 진술해야 한다는 주장이 한때 큰 설득력을 얻었다. 행동적 목표 진술에 대한 사고는 이미 1920년대의 보비트(Bobbitt, 1924)에서부터 시작하여 20세기 중반까지는 주로 손다이크, 왓슨(Watson), 스키너(Skinner) 등의 이론적 바탕 위에 사용되어 왔다. 그 후 타일러(Tyler, 1950)에 의해 더욱 발전되었는데, 당시 수업목표는 교사가 무엇을 하느냐 하는 측면에서 진술되고 제목이나 주요개념을 단순히 열거하는 식의 일반화된 진술문으로 이루어져 있었기 때문에 구체적 행동이 결여되어 있는 목표 진술에 대해 비판하였다. 타일러는 학습자에게 내재된 행동의 종류와 그 행동이 적용되는 삶의 영역이 목표 진술의 형태에 포함되어야 한다고 주장함으로써 행동적 목표 진술 방식의 발전에 기여하였다.

그 후 프레시(Pressey, 1926)가 고안하여 스키너가 발전시킨 프로그램 교수법이나 교수기계 등의 발전과 함께 행동적 목표 진술 방식은 더욱 심화되었다. 행동적 목표 진술은 프로그램 교수법의 프로그램 제작자들뿐만 아니라, 많은 분야의 사람들로부터 매우 큰 지지를 받으며 발전하였다. 요즘에는 특히 컴퓨터를 이용한 개별학습과 더불어 또다시 각광을 받고 있다.

실제로 행동적 목표 진술의 발전은 산업체와 군대의 영향을 크게 받았다. 1903~1925년은 미국 교육에서 '효능성 시대(efficiency period)'라고 불리는데(Eisner, 1979), 당시 산업사회에서 발전하기 시작한 과학적 경영원칙(mechanism for scientific management)이 점차 교육체제 속에 유입되어 적용되기 시작하였으며, 행동적 목표 진술은 이러한 산업체의 영향을 받으며 발전하였다. 즉 생산 공정 과정에서의 효율성, 책무성, 신속성, 객관성, 시간적 순차성, 공정성 등이 교육과정에 응용되기 시작한 것이다. 산업과정에서의 '목표 설정→상황 분석→행동계획 수립→행동 실천→결과 측정 평가'와 같은 식으로 이어지는 시간적 순차성이 교육에도 받아들여져 실제 수업에 적용되었다.

또한 군대의 군사교육 시스템의 발전이 교육에서의 행동적 목표 진술 방식의 발전에 큰 영향을 미쳤다. 군대는 개개인의 독특한 행동을 허용하지 않으며, 전체로서의 집단적 행동을 요구한다. 군대 훈련과정에서 전체 구성원이 사전에 설정된 훈련목표를 성취할 수 있도록 한다는 군대식의 발상이 교육 현장에서도 받아들여짐으로써 행동적 목표 진술 방식의 발전에 커다란 영향을 미친 것이다.

행동적 목표의 설정은 목표 진술을 보다 분명하고 정밀하고 구체적으로 제시해줌으로써 교사나 학습자에게 교수-학습의 효과를 극대화시킬 수 있다. 메이스(Mace, 1935)는 매일 성취수준을 분명히 구체적으로 정해서 학습시킨 집단과 그냥 최선을 다하라고만 한 집단 중 전자의 집단에 속한 학습자들이 더 우수한 성적을 발휘하였다는 실증적인 연구를 통해서 행동적 목표 진술의 효과를 검증하였다.

일반적으로 수업에서 행동적 목표 진술 방식이 필요한 이유는 교사가 가르칠 내용, 방법, 학습자료 등을 선정하는 데 도움을 주고, 학생 평가의 기준과 방향을 객관적으로 쉽게 알 수 있으며, 수업을 통해 요구되는 전체적인 청사진이 미리 제시됨으로써 효과적이고 효율적으로 수업의 질을 향상시킬 수 있기 때문이다.

특히 행동적 목표 진술 방식은 수업의 체계적인 설계를 통한 효능성을 확보할 수 있고, 학습자가 성취해야 할 행동으로 표현되는 행동적 목표는 구체적인 행위동사들을 통하여 학습자 스스로 자신이 무엇을 하여야 하는가를 일깨워줌으로써 교수-학습의 효능성을 더 높일 수 있게 된다는 것이다. 또한 위계적인 행동목표의 성취준거에 따른 진술은 교수-학습의 성과에 대한 평가에 있어서 매우 유용한 지침을 제공해준다는 점에서 행동적 목표 진술의 정당성을 확인할 수 있다.

2) 행동적 목표 진술의 원리

여러 학자들은 수업목표의 명료성을 높이고 효과적인 교수-학습과정을 이끌어 가기 위해서는 행동적 목표 진술 방식이 유용함을 주장하고 있다. 그중에서도 행동적 목표 진술에 대해 잘 알려진 가네, 타일러, 메이거(Mager)의 진술 방식에 대해 제시하면 다음과 같다.

(1) 가네의 행동적 목표 진술

가네는 학습결과라는 용어를 사용하여 목표를 진술하는 결과분석적인 접근을 사용하였다. 그가 제안한 결과분석적 접근에 의한 목표 진술은 다섯 가지의 학습된 능력 또는 학습결과에 따른 구체적인 수업목표로 진술하고 있다. 즉 수업목표에는 첫째, 학습자에게 요구되는 학습될 능력(capability to be learned)이 무엇인가를 제시하고, 둘째, 학습결과를 나타내게 되는 행위동사(action verb)를 사용하며, 셋째, 학습자가 직면하게 되는 필요한 조건(condition)이나 상황(situation)을 제시하고, 넷째, 해내야 하는 대상(object)이 무엇인지 밝히며, 다섯째, 활용할 도구(tool)를 제시하여 진술되어야 한다고 보고 있다.

예를 들면, “배터리, 전구, 소켓, 전선 등이 주어졌을 때(상황), 배터리와 소켓에 전선을 연결하여(도구) 전구에 불이 들어오는지를 확인해봄으로써(행동) 전기회로를(대상) 만들 수 있다(학습능력).”와 같이 수업목표가 구체적으로 진술되어야 한다.

이렇게 진술된 수업목표는 교수자에게 수업의 계획, 실행, 수업 종료 후 평가하는 데 있어 기초가 되어 주며, 학습자에게는 수업목표가 잘 이해됨으로써 지속적인 동기유발 · 유지가 가능하고, 형성평가를 통한 피드백을 쉽게 받을 수 있다는 이점을 가지고 있다.

(2) 타일러의 행동적 목표 진술

타일러는 교육의 구체적 목표를 진술할 때 학습내용을 구체적으로 분류하는 ‘내용 영역’과 그 내용을 학습하기 위한 학습자들의 학습활동을 구체적으로 표시하는 ‘행동 영역’으로 교육목표를 세분화하여 제시해야 한다고 제안하였다. 이와 같은 방식으로 진술된 교육목표들을 간단하고 명료하게 정리하기 위해서 내용과 행동의 두 차원으로 이루어진 교육목표 이원 분류표의 작성을 제시하였다.

다음의 〈표 7-4〉는 타일러가 예시로 제시한 교육목표 이원 분류표이다(이종승, 1987). 〈표 7-4〉에 제시된 모든 교육목표들은 학습자의 행동 유형과 이런 행동이 적용될 내용을 포함하여 이원적 구조를 가지고 있다. 즉 ‘영양에 관한 중요한 사실 및 원리를 이해하기’라는 교육목표는 ‘영양’이라는 내용과 ‘중요한 사실 및 원리의 이해’라는 행동으로 구성된다. 또한 ‘에너지의 관계에 대한 연구를 하고 보고서 작성하기’라는 교육목표는 ‘에너지의 관계’라는 내용과 ‘연구와 보고서 작성하기’라는 행동으로 구성된다. 이와 같이 교육목표들을 이원 분류표 위에 세분화하여 나타내면 학습경험의 선정과 조직, 그리고 평가계획을 수립하는 데 용이하다.

타일러가 제안한 교육목표 이원 분류의 진술은 구체적으로 다룰 내용과 함께 추구할 행동이 이원 분류 방식으로 포함되어 한 진술문 속에 제시되어야 한다. 수업목표는 기대되는 학습자의 행동을 세분화하여 진술되며, 이때 그 행동이 나타내는 내용도 함께 진술되어야 한다. 또한 수업목표를 내용과 행동의 이원 분류표로 명세화하여 제시하고 그에 적합한 평가문항을 작성함으로써 평가도구의 타당도를 높일 수 있다.

타일러가 제시한 내용과 행동으로 세분화된 이원 분류로 진술된 교육목표에 대한 예를 들면 다음과 같다.

- 20세기 후기 문학을 다룬 영어작문에 대해(내용), 한 단락을 쓸 수 있다(행동).
- 동 · 식물의 성장에 영향을 미치는 환경요인에 대해(내용), 열거할 수 있다(행동).
- 사회과학 연구과제를(내용), 분명하고 잘 조직된 보고서로 작성할 수 있다(행동).

〈표 7-4〉 **타일러의 교육목표 이원 분류표 예시**

행동 / 내용	1 중요한 사실 및 원리의 이해	2 믿을 만한 정보원에 대한 지식	3 자료의 해석력	4 원리의 적용력	5 학습 연구와 결과 보고의 기능	6 넓고 성숙된 흥미	7 사회적 태도
A. 인체의 기능							
1. 영양	○	○	○	○	○	○	○
2. 소화	○		○	○	○	○	
3. 순환	○		○	○	○	○	
4. 호흡	○		○	○	○	○	
5. 생식	○	○	○	○	○	○	○
B. 동식물 자원의 이용							
1. 에너지의 관계	○		○	○	○	○	○
2. 동식물의 성장에 미치는 환경요인	○	○	○	○	○	○	○
3. 유전과 발생	○	○	○	○	○	○	○
4. 토지 이용	○	○	○	○	○	○	○
C. 진화와 발달	○	○	○		○	○	○

(3) 메이거의 행동적 목표 진술

메이거는 종착행동(terminal behavior)이라는 개념을 사용하여 행동을 구체적으로 조작시키는 조작적 접근을 통해 목표를 진술하였다(Mager, 1962). 그는 수업목표를 설정하는 데 다음과 같은 세 가지 주요 개념을 사용하였다.

첫째, 행동(behavior)이란 학습자가 표현하는 모든 관찰할 수 있는 활동을 말한다. 즉 학습자가 성취하게 될 행동이 무엇이냐를 분명하게 구명하고, 그 행동은 가능한 세분화된 단위의 기능이나 지식에 맞추어 구체적인 행동으로 분류되어야 하며, 이때 행동은 다양한 수준, 다양한 종류의 행동이어야 한다는 것이다.

둘째, 종착행동이란 학습을 마쳤을 때 가르치는 사람이 학습자가 시범보일 수 있길 바라는 행동을 의미한다. 이때 종착행동은 행위동사(action verbs)를 활용하여 진술되어야 하고, 수업목표는 수업의 의도를 확실히 파악할 수 있도록 명확한 의미의 용어들로 제시되어야 한다. 즉 여러 가지로 그 뜻이 해석될 수 있는 다의적(多意的) 용어들은 피하고 제한적인 해석을 내릴 수 있는 용어들을 사용해야 한다는 것이다. 예를 들면, 안다(know), 이해한다(understand), 인식한다(appreciate), 배운다(learn), 깨닫는다(realize), 좋아한다(like) 등과 같이 뜻이 모호한 암시적 행위동사는 세부목표로서 피해야 하는 진술용어이다. 반면에 쓴다(write), 계산한다(compute), 비교한다(compare), 배열한다(arrange), 구분한다(distinguish), 식별한다(discriminate), 선택한다(choose), 구명한다(identify), 차이를 발견한다(differentiate) 등과 같이 뜻이 분명하고 구체적인 명시적 행위동사를 사용해야 한다는 것이다.

셋째, 준거(criterion)는 최종적으로 종착행동이 평가되는 수준(standard) 또는 검사(test)를 의미한다. 종착행동을 활용하여 목표를 진술할 때는 그러한 종착행동이 발생하는 조건(condition)을 제시하여야 한다. 즉 교수-학습과정에서의 자극(주어지는 방향, 자료, 상황조건)과 반응(특정 자극으로 인해 생성되는 행동) 부분을 분명하게 표현해야 한다는 것이다. 또한 종착행동의 성취가 얼마나 정확해야 학습자가 목표에 달성되었는지 판단할 수 있는 성취준거(performance criterion)를 밝혀야 한다. 성취준거는 성취되어야 할 활동, 요구되는 속도, 제한시간, 정확한 수준, 가용 시설 또는 자원, 환경조건 등에 대해 구체적으로 제시할 필요가 있다.

메이거는 행동, 종착행동, 준거와 같은 세 가지 기본 개념에 기초하여 수업목표의 의미를 다양하게 규정하고 있다. 수업목표(instructional objectives)란 학습자에게 일어나도록 제안된 변화를 기술한(description) 진술(statement)에 의해서 가르치는 사람과 배우는 사람 간에 서로 의도된 의사소통이다. 즉 수업목표란 학습자가 학습경험을 성공적으로 끝마쳤을 때 어떠한 모습이 되어야 하는가를 행동성취 유형으로 기술한 진술이다. 이렇게 수업목표의 정확한 진술을 강조한 메이거는 결국 수업목표 진술은 가르치는 사람이 무엇을 다루고 가르치느냐보다는 학습자가 무엇을 할 수 있느냐라는 측면에서 진술되어야 함을 지적하고 있다.

결과적으로 메이거의 행동적 목표 진술 방법은 첫째, 학습자의 활동은 행동적 용어로 진술되어야 하고, 둘째, 종착점 행동이 명시되어야 하며, 셋째, 종착점 행동이 일어나는 상황 및 조건이 밝혀져야 하고, 넷째, 종착점 행동이 어느 정도 숙련되어야 하는지를 밝혀 놓은 준거(기준)가 명시되어야 한다.

메이거의 행동적 목표 진술은 구체적이고 상세하게 수업목표를 제시할 것을 제안하고 있는데 그 예를 들면 다음과 같다.

- 학생들에게 30개로 구성된 화학원소의 목록을 제시했을 때(조건), 최소한 20개의 원자가를 5분 이내에(수락기준) 쓸 수 있다(명시적인 종착점 행동 진술).
- 학생들에게 세계지도가 제시되었을 때(조건), 각 나라의 수도를 90% 이상 정확하게(수락기준) 말할 수 있다(명시적인 종착점 행동 진술).
- 학생들은 세 자리 숫자의 곱셈과 관련된 문제가 주어졌을 때(조건), 20분

이내에 25문항을 80% 이상 정확하게(수락기준) 풀 수 있다(명시적인 종착점 행동 진술).

- 운동장 트랙에서 100m를 보조기구 없이(조건) 16초 이내에(수락기준) 달릴 수 있다(명시적인 종착점 행동 진술).

3) 행동적 목표 진술에 대한 문제점

행동적 목표의 진술은 여러 이점들에도 불구하고 많은 문제점을 안고 있다는 지적을 받아왔다. 행동적 목표 설정으로 인해 교수-학습과정에서 발생할 수 있는 문제점들을 살펴보면 다음과 같다.

첫째, 행동적 목표 설정은 학습의 외현적 현상 또는 결과에만 집중되어 있다는 것이다. 학습효과는 장기간에 걸쳐 누적적으로 형성되며, 한 개인의 행동은 그 개인의 내면적인 동기의 결과에서 비롯된다는 점을 간과하고 있다. 행동적 목표 설정은 학습자의 내면적인 변화는 무시한 채 겉으로 드러난 관찰 가능한 징후에만 관심을 갖고 기계적인 행동의 변화 또는 행동 통제를 위한 조작적인 시도를 하였다. 또한 학습은 본래 의도되거나 계획된 것이 아닌 여러 가지 잠재된 효과들이 있다. 어떤 학습은 말이나 글로 표현하기 힘들고 증거를 쉽게 제시할 수는 없지만 체험을 통해 습득하게 되는 지식이 있다. 이런 부류의 학습을 암묵적 앎(tacit knowing)이라고 하며(Polanyi, 1966), 행동적 목표 설정으로는 그것을 단순히 구체적인 행동으로 표현하기 불가능하고 측정할 수 있는 용어로 표현하는 데 한계가 있다. 학습은 겉으로 그 효과가 나타나지 않는 경우도 있는데 반해, 사전에 행동적으로 설정된 목표와 그것을 기초로 한 목표성취 평가가 다양한 학습 특성을 무시하게 될 가능성이 많다는 것이다.

둘째, 행동적 목표를 사전에 어느 정도 구체적으로 세분화하여 설정할 수 있겠는가에 관련된 문제이다. 행동 유형 또는 학습결과를 사전에 적절한 수준으로 설정하여 세분화하기는 힘들다. 왜냐하면 수업목표를 세부적이고 행동적으로 진술하려다 보면, 자연히 단편적이고 쓸모없는 것을 골

라내어 진술하기 쉽고, 학교에서 가르치는 많은 교육목표들을 분석적이고 행동적으로 진술하기 어렵기 때문이다. 교과, 상황, 기간, 수준에 따라서 여러 가지 행동적 목표들이 있을 수 있으며, 교육목표는 고정된 것이 아니라 새로운 수업목표들이 지속적으로 나오기 때문에 그때마다 융통성을 발휘하여 진술하기 어렵다는 것이다. 이런 이유로 특정 교육목표는 우선순위가 밀리거나 아주 배제되어 버리는 일도 발생할 수 있다. 교육현장은 매우 역동적이어서 언제든 예기치 못한 사태가 발생할 수 있으므로 사전에 목표를 세부적으로 설정한다는 것은 무의미할 수 있다.

셋째, 행동적 목표 진술은 폐쇄적 체제 접근(closed system approach)의 한계를 가지고 있다. 근본적으로 행동적 목표 설정은 객관적인 산업적 모델(objective industrial model)을 기초로 발전하였다. 산업공장에서 다루는 사물(things)은 객관적인 통제가 가능하지만, 교육과정에서 다루는 사람(human)은 각자 자유롭게 생각하고, 느끼고, 지각하고, 행동하는 주관적인 대상이기 때문에 외현적인 결과가 내면적인 변화와 일치하지 않을 수 있다. 폐쇄적 체제의 산업적 모델을 학습과정에 적용함으로써 집단의 동질성이 강조되고, 학습자 개개인의 자율성이나 창의성이 제한되어 결국 교수-학습의 비민주화 · 비인간화를 초래할 수 있다는 것이다.

넷째, 양적 수준과 질적 판단의 계량화(quantification)문제이다. 학습자의 행동 결과에는 쉽게 측정하고 평가하기 어려운 영역의 질적인 가치판단이 따라야 할 교과들도 있다. 그럼에도 불구하고 질적인 과정은 무시하고 양적인 산물만 강조하여 모든 것을 과도하게 수량화하는 경향이 있다. 효능성(efficiency)은 양적 수준으로 측정이 되지만, 효율성(effectiveness)은 질적인 가치판단을 필요로 한다. 교수-학습활동이 계량적(計量的) · 탈가치적(脫價値的)으로 흘러가 학습자의 질적 판단을 저해하는 위험성을 초래하지 않도록 행동적인 목표 설정은 가치판단을 요구하는 문제들에 대한 대처방안을 강구하는 노력이 뒷받침되어야 할 것이다.

4) 행동적 목표 진술에 대한 대안

행동적 목표 설정의 가치와 이점은 수용하되, 거기서 발생할 수 있는 여러 가지 문제점들에 대한 지적을 해결하기 위한 노력과 연구도 활발히 진행되고 있다. 행동적 목표 진술의 문제를 지적한 많은 사람들이 공통적으로 행동적 목표 이외에 또 다른 목표 진술방식이 함께 고려되어야 한다는 데에 일치된 의견을 제시하고 있다. 콤스(Combs)는 인본주의적 목표들의 분류를 제안하고 있다(이성호 역, 1986). 즉 총체적 목표(holistic objectives), 정의적 목표(affective objectives), 내면적 삶의 목표(inner-life objectives)와 같이 양적으로 측정하기 어려운 인본주의적인 세 가지 목표들을 제시하였다.

그 외에도 행동적 목표의 문제점을 지적하고 비판한 아이즈너(Eisner, 1979)는 교육과정이 단순히 기계적이고 객관적인 방식으로 개발될 수 있는 대상이 아니라, 다양한 시각을 표현하는 예술가적 상상력이 교육과정 개발에 흡수되어 교육적 상상력이 포함되어야 한다고 생각하였다. 아이즈너는 질적인 연구양식 개발의 필요성을 주장하고, 1970년대 중반에 예술교육과 교육과정에 대한 자신의 관심을 질적인 형태로 조합시켰다. 그는 교육 프로그램 설계와 평가계획에서 사용할 수 있는 목표의 분류와 진술방식에 대하여 [그림 7-4]와 같이 세 가지 유형으로 구분하여 교육목표와 교육활동의 관계를 제안하였다.

여기서 첫 번째의 '행동적 목표'와 그 결과인 '행동적 활동'은 기존의 행동적 목표 진술의 내용들과 같다. 그러나 두 번째의 '문제해결 목표'는 행동적 목표의 경우처럼 모든 기준을 사전에 설정하는 것이 아니라, 수업에서 문제해결의 조건을 제시하고 그 조건을 충족시키면서 학생들 스스로 다양하게 문제를 해결하는 과정에서 여러 경험을 통해 그 가치를 배우게 되는 것이다. 즉 '문제해결 목표'는 지적 탐구의 인지적 융통성(cognitive flexibility)을 최대한 발휘할 수 있게 하는 비명시적(非明示的)인 목표로 진술하는 것이다.

앞서 말한 행동적 목표와 문제해결 목표는 목표 설정 이후에 학습내용과 활동 계획 등이 수반되는 반면, 세 번째의 '표현적 활동(expressive activity)'은 '표현적 결과(expressive outcome)'에 선행하여 이루어진다. 즉 여기서는 활동이 결과보다 앞서 행해지는데 표현적 결과는 목표의 의미로 해석될 수 있다. 예를 들면 영화관에서 영화 관람을 한 후에(표현적 활동), 우리는 영화에 대해서 여러 가지 판단을 하며 유익한 결과를 얻게 된다(표현적 결과). 즉 의도적으로 계획되지 않은 체험적인 교육활동 후에 그 결과를 통해 얻어지는 것을 표현적 결과라고 정의할 수 있다.

아이즈너는 교육목표가 반드시 학습활동 이전에 설정되어야 하는 것은 아니며, 학습활동 도중에 형성되는 목표의 영역들도 무시되어서는 안 된다고 하였다. 이러한 아이즈너의 표현적 활동과 표현적 결과는 특히 오늘날 획일화되고 있는 교육목표와 결과에 대하여 다양성, 이질성, 개별적 독특성, 창의성 등을 강조하였다는 점에서 높이 평가할 수 있다.

지금까지 논의한 교육목표 설정에 관한 연구를 토대로 잘 진술된 교육목표는 다음과 같은 기본적인 준거 원칙을 갖추고 있어야 한다.

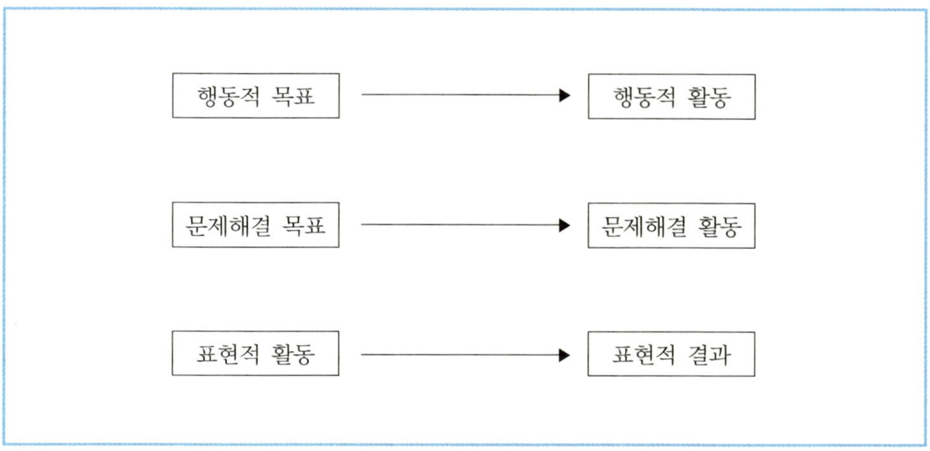

[그림 7-4] **아이즈너의 수업목표 분류**

▸ 교육목표 설정의 준거

① **타당성** : 교육목표가 개인(학습자), 사회, 학문(교과) 측면에서 추구하는 보편적 가치에 부합하는지 또는 의도하고 있는 학습성과를 반영하고 있는지를 검토하여 설정한다. 즉 개인의 자아실현과 역량 개발에 관련된 성장과 발달에 기여하고 동시에 국가나 사회가 지향하는 이념과 철학, 가치와 신념을 발전시키는 데 도움이 되도록 조화를 이루어야 한다.

② **포괄성** : 목표는 교육의 이념, 목적 등과 관계되어야 하며, 교육목표는 개인(학습자), 사회, 학문(교과)에 포함되는 대상과 현상 및 요구를 충분히 수용하고 이를 구체적으로 정확하고 포괄적으로 진술해야 한다. 또한 목표는 외현적 · 내면적 두 가지 측면의 행동 변화를 충분히 고려해야 하며, 양적인 수준과 질적인 기준을 모두 포용하여야 한다.

③ **배타성** : 교육목표는 진술된 항목들 사이에 서로 중복되거나 대립되지 않아야 한다.

④ **위계성** : 교육목표는 추상적이고 일반적인 교육목표에서 더 구체적이고 특수한 교육목표로 상하 · 전후의 계열적 순서가 있어야 한다.

⑤ **의사소통성**(구체성) : 교육목표를 설정하거나 실천하는 사람들 사이에 교육목표가 똑같은 의미로 이해하고 동일하게 해석할 수 있도록 분명하고 명료하게 진술되어야 한다.

⑥ **적용가능성**(적절성) : 교육목표가 특정 학년이나 특정 학급수준의 학생에게 적용하여 실천할 수 있어야 한다. 학습자의 학업성취는 누가적이고, 잠재적이고, 장기적인 학습결과임을 고려하여 목표를 설정해야 한다.

⑦ **실현가능성** : 교육목표가 교육활동을 통해 학생들이 성과로 달성 가능한 것이어야 한다. 목표 설정은 다양성을 근간으로 하여 학습자 개개인의 능력과 수준에 맞아야 하며, 학습자의 특성과 창의성을 최대한 신장시킬 수 있도록 하여야 한다.

⑧ **수정가능성** : 목표 설정은 교수-학습활동 이전에 사전 계획으로 설정하되, 교수-학습 활동 과정에서 학습자의 요구, 흥미, 문제들을 고려하여 생성되는 새로운 목표들을 수용할 수 있도록 융통성 있게 수정과 개선이 가능해야 한다.

제8장 교육과정 내용선정과 조직

요구분석을 기초로 하여 교육과정의 목적과 목표가 설정되면, 그 목적과 목표를 달성하는 데 가장 적합한 교육과정 내용을 선정하고 조직해야 한다. 여기서 교육과정 내용은 교육과정 목적과 목표를 구체적 활동으로 바꾸어 표현해 놓은 것을 의미한다. 이 장에서는 교육과정 내용선정의 기준과 선정방법, 교육과정 조직의 원리, 교육과정 조직의 여러 유형에 대해 고찰하도록 하겠다.

제8장 교육과정 내용선정과 조직

1 교육과정 내용선정의 기준

하이만(Hyman, 1973)은 교육내용을 지식, 기능, 가치 등 그 속에 포함되는 요소로 규정하고 있다. 그가 교육내용으로 제안한 지식 영역은 사실, 설명, 원리, 정의 등으로, 기능 영역은 읽기, 쓰기, 셈하기, 비판적으로 생각하기, 의사결정하기, 의사소통하기 등으로, 가치 영역은 정의와 불의, 선과 악, 참과 거짓, 아름다움과 추함 등으로 구성된다. 또 다른 교육내용의 의미와 관련하여 일반적으로 교과, 단원, 과 등의 용어가 사용되는데, 이는 지식, 기능, 가치 등의 요소들을 담는 그릇을 의미한다.

급변하는 현대 사회에서 지식과 정보의 양은 광범위하게 증가하였지만, 학교에 다니는 기간은 한정되어 있어 학생에게 주어진 시간은 제한적이다. 따라서 교육과정 개발에 참여하는 사람들은 가장 가치 있고 중요한 지식, 기능, 가치 등을 선별하여 이들을 교과라는 그릇에 담아야 한다. 교육내용의 선정은 학습자에게 제공할 교육내용의 구체적인 폭과 깊이를 결정하는 작업이다. 교육과정 목적과 목표를 구체적 활동으로 바꾸어 제시한 교육과정 내용을 보다 효과적이고 능률적으로 표현하기 위해 다음과 같은 일반적인 기준들을 고려해볼 필요가 있다.

1) 내용의 타당성

교육내용은 교육목표를 달성하는 데 가장 도움을 주는 것으로 선정해야 한다. 즉 교육내용은 교육목표를 구체적인 활동으로 바꾸어 놓는 과정이므로 교육목표와 일치해야 한다. 내용의 타당성은 교육과정 내용선정에 있어서 반드시 가르치고 배워야 할 모든 내용을 고르게 포함시키고 있어야 하며, 교육목표를 달성하기 위해 학생들이 실제로 목표가 의미하는 행동을 해볼 수 있는 학습경험의 기회를 제공해야 한다. 내용의 타당성을 확보하기 위해서는 많은 전문가들이 입증하고 신뢰하는 내용 자체에 대한 확신성이 있어야 하며, 내용의 심층적인 연구와 광범위한 조사(survey)를 거쳐 균형 있게 발전시켜 선정해야 한다.

2) 내용의 유의미성

교육과정 내용선정에서 유의미성(有意味性) 원리는 1960년대 출현한 학문중심 교육과정과 더불어 내용선정에 있어 가장 합리적인 기준으로 부상하였다. 내용의 유의미성은 학문 또는 교과에 필수적이며 기본적이고 본질적인 것을 내용으로 선정해야 한다는 것을 의미한다. 이때 기본적이고 본질적인 내용은 그 학문 분야뿐만 아니라 다른 학문, 다른 교과, 다른 지식들을 학습함에 있어 선수 기초요건이 되는 경우도 포함한다. 기본적이고 본질적인 내용은 그 학문의 지속성 있는 기본개념에서 비롯되며, 기본개념은 그 학문의 여러 가지 다른 하위개념들을 설명하고 끌어낼 수 있는 원천적 역할을 수행한다. 이러한 기본개념은 논리적 의미(logical meaning)를 지니고 있어야 하고, 학습자 개개인에게 개별적인 현상학적 의미(idiosyncratic phenomenological meaning)를 줄 수 있는 것이어야 한다.

3) 내용의 유용성

교육내용은 그 사회가 유지 · 변화되는 데 도움이 되고, 학습자의 현재와 미래 생활에 유용하게 활용될 수 있는 것으로 구성되어야 한다. 내용의 유용성은 학교 밖의 현실 세계와 관련되어 있어야 하며, 실제 활용하기에 적합한 사회적 효능성(social efficiency)을 내포하고 있어야 한다. 유용성을 확보하기 위해서는 학습자와 사회의 요구에 적절한 교육과정 내용을 선택하고, 또한 학습자의 흥미와 필요에 따라 내용을 적합하게 선정해야 한다. 이러한 내용의 유용성을 적용하여 결정하기 위해서는 내용이 현재 생활에서만 유용한 것이 아니라, 학습자의 삶에 의미를 가져다주고 미래의 삶에도 지속적으로 가치 있는 도움을 줄 수 있는 내용이 되어야 한다.

4) 내용의 학습 가능성

내용은 교수자가 가르칠 수 있고, 학습자가 학습할 수 있는 내용을 선정해야 한다. 내용의 학습 가능성을 확보하기 위해서는 학습자의 지적 발달, 신체적 발달, 정서적 발달, 사회적 발달 등에 적합한 수준과 양의 내용이 제시되어야 한다. 특히 학습 가능성 기준은 다양한 특성을 가진 많은 학생들의 욕구를 충족해야만 하는 교육과정에 필요하다. 이를 위해 학습자의 능력이나 학습환경에 따라 하나의 교육과정 속에 심화 · 보통 · 보충 과정의 교육내용을 포함시킴으로써 이질적인 학습집단의 문제해결에 도움을 줄 수 있을 것이다.

5) 내용의 경제성

교육과정 내용은 학습자에게 가장 경제적인 방식으로 목표를 성취하는 데 도움을 줄 수 있는 내용으로 선정되어야 한다. 최소의 투입으로 최대의 효과를 낼 수 있는 경제원칙에는 학습자와 교수자의 노력, 교수-학습자원, 교과내용의 일반화, 범위 등이 포함된다. 이는 제한된 시간에 가용한 인적 · 물적 자원을 적절히 활용하여 최대한의 교수-학습 효과를 거둘 수 있는 비용-효과적인 측면에서 교육과정 내용이 선정되어야 한다는 것이다.

6) 내용의 내적 · 외적 관련성

교육내용은 그 학문 분야 내에서 다른 내용들과의 유기적 관계를 형성하고 있는 내용으로 선정해야 한다. 교육과정 내용은 여러 수준의 개념들이 위계적 구조와 체계를 갖춰 형성하고 있는데, 이는 종속적 수준이나 상위적 수준 혹은 병렬적 수준에서 그 학문 분야가 다른 내용들과의 구조적 관련성을 지니고 있어야 함을 의미한다. 교육내용을 선정하는 과정에서 타학문 분야의 내용과도 관련을 지을 수 있는 잠재적 가능성과 교과 간의 내용이 의미 있는 상관관계 속에서 포용되어야 할 것이다.

7) 내용의 균형성

교육내용의 균형성은 사회의 요구, 성인들의 요구, 학습자의 요구 등 여러 집단의 요구를 균형 있게 고려하여 내용을 선정해야 한다는 것이다. 사회 변화와 사회 안정, 문화의 특수성과 보편성, 현재의 삶과 미래의 삶, 자국민의 관점과 세계시민으로서의 관점, 개개인의 가치를 존중하는 다양성과 사회통합을 위한 가치 등의 균형성도 교육과정 내용을 선정할 때 고려해야 한다. 또한 교육내용은 주제에 따라서 얼마나 넓은 범위를 가르쳐야 할 것인가 하는 내용의 폭에 관한 문제와 한 주제를 얼마나 깊게 가르쳐야 할 것인가 하는 깊이의 문제에 직면할 때가 있다. 교육내용을 선정할 때는 내용이 다루어지는 넓이와 깊이를 잘 고려하여 교육내용의 가치가 상실되지 않도록 균형성을 확보해야 한다.

8) 내용의 사회가치 적합성

흔히 '민주주의적 가치 지향', '사회적 가치', '사회개발' 등의 용어로 표현되고 있는 내용의 사회가치 적합성에 대한 기준은 학교가 개인의 변화와 더불어 사회 변화의 방향을 제시해야 한다는 점을 시사하고 있다. 그러므로 교육과정 내용은 인간의 도덕적 가치와 이상, 사회문제, 인간의 감정, 효율적인 사고과정, 개인의 기본권, 민주적 과정 등에 대한 탐구를 중심으로 선정해야 한다. 그러나 사회가치에 적합한 교육과정 내용선정이 정형화된 가치나 사고의 틀을 그대로 학습자에게 교화시키려고 하는 것이 아니라, 인간에게 의미 있는 가치들을 검증하고 탐구하려는 데에 이 기준을 적용하는 본래의 뜻이 내포되어 있다. 따라서 민주사회가 요구하는 가치 실현의 방향으로 교육내용이 선정되어야 할 것이다.

9) 동목표 다경험

동목표(同目標) 다경험(多經驗) 원리는 동일한 목표를 달성하는 데 있어 다양한 학습경험을 사용하여 교육과정의 내용을 선정해야 한다는 것을 의미한다. 학습경험은 학습자와 그가 처한 외적 환경과의 상호작용을 뜻하며, 이때 학습은 학습자의 활동을 통해 이루어진다. 따라서 학교의 여건, 교수자 또는 학습자의 요구와 필요, 교과목의 특성 등에 적합한 교육내용과 경험을 제공함으로써, 의도하는 교육목표를 효과적이고 효율적으로 달성할 수 있게 된다. 이는 주어진 교육목표가 다양한 내용이나 학습경험을 통하여 충실하고 융통성 있게 성취될 수 있다는 가능성을 시사한다. 그러므로 교육과정을 설계할 때, 어떤 목표를 달성하기 위한 교육내용의 선정에 넓은 범위와 다양한 가능성이 있음을 고려해야 한다.

10) 동경험 다목표

동경험(同經驗) 다목표(多目標) 원리는 동일한 학습경험을 통해 동시에 여러 가지 목표나 학습성과를 달성하는 데 도움이 되는 교육내용을 선정해야 한다는 것을 의미한다. 한 가지의 학습경험이 하나의 목표나 성과를 달성하는 데만 유용한 것보다는 교육내용을 다양한 교육목표와 관련되는 경험이나 활동으로 선정하는 것이 학습효과를 높이는 데 더 바람직하다. 그러므로 한 가지의 내용이나 경험을 통해 여러 목표를 달성할 수 있도록 교육과정을 구성하는 것이 바람직하다.

2 교육과정 내용선정의 방법

교육내용은 교육을 통해 학생들에게 학습시키고자 하는 의도가 담긴 교육목표의 구체적 표현이다. 교육과정 내용을 보다 효율적으로 나타내기 위해 일반적인 교육과정 내용선정의 기준들과 더불어 교육내용을 구체적으로 선정하는 방법에 대해 고려해 볼 필요가 있다.

스미스(Smith, 1957)는 교육내용을 선정하는 데 있어 다음과 같이 네 가지 방법을 제시하였다.

① **판단적 방법**(judgement procedure) : 교과내용을 개발하는 교육에 관련된 전문가들의 독자적인 판단에 의존하여 교과내용을 선정하는 방법이다.

② **실험적 방법**(experimental procedure) : 선정하고자 하는 내용이 교육목표를 달성할 수 있고, 학생들에게 적합한가? 적용 과정에서 발생할 수 있는 문제는 없는가? 등 실제 교육현장에서 일어날 수 있는 다양한 문제를 실제 모의실험을 통해서 결정하는 방법이다.

③ **분석적 방법**(analytical procedure) : 선정되는 내용의 목적과 유용성 등을 확인하기 위해서 일반적으로 많이 사용되어 온 방법으로서, 내용이 어떤 활동에 기능적으로 공헌할 수 있는가를 발견하기 위하여 인간이 하는 활동들을 분석하고, 공헌이 가능한 내용을 선정해 나가는 방법이다. 분석방법에는 크게 세 가지가 있는데, 첫째, 활동분석(activity analysis)으로서, 사람들이 종사하고 있는 활동의 일반유형을 분석하고 그에 맞는 내용을 선정하는 것을 말한다. 둘째, 직업분석(job analysis)은 직업에 따른 일을 분석하고 유용한 내용을 택하는 방법이다. 셋째, 기능분석

(skill analysis)은 인간들의 생활에 유용한 기능이 무엇인가를 분석하고 그 기능을 익히는 데 필요한 내용을 선정하는 방법이다.

④ **합의적 방법**(consensual procedure) : 각 교과의 전문가, 현장교사, 교육과정 전문가 등 여러 사람의 의견을 수집하고, 그 의견을 토대로 내용을 선정 · 결정하는 방법으로서, 교육과정 내용 구성 시 이 방법이 널리 쓰인다. 합의적 방법은 편견이나 오류에 빠지는 것을 막는 데 효과적인 방법이다.

이외에도 교육과정 내용을 선정하는 방법은 여러 유형이 있는데, 교과서 및 교재법, 목표법, 사회기능법, 활동분석법, 문제영역법 등을 통해 교육내용을 선정할 수 있다.

① **교과서 및 교재법** : 교과서 및 교재법은 전통적 교육에서 교육과정을 구성할 때 흔히 사용하는 방법이다. 이것은 교과별로 각 교과서 내용을 학습경험의 범위(scope)로 선정하는 방법으로서, 주로 교과서의 내용을 분석하고 그 속에 포함된 제 영역을 가지고 학습내용을 선정하는 방법이다. 교과서 및 교재법은 학습 진행에 대한 계획을 미리 결정하여 교재를 정해진 순서대로 가르친다.

② **목표법** : 목표법은 교육과정의 내용을 교과의 목적에 따라 논리적으로 선택하는 것으로서, 교육목표를 일반적인 것에서 특수한 것으로 분석하여 학년에 따라 위계적으로 학습의 범위를 결정하는 방법이다. 목표법은 인지적 · 정의적 · 운동기능적 영역을 분석해서 일반적인 목표를 정한 후, 이를 교육목적 달성에 필요한 구체적인 목표로 분석한다. 제시된 구체적인 목표는 각 학년과 각 교과에서 도달해야 할 목표가 되고, 이것이 곧 각 학년과 각 교과의 내용 선택 영역을 결정하는 범위가 된다.

③ **사회기능법** : 사회기능법은 사회구성원의 요구를 결정하기 위해 사회생활을 분석하고, 분석한 결과를 토대로 구성된 사회적 요구를 범위로 하여 교육내용을 선정한다. 이 방법은 사회적 요구를 논리적으로 분석하고, 이에 대한 실태를 조사하는 방식으로 적용된다. 특히 학교교육을 통한 학생들의 경험이나 활동은 실제 사회생활을 용이하게 수행할 수 있도록 조직되어야 하므로 학생들이 그들의 현실과 가장 밀접한 생활과제를 이해하고 해결할 수 있도록 교육과정 내용을 구성해야 한다.

④ **활동분석법** : 활동분석법의 원리는 인간의 생활활동을 기초로 하고 있다. 인간생활의 주요 영역들을 여러 가지 활동으로 나누어 실제 조사 · 분석을 통해 일반적이고 보편적인 생활활동을 파악한다. 그리고 여기서 공통된 생활활동에 필요한 활동을 학습경험으로 삼는 방법이다. 즉 인간생활에서 행해지는 직업적 활동, 언어활동, 경제활동, 신체활동, 건강활동, 여가활동, 종교활동 등을 과학적이고 논리적으로 분석하여 인간의 삶에 가장 필요로 하는 활동내용을 학습경험으로 선정하는 방법이다.

⑤ **문제영역법** : 문제영역법은 학생의 직접적인 요구의 만족과 성인의 사회생활을 위한 준비 등의 요인을 함께 결합하려는 시도에서 발달된 것이다. 즉 각기 다른 발달단계에 있는 청소년들의 일상적인 생활의 장을 실제 조사 · 분석하여, 그 속에서 청소년의 문제영역을 중심으로 교육과정의 내용을 선정하는 방법이다. 이렇게 선정된 교육과정 내용은 사회의 요구와 청소년의 요구가 자연스럽게 조화되어 민주사회의 요구에 부합되는 범위를 결정할 수 있다는 것이다.

3 교육과정 조직의 일반적 원리

교육내용이 선정되면 그다음에는 선정된 내용을 전체 교육과정 중 어디에 배치해야 하는지, 왜 그곳에 배치해야 하는지, 그리고 학습자들에게 가장 적합한 내용을 배열하는 데 도움이 되기 위해서 어떤 기준을 적용해야 하는지에 대해 고려해야 한다. 교육내용의 조직은 교육목표를 달성하기 위하여 교육내용 구성요소를 효과적으로 배치하는 것을 의미한다. 즉 교육과정 내용의 조직은 학습을 목적으로 내용을 체계적으로 조직하는 데 관계되는 제 원리라고 정의할 수 있다(Phenix, 1964; Zais, 1976).

선정된 교육과정 내용을 조직하는 데에는 기본적으로 두 가지 조직 측면이 있다. 하나는 수직적 조직(vertical organization)인데, 이는 교육과정 요소를 종적이고 순차적으로 배열 · 조직하는 데 관련된 측면으로서 흔히 계열성과 계속성의 원리로 구성되어 있다. 다른 하나는 수평적 조직(horizontal organization)인데, 이는 교육과정 요소를 횡적으로 나란히 배열 · 조직하는 데 관련된 측면으로서 범위(scope)와 통합성(integration)의 원리로 구성되어 있다.

이외에도 교육과정 내용을 조직하는 데 수직적 측면과 수평적 측면의 조직 원리들을 적절하고 균형 있게 적용하기 위한 균형성의 원리를 포함시킬 수 있다.

1) 계열성의 원리

계열성은 일정 기간에 걸쳐 학습자들에게 교육내용이 제시되는 시간적 순서(time order)를 의미한다. 즉 학습자가 배울 내용을 다양하게 배열 또는 단계적으로 제시해줌으로써, 학습자가 어떤 내용을 먼저 배우고 어떤 내용을 나중에 배우게 될지에 대한 순서를 결정하는 것이다. 따라서 계열성이란 교육내용이 단계적으로 깊어지고 넓어져서 학습경험이 계속적으로 누적되어 축적되는 수직적인 조직에 관련된다. 이러한 계열성은 실제 교육에서 다음과 같은 원칙들을 적용하여 활용되었다.

- 단순한 내용에서 복잡한 내용으로.
- 친숙한 내용에서 미친숙한 내용으로.
- 부분적인 내용에서 전체적인 내용으로(또는 전체에서 부분적인 내용으로).
- 선수(先修)학습에 기초해서 그다음 학습은 점진적으로 확대되는 내용으로.
- 사상(事象)의 역사적 발생 순서대로(연대순으로).
- 현재에서 과거로(또는 과거에서 현재로).
- 구체적인 개념에서 추상적인 개념으로.

위에 열거한 계열화 방법의 원칙들을 살펴보면 내용상의 계열성은 학문 또는 해당 교과의 본질과 구조에 따라 영향을 받고 있다. 그러나 교육내용의 효과적인 학습을 돕기 위해서는 학습자의 인지, 정서, 신체 등의 다양한 발달단계에서 학습자의 흥미, 수준, 배경, 성취능력 등을 고려한 학습내용의 순차적 조직도 필요하다.

일반적으로 학습과정의 지속성과 누가적 특성을 고려하여 상향적 접근과 하향적 접근의 두 가지 측면에서 교육과정 내용조직의 과정에 대한 계열성을 확보할 수 있다(Strike & Posner, 1976).

상향적 접근(bottom-up views)은 1960년대 이후 발전된 학습위계(learning hierarchy)에 기초하여 교육과정 내용조직의 계열성을 확보하는 것이다. 이는 기본적으로 귀납적 접근으로서, 학습위계는 보다 낮은 수준의 기능으로부터 보다 높은 수준의 기능으로 연결되는 지적 기능의 모음을 의미한다. 즉 예를 먼저 제시한 다음 이를 토대로 규칙이나 원리, 법칙 등을 찾아내는 방법이다.

하향적 접근(top-down views)은 기본적으로 연역적(deductive) 접근으로서, 개념은 그 하위 예들을 얼마든지 생성할 수 있으며, 따라서 개념은 하위 예들의 합 이상의 것으로 보는 입장이다. 이는 주로 1950년대 말 브루너 등이 제시한 나선형 형태의 반복적인 계열을 주축으로 한 학문구조의 개념에 기초하여 교육과정 내용조직의 계열성을 확보하는 것이다. 하향적 접근은 교과 또는 지식체계의 가장 보편적이고 일반적인 상위개념에서 출발하여 구체적인 하위개념으로 내용을 위계적으로 조직하여 구성한다. 즉 어떤 규칙이나 원리, 법칙 등을 먼저 학습한 후, 그에 해당하는 예를 찾아내는 방법이다.

2) 계속성의 원리

계속성의 원리는 학년이 올라감에 따라서 교과 또는 교육 프로그램을 동일한 내용으로 계속해서 반복 학습할 수 있도록 조직하는 것을 의미한다. 즉 교육과정 개발자는 학습내용을 일정한 순서로 계열화시켰을 때, 교육내용을 얼마나 계속할 것인가에 대한 문제에 직면하게 되는데, 이러한 계속성의 문제는 계열성과 더불어 수직적인 조직에 관련된다.

여기서 계속성의 계획은 다음과 같은 세 가지 방식으로 전개될 수 있다.

① 교과내용 분야에서 계속성을 기하는 방식.

② 각급 학교수준 간에, 혹은 동일한 수준에서의 교과목 상호 간에 연계성을 기하는 방식.

③ 개개 학습자의 경험 속에서 계속성을 기하는 방식.

계속성은 누가적 학습과 동의어로 사용하고 있는데(Taba, 1962), 이는 동일한 요소의 단순한 반복이 아니라 점진적인 심화·확대를 강조하여 더 깊은 이해와 광범위한 적용, 정밀한 분석, 의미 있는 통합으로 학습을 이끌어 준다. 따라서 학습자가 동일한 개념이나 지식을 계속적으로 경험하는 활동을 통해 누적되는 지적인 효과를 기대할 수 있다.

3) 범위의 원리

범위의 원리는 특정한 시점에서 학생들이 배우게 될 교육내용의 폭(breadth)과 깊이(depth)에 관련된 수평적 조직이다. 학습자가 배워야 할 내용은 학교급, 학년, 교과목 등에 따라 달라지고, 깊이는 대체로 배우게 될 내용에 할당된 시간 수로서 간접적으로 표현된다.

교육과정 개발자는 교육과정을 조직하는 데 있어 어떠한 내용을 어느 만큼이나 폭넓고 깊이 있게 다루어야 하느냐 하는 문제에 종종 봉착하게 되는데, 많은 교과목들의 폭이 넓어질수록 깊이는 얕아지고 깊이가 깊어질수록 폭은 좁아질 수밖에 없는 딜레마에 빠지게 된다. 그러므로 범위의 원리를 적용하여 교육과정을 조직할 때는 일반교과와 특수교과, 필수교과와 선택교과 등을 어떻게 균형 있게 조직할 것인지에 대한 문제와 단일 교과 속에 포함된 지적 · 정의적 · 운동기능적 영역을 어떻게 균형 있게 배합할 것인지에 대한 문제를 심사숙고하여 결정할 필요가 있다.

4) 통합성의 원리

통합성의 원리는 학습자에게 한 가지 내용이나 경험, 능력들을 다른 여러 영역과 어떻게 상호 관련지어 통합시키느냐 하는 문제로서, 통합 조정된 경험을 제공할 수 있도록 교육과정을 수평적으로 조직하는 것이다. 즉 교육과정 내용의 횡적인(수평적인) 연계성과 관련성을 바탕으로 이들을 하나의 교과나 단원으로 묶는 것을 말한다.

또한 통합성의 원리는 교육과정 내용들을 각급 학교수준 간의, 또는 각 학년수준 간의 종적(수직적) 차원의 연계성을 고려하여 교육과정을 조직하기도 한다. 수직적 연계성은 이전에 배운 내용과 앞으로 배울 내용의 관련성을 기초로 하여, 특정한 학습의 종착점이 다음 학습의 출발점과 잘 맞물리도록 교육내용을 조직하는 것을 말한다. 이러한 교육내용의 조직은 학생들로 하여금 사물을 종합적으로 통찰할 수 있게 하고 학습내용과 행동이나 경험을 통합하도록 하는 것이다.

한동안 새로운 지식의 영역이 확대되면서 교육과정이 점차 분과주의화되고 통합화의 목적은 경시되었으나, 1960년대 이후 교육과정 개혁운동이 활발히 전개되면서 교육과정 조직의 통합성에 대한 관심이 높아지기 시작하였다. 1981년 우리나라 제4차 교육과정에서는 교육내용을 조직하는 데 통합성 원리를 반영시켰다.

예를 들면, 초등학교 저학년에서 교과 간의 내용 및 활동의 통합성을 고려하여 조화롭고 자연스럽게 내용이 연계되도록 하였고, 중학교 교육과정에서는 교과 간 및 교과와 특별활동 간의 관련성, 학년 간 및 학교급별 간의 연계성을 고려하여 일관성 있는 교수-학습이 이루어지도록 하였다. 결과적으로 통합성 원리는 각 교과 활동들과 개개의 학습경험들이 상호 유기적으로 관련지어 연결되고 통합됨으로써 교육내용의 전체성, 통일성이 확보되고 보다 효과적인 학습과 발달을 촉진시키는 데 도움을 주었다.

5) 균형성의 원리

지금까지 교육과정의 조직을 크게 두 가지 측면, 즉 수직적 측면(계열성과 계속성)과 수평적 측면(범위와 통합성)으로 나누어 고찰해 보았다. 교육과정 조직의 균형성(balance) 원리는 앞서 살펴본 두 가지 종 · 횡적인 차원(수직적 측면과 수평적 측면)의 조직 원리들을 적절하고 균형 있게 적용하기 위한 것이다. 균형성의 원리는 교육과정 내용의 종 · 횡적인 측면을 모두 반영하여 조직하기 위해서 개개 학습자의 능력, 흥미, 요구, 발달단계 등 학습자 개별화의 중요성을 강조한다.

이러한 균형성을 확보하기 위해서는 융통성 있는 수업시간 계획이 필요하다. 모든 교과를 똑같은 시간 동안 가르쳐야 한다거나, 똑같은 양의 시간이 모든 교과에 할당되어야 한다거나, 모든 교과서에 교수모형이 표준화되어 동일하게 쓰이는 것은 교수-학습에 상당히 비효율적이기 때문이다. 또한 집단교수(team teaching)를 통해 여러 교수자들이 각각 자신의 독특한 경험과 전문적 지식을 최대한으로 활용하여 교수(teaching)의 효과를 증대시킴으로써, 부족한 인력 자원과 교육시설 자원을 충족시켜 균형성을 확보하는 데 많은 기여를 할 수 있다.

4 교육과정 조직의 유형

교과의 어떠한 측면을 중심으로, 어떤 관점을 가지고 교육과정을 조직하는가에 따라 교육과정을 다양하게 설계할 수 있다. 일반적으로 교육과정을 개발할 때, 학문적 합리주의 관점은 학문 또는 지식(교과)중심 설계, 인본주의 관점은 학습자(사람)중심 설계, 사회적응 · 재건주의 관점은 사회(문제)중심 설계로 접근하게 된다. 이 절에서는 이러한 세 가지 축을 준거로 하여 교육과정 조직의 유형을 살펴보기로 하겠다.

1) 지식(교과)중심의 교육과정

가장 오랫동안 널리 사용되어 온 지식중심의 교육과정들은 교육의 주된 목적을 지식의 전수와 창조에 두고 있으며, 교육내용에서도 일반교육(general education)을 강조하고 있다. 여기서 일반교육이란 문해교육, 3R(읽기, 쓰기, 셈하기)과 같은 기본기능의 습득, 교과의 기초적 지식 습득, 비판적 사고, 문제해결력, 학습기능과 학습습관의 배양과 같은 것을 의미한다. 반면에 건강이나 직업훈련, 사회적 기능 습득, 인성훈련 등은 일반교육의 주류로 받아들이지 않는다. 이러한 지식(교과)중심의 교육과정에는 대표적으로 교과중심 교육과정, 광역 교육과정, 학문중심 교육과정이 있다.

(1) 교과중심 교육과정

교과중심 교육과정(Subject-centered curriculum)은 가장 널리 오랫동안 사용되어 온 교육과정 조직의 한 유형으로서, 학교교육 프로그램을 불연속적인 별개의 교과로 구분하는 교육과정 조직 형태이다. 급격한 지식의 증가로 인해 다양한 지식 영역의 전문화가 이루어지고, 교과와 학습내용이 세밀하게 분할된 분과적 형태를 띠게 되었다.

교과중심 교육과정에서 조직의 기본 원칙은 지식과 학문 분야의 학자들이 개발하고 활용하는 교육 · 연구의 작업 구획(labor division)에 따라 교과목을 설정하고 학습내용을 나누어 조직한다는 것이다. 이러한 이유로 현재에도 초 · 중 · 고등학교 교과목들과 대학의 전공학과 명칭이 같은 경우가 많다.

교육과정은 여러 가지 교과 영역 속에서 지식이 어떻게 발달해 왔는가에 따라 조직된다. 교과중심 교육과정은 문화유산의 전승을 최우선의 교육적 가치로 여기고, 교과는 과거 선조들이 이루어 놓은 문화유산인 지식을 조직해 놓은 것으로 받아들이고 있다. 이때 교과내용은 교수자, 교과서 저작자, 교육과정 개발자 등에 의해 사전에 철저히 체계적으로 계획되었다.

교과중심 교육과정에서의 교수-학습방법은 직선적이며, 교수자는 그 지식이나 학문 분야의 전문적인 권위자들로써, 주로 강의, 암송과 반복, 대집단 토의방법 등을 주요 교수-학습기법으로 활용하였다. 언어적 활동이 주축인 교과중심 교육과정에서는 교과내용만 강조하고, 학습자의 욕구, 흥미, 경험을 무시하여 학습자에게 유의미한 내용을 선택할 수 있는 권리를 박탈한다는 비난을 받기도 하였다. 또한 교육과정이 너무 전문화되고, 어떤 면에서는 지식에 기초한 지배계층인 소수 엘리트만을 키운다는 비난도 받고 있다.

교과중심 교육과정은 능력심리학(faculty psychology)에 기초하여 발전하였으며, 이후에 행동주의 심리학에 바탕을 두어 인지적 영역에 많은 관심을 갖게 되었다. 능력별 학급편성은 교과중심 교육과정의 예 중 하나인데, 1959년 발표된 코난트(Conant)의 보고서는 지적 우수아의 교육을 강조하면서 교과중심 교육과정의 합당성을 지지하였다(Conant, 1959).

교과중심 교육과정의 대표적 교육 형태를 살펴보면, 첫째, 단위제(unit system)를 들 수 있는데, 이는 각 교과에서 학습해야 할 시간의 양을 표준화시켜 놓은 것으로서, 현재 우리나라에서도 고등학교 교육과정에서 채택하고 있다. 둘째, 궤도제(track system)인데, 이는 일반(인문)고등학교, 종합고등학교, 실업고등학교 등 다양한 진로 궤도에 따른 별개의 교육과정 제도를 창출하였다.

(2) 광역 교육과정

광역 교육과정(Broad-fields curriculum)은 20세기 초 전통적인 교과중심 교육과정에 나타난 단편화와 구획화에 대한 비판을 해결하고, 이를 개선하기 위한 하나의 대안으로 나타나기 시작하였다. 때때로 광역 교육과정은 융합적 접근(fusion approach) 또는 간학문적 설계로 불리기도 하는데, 간학문적 설계란 몇 개의 학문에 공통되는 주요 개념, 원리, 법칙, 탐구방법 등을 중심으로 새로운 교과를 만드는 방법을 의미한다. 광역 교육과정은 교과중심 교육과정에서 사용된 교과 중 상호 관련 있는 2개 또는 그 이상의 교과를 보다 폭넓은 범주, 주제, 영역으로 묶어서 여러 분야의 교과내용을 통합시키고자 하였다.

광역 교육과정은 대학 교육과정에서 먼저 시작되었으며, 그 후 중·고등학교에서 융합교과(fusion courses)라고 하여 교과목 간의 통합이 이루어졌다. 이는 점차 초등학교수준으로까지 확산되었다. 우리나라는 1981년에 새로 개정한 제4차 교육과정에서 초등학교 저학년 교과목의 통합을 시도했는데, 그것은 광역 교육과정을 택한 것이라 할 수 있다.

오늘날 우리나라에 반영된 광역 교육과정은 읽기, 쓰기, 문법, 말하기,

문학을 통합한 '언어예술', 역사, 정치, 경제, 인류학, 사회학 등을 통합한 '사회과', 예술, 음악, 문학, 건축 등을 통합한 '인문과', 각종 직업 기술 교과를 통합한 '실과', 건강, 안전, 무용, 레크리에이션, 운동 등을 통합한 '체육', 대수, 기하, 산수 등을 통합한 '수학' 등에서 볼 수 있다. 이렇듯 광역 교육과정은 다양한 교과의 통합을 통하여 지식들을 보다 효율적으로 실제에 적용할 수 있도록 관심을 두고 있다. 또한 학생들이 지식의 전체성뿐만 아니라 교육과정 내용에 포함된 다양한 측면 간의 관련성을 파악할 수 있도록 해준다.

광역 교육과정의 장점에 대해 자이스(Zais, 1976)는 다음과 같이 제시하고 있다. 첫째, 광역 교육과정은 여러 별개 교과에 기초하고 있으므로 문화유산에 대한 체계적 접근을 가능하게 해준다. 둘째, 광역 교육과정은 여러 교과의 통합을 통해 다양한 요소들 간의 관계를 학습자들이 스스로 깨달을 수 있도록 한다. 그러나 자이스는 광역 교육과정이 진정한 의미의 통합을 이루지 못한다면, 그것은 단지 여러 종류의 헝겊을 이어서 덧붙인 천 조각에 불과하다고 경고하였다. 즉 광역 교육과정이 여러 교과의 통합을 통해서 방대한 양의 내용과 지식, 정보를 취급하다보니, 오히려 깊이 있는 교육을 저해할 수도 있다는 위험성에 대해 지적한 것이다.

(3) 학문중심 교육과정

학문중심 교육과정(Discipline-centered curriculum)은 제2차 대전 이후 1950년대와 1960년대 중반까지 활발하게 발전하였다. 분과적 교과중심 교육과정에서 발전된 학문중심 교육과정은 교육과정 조직에 대한 지식의 구조적 접근이라 할 수 있는데, 이는 여러 가지 전문화된 지적 학문을 중심으로 교육과정을 조직하였기 때문이다. 따라서 과거에 통합된 교과들을 다시 분리시키고, 각 학문별로 독자적인 교육과정을 구성하였으며, 교육과정의 목표, 내용, 방법 등을 대부분 그 학문 분야의 전문적인 학자들과 대학교수들이 기술하였다.

학문중심 교육과정은 진보주의의 영향을 받아, 발견과 문제해결을 통한 각 학문의 개념적 구조와 탐구과정에 대한 이해를 강조한다. 학문중심 교육과정의 기본 가정은 모든 교과가 기본 구조를 갖고 있으며, 학습자에게 전문가들이 발견해 놓은 지식을 그대로 학습시키는 것보다는 개개 학문의 구조를 스스로 습득할 수 있도록 하는 것이 중요하다는 것이다. 즉 문제들을 탐색하는 데 필요한 개념들과 과정을 이해하고 활용할 수 있도록 학습시키는 데 초점을 두고 있었으며, 이는 곧 학문중심 교육과정에서 설명과 탐구가 가장 보편적으로 사용된 교수-학습방법이라는 것을 알 수 있다. 학문중심 교육과정은 교육과정의 문제점을 해결하기 위한 대안을 제시하고, 탐구활동을 통한 과학 교육과정의 내용을 쇄신하는 데 이바지했으며, 과학에 대한 학습자들의 흥미를 유발시키는 효율적인 교수법과 자료들을 개발하였다. 그러나 1970년대 들어서면서 학문중심 교육과정에 대한 많은 비판이 일어나기 시작하였다(Bruner, 1971).

첫째, 학문중심 교육과정의 개발과정에서 과학과 수학에만 우선순위를 둠으로써 결과적으로 교육과정의 불균형을 초래하였고, 분절된 단편적 교육과정을 가져왔다.

둘째, 학문중심 교육과정은 지식 응용이나 사회문제를 등한시하고, 오직 순수한 추상적 지식과 학문만을 강조함으로써 학교와 학교 밖의 현실적인 삶을 연계시켜주지 못하였다. 즉 인간 삶의 보편적인 모습인 사회적 흥미나 요구를 무시함으로써 학문중심 교육과정에 대한 부적합성이 지적되었다.

셋째, 학문중심 교육과정은 지식에 기초한 지배계층인 소수 엘리트 위주여서 지적 능력이 뛰어나지 않은 일반 학습자들에게는 비효과적이었다. 학문중심 교육과정이 학습자의 요구에 따라 조직되는 것이 아니라, 모든 학습자가 비슷한 유형의 학습 성향을 갖고 있다는 가정하에 학습자가 교육과정에 적응해야만 했다. 특히 교육적, 경제적, 사회적으로 혜택을 받지 못한 소외계층 학습자들의 흥미와 경험을 무시함으로써, 학문중심 교육과정은 비민주적이고 부도덕적이라는 비난을 피하기 어려웠다.

넷째, 학문중심 교육과정은 목적과 범위에 있어 지나치게 전문화된 지적 학문을 중심으로 교육과정을 조직함으로써, 스스로 학문 영역을 축소하게 되는 결과를 초래했다. 그로 인해 학문중심 교육과정은 학문적 지식으로 분류될 수 없는 대인관계, 직업교육, 여가활동 등과 관련된 지식이나 정보를 간과하여, 결과적으로 학습자들의 정서적 성장에 도움을 주지 못하고 있다.

2) 학습자중심의 교육과정

학습자(사람)중심의 교육과정은 학습자를 교육과정 프로그램 설계의 중심으로 보고 있으며, 학습자의 권리, 재능 개발, 개인적 성취, 행복추구, 전인교육 등을 강조한다. 즉 학습자와 교수자의 자유를 내세우고, 획일주의에서 탈피하여 학습자의 흥미, 관심, 요구 등에 초점을 맞추고 있다. 학습자중심의 교육과정에서 교육의 목적은 자아실현, 자아존중, 정서적 안정, 지적 건강, 창의적 표현, 개인의 재능과 흥미의 개발, 여가시간의 활용, 삶에 대한 준비, 건강과 안정 등이다. 이러한 학습자(사람)중심의 교육과정에는 대표적으로 아동 경험중심 교육과정, 인본주의 교육과정, 개발접근 교육과정이 있다.

(1) 아동 경험중심 교육과정

아동 경험중심 교육과정(Child experience curriculum)은 활동중심 교육과정(activity curriculum)으로 불리기도 하는데, 아동의 경험이나 활동이 교육과정 계획의 출발점이 되어야 한다고 보고 있다. 즉 학습자는 다양하고 흥미 있는 경험이 제공될 때 교과내용을 보다 더 잘 학습하게 된다. 따라서 모든 교육과정은 아동의 요구와 흥미, 삶을 중심으로 지속적으로 연결되어야 한다는 것이다.

전통적인 교과중심에서 탈피하여 아동의 흥미와 요구에 초점을 맞춰 새로운 교육환경을 창조해야 한다는 생각은 흔히 듀이가 창시자인 것으로 알려져 있으나, 그 이전에 이미 루소, 페스탈로치, 프뢰벨 등으로부터 유래된 것이다.

대표적인 아동 경험중심 교육과정인 듀이(Dewey, J., 1938)의 실험학교 교육과정은 인간이 지닌 네 가지 충동(impulses)을 바탕으로 구성하였다.

① **사회적 충동** : 타인과 경험을 나누어 갖고 싶은 욕구.

② **건설적 충동** : 원자료를 이용하여 쓸모 있는 물건을 만들고 싶은 욕구.

③ **탐구 · 실험적 충동** : 사실을 발견하고 결과를 예측하여 실험하고 싶은 욕구.

④ **표현적 충동** : 의사소통과 건설적 흥미를 보다 세련되게 표현하고 싶은 욕구.

듀이는 이러한 인간의 네 가지 충동에 따라 활동 위주로 구성된 실용적인 교과로 교육과정을 조직해야 한다고 주장하였다. 아동 경험중심 교육과정의 기본 가정은 첫째, 아동의 성장과 발달에 대한 학문적 탐구의 결과가 곧 아동이 능동적인 학습자라는 사실을 밝혀주는 것이고, 둘째, 인간은 서로 협력하면서 발달하고 사회도 발전한다는 민주주의의 신념을 바탕으로 하고 있다. 따라서 교육과정은 교수자와 학습자들 간의 협동적인 노력에 의해 개발되고, 교과는 어른들의 관심이 아닌 아동들의 관심과 흥미, 경험 속에서 구성된다. 교수자는 명령하고 통제하는 교과전문가, 강의전문가가 아니라 학습의 안내자, 조장자의 역할을 하며, 학습자들에게 활동 또는 문제에 대한 최소한의 단서와 암시만 준다. 학습자가 학습의 주도권을 갖고 자발적이고 능동적인 학습을 통해 자신의 사고와 계획을 스스로 책임질 수 있게 한다.

아동 경험중심 교육과정은 사전에 완전하게 계획하는 것이 불가능하다. 왜냐하면 아동의 발달단계는 아직 미성숙하기 때문에 가치 있는 방향을 스스로 결정하기 힘들고, 그들의 흥미 또한 자주 바뀌는 변화무쌍함 때문이다. 그래서 교육을 시행하고 이를 마친 후에 그 과정과 결과를 기술할 수 있을 뿐이다. 아동 경험중심 교육과정에서 우리가 선택할 수 있는 가장 최선의 교수-학습방법은 학습자가 문제해결 과정의 경험을 얻게 해주는 반성적 사고(reflective thinking)이다.

아동 경험중심 교육과정은 학습자들의 사회화를 교육의 중요한 기능 중 하나로 보고, 학교 밖 현실세계가 모두 학습실험실이 되어야 한다고 생각한다. 교수-학습시간은 활동에 따라 융통성 있게 조율하고, 학급 편성은 고정된 학년제 단위가 아니라 학습자들의 흥미와 관심, 능력에 따라 구성되어야 한다고 보았다.

아동 경험중심 교육과정의 영향은 오늘날 교육현장에서 융통성 있는 수업시간 계획, 단원 교수-학습, 프로젝트 방법, 무학년제, 개방교육 등에서 볼 수 있다. 그러나 아동 경험중심 교육과정은 너무 학습자들의 흥미나 요구에만 초점을 맞추고 사회나 성인들의 요구를 외면하였으며, 교과의 지적 학습에 소홀히 한 나머지 사회적으로 많은 비난을 받게 되었다. 아동 경험중심 교육과정의 조직은 교수자와 학습자들이 함께 만들어 가는 교육과정이어야 하며, 교사와 학생이 서로 자신의 역할에 충분히 책임감을 갖고 수행할 때 교육적인 가치를 지니게 된다. 또한 충분한 자원과 시설 확보와 더불어 융통성 있는 행정조직과 방침이 전제되어야 한다.

(2) 인본주의 교육과정

인본주의 교육과정(Humanistic curriculum)은 1960년대에서 1970년대에 걸쳐 미국을 중심으로 유행하기 시작하였다. 전통적인 학문중심 교육과정에 대한 대안 세력으로 나타난 인본주의 교육과정은 흔히 정의적 교육(affective education), 열린교육(open education), 실존주의교육(existential education) 등으로 불리기도 하는데, 이는 모두 인본주의 교육과정의 범주에 속한다. 인본주의 심리학의 영향을 받아 탄생한 인본주의 교육과정은 특히 매슬로우의 자아실현 개념과 로저스(Rogers)의 자아지시적 학습이 중요한 이론적 기반을 제공하였다. 오늘날 인본주의 교육과정은 영국에서 비롯된 '개방교육'이라는 새로운 교육 형태의 개념으로 발전하였다.

인본주의 교육과정에서 가장 중요한 것은 인간(학습자)이며, 교육은 인간의 잠재력을 실현하는 과정으로써, 교육과정의 설계는 학습자의 자아개념을 중심으로 이루어져야 한다고 보았다. 인본주의 교육과정의 목적은 민주주의 사회구조 틀 속에서 개인의 발전 또는 자아개발을 극대화시키는 데 있다. 이를 실현하기 위해서 교육과정은 개인의 잠재력과 사회 조직 발전에 도움이 되고, 학습자가 교육과정을 스스로 결정할 수 있는 자유롭고 인간적인 교육목적, 교육내용, 학습활동으로 구성되어야 한다.

인본주의 교육과정에서 교수–학습활동은 교수자와 학습자 간의 신뢰와 수용을 바탕으로 한 대인관계 속에 정서적 유대가 형성되어야 하며, 교과내용은 인간이나 인간적 관심 또는 바람직한 사회적 문제해결 방안에 초점을 둔다. 이때 평가는 학습자들이 무엇을 얼마나 성취했는지에 대한 결과를 측정하는 것이 아니라, 학습자들의 감정, 사고, 행동이 통합되어 있는 학습과정을 측정한다.

1970년대 들어서면서 인본주의 교육과정은 융합교육(confluence education)이라는 개념을 통하여 그 형태를 더 확고히 했는데(McNeil, 1977), 융합교육이란 느낌, 태도, 가치 등 정서적인 영역을 인지적 영역에 용해시켜서 융합시키는 것이다. 즉 기존의 지적 학습 위주의 교과중심 교육과정에 정의적 요소를 더하여, 학습자의 생각, 느낌, 행동을 통합시키는 교육이다. 융합교육에서는 무엇보다도 학습자의 선택과 책임, 그리고 학습자의 참여가 중요하다. 이때 교육과정은 기본교육(읽기, 쓰기, 말하기 등), 학습자의 잠재력을 표출시키기 위한 창의성 교육, 바람직한 사회문제 해결책 탐색을 위한 집단 탐구교육으로 구성되어야 한다는 것이다.

그러나 인본주의 교육과정은 교수-학습에 필요한 기술적인 방법들을 고안해내지 못하였으며, 교육과정에 있어서의 모든 의무적 · 형식적 · 인위적 요소를 배척하고, 학습자의 흥미, 관심, 자유만을 강조함으로써, 오히려 교육의 혼란을 초래하게 되었다는 비판을 받고 있다.

(3) 개방접근 교육과정

1970년대 영국에서 비롯된 개방교육에 대한 새로운 교육과정 개발은 광범위한 물리적 환경(시 · 공간, 자료, 지역 등)의 개방을 내세운 개방접근 교육과정이 실현될 수 있는 데 기여하였다. 이는 학생들의 선택과 자기주도적 학습을 극대화시키는 교육과정 조직 및 경영체제로서, 교육과정을 총체적 개발학습 상호작용으로 보고 있다(Devaney, 1974).

개방접근 교육과정(Open access curriculum)은 학습자의 개념구조, 생각, 흥미, 관심, 호기심 등에 중점을 두고 있으며, 학습자료는 학습자가 일상생활에서 접할 수 있는 친숙한 물건이나 현상, 사람들로 구성된다. 또한 교수자는 강의를 위한 것이 아닌, 개별 학습자들의 학습활동을 이해하기 위해서 전문교과에 대한 지식을 갖추고 있어야 한다.

개방접근 교육과정은 교과 영역을 내용별로 통합시켜 크게 묶는 광역 교육과정과 유사하다. 개방접근 교육과정은 학습지침서가 항상 마련되어 있어서 학습자가 자신의 흥미와 능력, 수준에 따라 자유롭게 개별화된 프로젝트를 수행할 수 있도록 개방적이다. 이때 교수자는 학습자의 학습을 조장시키고 안내하는 역할을 하며, 학습자들이 지속적인 성공을 경험할 수 있도록 성취 가능한 목적을 개별적으로 설정해준다.

결과적으로 인본주의 교육과정에서 파생된 개방접근 교육과정은 학습에 있어서의 자율성 신장과 학습자가 주체가 되는 교수-학습환경의 개방화를 통해서 학습자의 수준과 흥미에 초점을 두어 교육과정을 조직한다. 이러한 개방접근 교육과정이 성공하려면, 교수자와 학습자에게 모든 자원에 대한 학습에의 접근용이성(accessibility)과 가용성(availability)이 최대한 보장되어야 할 것이다.

3) 사회(문제)중심의 교육과정

사회(문제)중심 교육과정은 진보주의 교육철학을 바탕으로 하여 교육의 사회적 역할을 강조하고 있다. 기본적으로 사회적응 · 재건주의 교육과정 관점과 관련되어 있으며, 사회의 유지와 개선을 목적으로 교육과정을 조직하게 된다. 사회중심 교육과정은 학교가 너무 교과중심이 되는 것을 경계하고, 삶의 문제가 교육과정의 중심이 되어야 함을 내세워 목적 달성을 위한 사회의 요구를 분석하기 시작하였다. 일반적으로 사회중심 교육과정에서 고려하는 사회의 요구는 사회적응, 지역사회 개조, 미래사회 구현 등이며, 이를 중심으로 교육과정을 조직한다. 이때 교육의 목적은 시민적 책임감, 직업적 준비, 민주적 태도의 계발, 건강, 사회적 적응, 윤리적 가치와 행동, 타인의 복지에 대한 관심 등이다. 이러한 사회(문제)중심의 교육과정에는 대표적으로 중핵 교육과정과 생활적응 교육과정이 있다.

(1) 중핵 교육과정

중핵 교육과정(Core curriculum)의 의미 중 하나는 학습자들이 학교에서 반드시 배워야 할 것을 모아 놓은 것이고, 다른 하나는 학생들의 공통된 요구에 따라 현재 가장 의미 있는 내용을 정하고 이를 탐구하는 데 필요한 시간을 부여하여 학습경험을 조직하는 것이다. 여기서 중핵 교육과정의 의미는 후자에 해당된다. 중핵 교육과정의 형태는 가장 중요한 것을 중앙에 두고 나머지 것들은 이를 둘러싸고 중앙을 향하여 있다. 중앙에 위치한 것이 학습자들의 요구, 관심, 문제이면 학습자중심 중핵, 교과이면 교과중심 중핵, 해결해야 할 사회문제이면 문제중심 중핵이 되는 것이다.

교육과정은 학습자의 요구를 만족시켜야 하고, 그들의 삶에 유용한 교육이 되어야 한다. 그래서 중핵 교육과정에서는 사회적 문제, 개인적 문제의 탐구를 강조한다. 아동 경험중심 교육과정이 초등학교 교육과정에 중점을 두고 개발되었다면, 중핵 교육과정은 주로 중등학교 교육과정 개발과 관련해 발전되었다.

중핵 교육과정의 보편적인 특징들을 종합해보면 다음과 같다(이성호, 2009).

- 중핵 교육과정은 교육과정에서 학습자들에게 공통 필수적인 부분을 지칭한다.
- 중핵 교육과정에서는 교과목을 통합 또는 융합한다.
- 중핵 교육과정의 내용은 문제중심이다. 학습의 기본 방법은 모든 가용한 교과목을 전부 활용하는 문제해결 학습이다.
- 중핵 교육과정의 교수-학습은 교수자가 이끌고, 보조교수자, 기타 자원인사(resource persons)가 돕는 중핵 블록타임(block-time) 방법으로 이루어진다.
- 중핵 교육과정은 교수자와 학습자 간의 공동계획을 바람직하게 생각한다.

중핵 교육과정의 가장 큰 장점은 블록타임 제도의 도입으로 기존에 고정되어 있던 중등학교 수업시간 스케줄이 개선되었고, 교육과정 개발에 청소년들의 요구와 관심, 문제, 흥미, 내재적 동기 등이 반영되었다는 것이다.

(2) 생활적응 교육과정

중핵 교육과정 중에서 사회문제를 중심으로 하여 발전한 교육과정이 바로 생활적응 교육과정(Life adjustment curriculum) 또는 생활상황 교육과정(life situation curriculum)이다. 1950년대 말 스트라이트마이어(Stratemeyer, 1957) 등에 의해서 발전된 생활적응 교육과정은 인간의 실제 생활경험이나 활동을 중핵으로 그 내용을 조직하였다.

생활적응 교육과정은 개인적 능력의 신장에 필요한 생활상황(건강, 학습능력, 도덕적 선택, 심미적 이해 등), 성숙된 사회적 참여에 필요한 생활상황(대인관계, 집단 간의 관계 등), 환경요인에 대처하는 능력 배양에 필요한 생활상황(자연현상, 자원, 경제 · 사회 · 정치적 구조 등)으로 구성된다. 즉 생활적응 교육과정의 목적은 인간과 가장 가까운 일상생활 속에서 빈번히 접하게 되는 생활활동과 적응능력을 배양하는 내용으로 조직하는 것이다.

생활적응 교육과정의 장점은 교수-학습방법으로 문제해결 절차를 강조하고 있으며, 교과내용과 과정이 통합되어 효율적인 교육과정을 운영할 수 있다는 점이다. 그러나 생활적응 교육과정은 삶의 필수적 영역의 범위나 생활에 중요한 우선순위 등을 어떻게 결정해야 하는지에 대한 명확한 해답을 제시하지 못했고, 무리한 요구로 인해 교사들이 적합한 수업을 준비하기에 너무 힘들다는 문제가 지적되었다.

교육과정 조직의 유형은 근본적으로 무엇을 교육과정 내용의 중심체 또는 구심점으로 하느냐에 따라서 교과중심, 아동중심, 문제중심, 과정중심, 학문중심, 경험중심, 생활중심 등의 다양한 형태로 나타난다. 여기서 사용된 '중심(centered)'이라는 용어에서 알 수 있듯이, 각각의 조직 유형은 상호배타적인 성격을 띠고 있다기보다는 상호보완적이다. 따라서 교육과정에 꼭 한 가지의 조직 유형만을 선택할 필요는 없으며, 상황에 따라 여러 가지 융합된 교육과정을 조직할 수 있다. 결과적으로 이들 각각의 장 · 단점을 잘 연구하여 그 시대가 요구하는 교육과정을 조화롭게 통합시켜 개발할 필요가 있다.

제9장 교육과정의 시행

교육과정 개발에서 요구분석을 구명, 목적과 목표를 설정, 내용을 선정하고 조직한 다음에는 그것을 교실 현장에서 시행하게 된다. 교육과정의 시행(implementation)은 실제 교육현장에서 문서화된 교육과정 계획을 교수와 학습이라는 절차로 구현하는 과정을 의미한다. 즉 교육과정 시행은 개발된 교육과정을 학교와 교실에서 실천에 옮기는 과정이라고 할 수 있다. 이 장에서는 진정한 교육의 의미가 무엇인지 되짚어 보고, 교수와 학습의 본질적인 의미를 탐색해본 후, 구체적인 교수-학습과정과 수업의 단계별 주요 활동계획에 대해 살펴보도록 하겠다. 더불어 개발된 교육과정이 실제 교육현장에서 의도하고 계획한 대로 실천되기 위해서는 교육과정 활동에 영향을 미치는 요인들을 파악하고, 이에 근거하여 성공적인 시행을 위한 방안을 모색할 필요가 있다.

제9장 교육과정의 시행

1 교육 그리고 교수와 학습

1) 교육의 의미

교육은 대체로 미래를 살아갈 젊은이와 아동들을 위한 것이며, 정도의 차이는 있으나 미래에 대한 어떤 비전으로부터 출발한다고 할 수 있다. 미래에 대한 비전이 정확히 제시될 때 학습자들에게 미래를 개척해 나갈 지혜와 방향을 가르쳐줄 수 있으나, 부정확하고 올바르지 못하게 제시될 경우에는 그 교육제도는 학습자들의 앞날에 대한 방향감각을 잃게 하고, 더불어 그 사회는 혼돈과 정체를 계속하게 된다. 미래란 예측이 어려운 불확실성을 지니고 있지만, 역사적으로 볼 때 인간은 조금이라도 더 좋은 미래를 개척해 나가기 위해 노력해왔다. 노벨상수상 물리학자이며 사회학자이기도한 데니스 가보르(Dennis Gabor)는 "미래는 조작가능하고, 선택가능한 것"이라고 주장하였다. 이와 같이 인간으로 하여금 미래를 조작하고 선택할 수 있는 능력을 길러주는 것이 바로 '교육'이라고 할 수 있다.

미래에 대한 비전을 주는 '교육'은 시대에 따라 그 방법과 모습도 변화해왔다. 원시사회에서는 생활양식, 생활템포, 지식, 기술 등이 수세기가 흘러도 그 변화가 적었다. 그러나 최근 급변하는 사회 속에서는 매년 증가하는 지식과 정보의 50% 정도가 노후화하여 쓸모없게 되고 망각되어 가고 있다. 이렇게 지식과 정보가 매년 변화한다면, 지식체계의 절반은 유용성을 상실하게 되어 새로운 50%의 지식을 추가해야만 하는 것이다. 따라서 쓸모없는 지식이나 기술 관념을 해소시키는 학습이 필요하고, 그 시대가 원하는 새로운 교육적 요구가 분석되어져야 하며, 이러한 것들이 잘 융합된 새로운 교육과정이 필요하다.

지식기반사회에서는 지식과 정보의 양이 폭발적으로 증가하고 있는 데 반해, 그 소멸주기는 매우 짧아지고 있다. 그러나 이렇게 급변하는 사회에서도 인간은 경험을 통하여 자기 자신을 바꾸어 나가는 능력을 지니고 있어 교육이 가능한 것이다. 정범모(1968)는 교육을 '바람직한 방향으로 인간 행동의 계획적인 변화'라고 정의하며, 여기서 나타난 변화는 의도적이고 계획적인 방법과 절차에 의해 체계적으로 수행된다고 설명하고 있다.

덧붙여 말하자면, 교육은 사회적으로 가치 있다고 여겨지는 지식, 태도, 행동 등을 사회적으로 인정된 방법으로 배우고 개발하는 의도된 체제적 활동으로서, 각 구성요소들은 서로 밀접한 상호작용을 하면서 변화한다. 이러한 교육이 행해지는 대표적인 조직체가 학교이며, 학교는 교육의 과제를 달성하기 위해 의도적 · 계획적 · 체계적으로 만들어진 가장 중요한 기관이다. 학교교육은 교육과정을 근간으로 하여 교사와 학습자 간 상호작용을 통해 교수-학습활동이 이루어지는 곳이다.

학교교육의 기본 요소는 크게 교수자, 학습자, 교육과정, 교육상황(context)으로 구성된다. 여기서 교수자, 학습자, 교육과정을 둘러싸고 있으면서 다양한 방법으로 영향을 주고받는 것이 바로 교육환경(교육상황)이다. 교수자와 학습자는 교육과정을 바탕으로 일정한 교육내용을 가지고 상호작용하게 되는데, 이를 교수와 학습이라고 한다. 교육의 네 가지 구성요소는 서로 맞물려 있어 상호보완적인 관계에 놓여 있기 때문에, 교육과정이 반영된 교육체제를 교수자와 학습자가 어떻게 이해하고 활용하고 적응할 수 있는지에 대한 지속적인 관심과 연구가 교육을 성공적으로 이끄는 원동력이 될 것이다.

2) 교수

(1) 교수의 정의

학교교육의 목적은 학습자의 행동을 바람직한 방향으로 변화시키는 것이다. 이런 목적을 달성하기 위하여 교육과정, 교수, 상담, 교육행정, 평가와 같은 다양한 영역들이 필요하다. 이들 영역 중에서도 가르치고 배우는 교수-학습 영역은 학교교육의 핵심이라 할 수 있다. 흔히 교수라는 말은 '가르쳐주는 것'을 의미한다. 즉 교사가 학생들에게 지식, 기능, 태도 등을 가르치는 것이라고 풀이할 수 있다.

영어의 'teaching' 또는 'instruction'을 주로 '교수'로 번역하여 사용하고 있는데, 학자에 따라서 'instruction'을 '수업'으로 번역하기도 한다. 여기서는 여러 학자들이 규정한 교수에 대한 정의를 살펴보고 수업과의 차이를 고려해보기로 하겠다.

라이겔루스(Reigeluth, 1983)는 교수를 '수업에 비해 포괄적인 것으로서 구체적으로는 설계, 개발, 적용, 관리, 평가를 포함하는 것'이라고 정의하였으며, 코리(Corey, 1971)는 교수를 '어떤 특정한 조건하에서 특정한 행동을 습득하거나 배제하고, 또는 특수한 상황에 대해 반응을 하거나 학습이 일어날 수 있도록 개인의 환경을 계획적으로 조작하는 전 과정'이라고 정의하고 있다.

두 학자의 정의를 살펴보면, 교수는 학습자의 환경을 조작하여 학습이 발생할 수 있게 도움을 주는 의도적이고 계획적인 활동으로서, 교사가 수업을 하기 위한 준비, 계획, 실행(수업), 평가(수업 후 처치) 등이 포함된 모든 활동을 의미한다. 그러므로 이들은 교수를 수업에 비해 포괄적인 개념으로 보고 있다. 그러나 학자에 따라서는 수업을 교수보다 더 포괄적인 개념으로 보는 사람도 있다(Hosford, 1973).

(2) 교수와 수업

우리말이나 영어로 교수와 수업의 개념을 구분하는 데 있어, 양쪽 모두 학자마다 견해가 일치하지 않는다는 공통점을 가지고 있다. 우리말에서 교수는 '가르칠 교(敎)'와 줄 수(授)'를 써서 '가르쳐주는 것'을 뜻하고, 수업은 '줄 수(授)'와 일 업(業)'으로 '주는 일'을 뜻한다. 영어에서는 대부분 'instruction'을 교수로, 'teaching'을 수업으로 구분하여 사용하고 있다.

실제로 교수와 수업의 사전적 정의는 '학문이나 기술을 가르치는 행위'로 나타나 있어 그 의미가 같으나, 일반적으로 교육 분야에서 교수에 대한 정의는 사람을 포함한 모든 형태의 매체에 의하여 전달되는 학습경험, 즉 학습자가 계획된 학습목표를 달성할 수 있도록 체계적이고 계획적으로 정보와 환경을 제공하는 일로 규정하고 있다. 또한 수업은 살아있는 사람, 즉 교사에 의하여 전달되는 학습경험으로서, 교사가 의도한 것은 물론이고 잠재적이고 우연적인 학습경험까지 포함하고 있는 것으로 규정하고 있다.

본 교재에서는 라이겔루스(Reigeluth, 1983)의 견해를 바탕으로 교수를 수업에 비해 포괄적이며, 구체적으로 설계, 개발, 실행, 관리, 평가를 포함하는 것으로 보고, 수업은 교수의 영역 중에서 교사의 적용과 실행에 중점을 두는 것으로 구분하기로 한다. 즉 교사가 교실에서 학습자를 위해 수업시간에 가르치는 활동이 수업이며, 이 수업은 교사가 수업을 하기 위해 준비하고, 계획하고, 실행하고, 관리하고, 평가하는 모든 과정들이 포함된 포괄적인 교수활동의 일부분으로 보는 것이다. 그러므로 수업은 교수활동 가운데 학습과 가장 긴밀한 관계가 있다고 할 수 있다.

3) 학습

(1) 학습의 정의

학습은 흔히 배우는 일이라고 여긴다. 일반적으로 학습은 학습자의 경험의 결과로 나타나는 지속적인 행동 변화를 뜻하며, 이는 하나의 유기체가 자신의 행동을 스스로 지각하고 새로운 행동 변화를 받아들이는 것이다. 그러나 학자에 따라서는 학습을 다르게 해석하는 경우가 많다.

모건과 킹(Morgan & King, 1966)은 “학습이란 경험과 연습의 결과로 일어나는 비교적 지속적인 변화이다.”라고 정의하였다. 또한 힐가드(Hilgard, 1966)는 “학습이란 주어진 환경 속에서 계속적인 경험으로 일어나는 행동의 변화이다. 단, 그러한 행동의 변화는 타고난 반응 경향, 성숙 또는 피로나 약물에 의한 일시적인 상태의 변화로는 설명될 수 없는 것이다.”라고 정의하였다. 이들은 학습을 넓은 의미의 관점에서 바라본 학자들로, ‘살아 있는 모든 유기체가 그를 둘러싸고 있는 환경과 상호작용을 통해 행동에 변화가 일어난 경우’를 학습이라고 규정하였다.

반면에 게리와 킹슬리(Garry & Kingsley, 1970)는 “학습이란 연습과 훈련을 통해서 행동이 발생하고 변화하는 과정이다.”라고 정의하였으며, 빅(Bigge, 1964)은 “학습이란 유전에 의해 유도되지 않은(성숙, 발달 등), 살아 있는 유기체의 통찰, 행동, 지각 또는 동기의 변화이다.”라고 정의하였다. 이들은 학습을 좁은 의미의 관점에서 바라본 학자들로, ‘학습자가 정해진 학습목표를 달성시키려는 상황에 참여하여, 의도적으로 계획한 학습목표를 성취하는 활동을 통해 바람직한 행동의 변화를 하는 경우’를 대부분 학습으로 규정하고 있다.

끝으로 변영계(1984)는 “학습이란 경험(훈련이나 연습 등)을 통하여 학습자에게 일어나는 비교적 지속적인 행동이나 인지의 변화로서 타고난 반응경향에 의한 행동과 성숙으로 인한 자연적 변화, 질병이나 사고로 인한 일시적 변화는 학습이 아니다.”라고 정의하고 있다.

결국 학습에 대한 학자들의 정의를 정리해보면, ‘학습은 학습자에게 행동의 변화 또는 통찰, 지각, 동기의 지속적인 변화를 유발하고, 이때 학습의 수단 또는 방법은 개체와 그를 둘러싼 환경의 상호작용에 의한 경험과 훈련의 축척으로 이루어진다.’고 말할 수 있다.

(2) 학습과 수업

아무리 완벽한 교육과정도 교사가 실제 수업에서 제대로 전달하지 못하고 학생들이 이해하지 못한다면 그 교육은 시간낭비에 지나지 않는다. 또한 교수자가 완전하게 가르치더라도 학습자가 주의집중을 안 하고 동기유발이 되지 않거나, 인지적으로 준비되어 있지 않다면, 학습은 이루어지기 어렵다. 그러므로 가르치는 일과 배우는 일은 수단과 목적으로 분리해서 생각할 수 없는 상호보완적이고 복합적인 상호작용 관계인 것이다. 가장 이상적인 수업은 의도된 계획대로 수업이 진행되고 이것이 모두 학습으로 나타나는 것이다. 하지만 현실에서의 수업과 학습상황은 종종 의도치 않은 돌발적인 문제 발생으로 인하여 예기치 못한 학습결과를 양산해 내는 경우가 있다. 따라서 수업과 학습이 가지고 있는 각기 다른 기본적인 특징들을 이해함으로써, 학습자에게 영향을 미칠 수 있는 다양한 변수에 대처할 수 있을 것이다.

수업과 학습의 차이점은 다음과 같다.

첫째, 수업에는 일정한 목표가 있어야 하지만, 학습에는 있을 수도 있고 없을 수도 있다. 즉 수업은 의도적이고 계획적인 것이지만, 학습은 의도나 계획이 없는 경우에도 가능하기 때문에 학습이 수업보다 더 넓고 포괄적인 개념이다. 이러한 차이로 인해 수업은 일의적(一意的)이며, 학습은 다의적(多意的)이라고도 한다.

둘째, 수업은 작용하는 변수, 처치하는 변수를 의미하는 독립변수이고, 학습은 작용이나 처치에 의해 나타나는 결과를 의미하는 종속변수이다. 즉 수업은 능동적이고 적극적인 작용이며, 학습은 그 결과로 나타나는 종속적인 변화라는 것이다.

셋째, 수업에 대한 연구는 실제 교육이 이루어지는 교실의 현상에 관심이 있으나, 학습에 대한 연구는 주로 연구실이나 실험실의 실험 상황에 더 관심이 있다. 즉 교실에서 가장 초점을 두는 것은 학습자가 일정한 목표에 도달하게 하는 실천적인 것이지만, 실험실에서 가장 초점을 두는 것은 어떤 과정을 통해서 학습이 이루어지는지를 연구하는 실험적인 것이다.

넷째, 수업은 '처방적(prescriptive)'으로서 어떤 목적을 달성하기 위하여 어떻게 해야 하는지를 제시해주지만, 학습은 '기술적(descriptive)'으로서 어떤 현상이 일어나는 과정과 결과를 있는 그대로 나타내는 것이다. 즉 수업은 학습이라는 목표달성을 위하여 다양한 방법들 중에서 가장 적합한 것을 선택하여 그것을 제공하는 활동이고, 학습은 학습자에게 나타나는 학습의 과정과 결과를 있는 그대로 기술하는 것이라 할 수 있다.

그러나 학습의 과정과 문제점이 잘 진단되고 기술되면 이에 가장 알맞은 처방을 해서 학습효과의 극대화를 기대할 수 있기 때문에 수업과 학습은 아주 밀접한 관계가 있다고 볼 수 있다.

4) 교수-학습의 문제점

오늘날 교실에서 마주치는 가장 본질적인 문제는 가르치는 교수자와 배우는 학습자 간의 개인적 친밀감이나 사회적 응집성, 도덕적 책무의식과 같은 공동체(community) 의식이 형성되지 못하고 있다는 점이다(Buhler-Miko, 1981). 실제 교실에서 교수자와 학습자들이 형성하는 공동체는 심도 깊고 친숙한 상호작용과 서로 간의 이해를 공유함으로써 이루어진다. 그러나 오늘날 교육은 교수자와 학습자 간에 팽배한 양극화와 학습자와 학습자 간의 개인주의 현상만이 날로 심화되고 있다.

실제 교실 환경 속에서 교수자와 학습자 간 바람직한 공동체가 형성되지 못하고 있는 이유를 살펴보면, 첫째, 교수자와 학습자 간의 전형적인 주종관계의 역할분담으로 인해 교수와 학습을 별개의 분절된 독립 현상으로 생각하고 있으며, 교수자와 학습자 간의 의사소통은 점점 단절되고 있다. 둘째, 많은 학생 수로 인해 계속되고 있는 교수자의 일방적인 강의 일변도 주입식 교수방법은 수동적인 학습자 집단과의 친밀한 상호작용을 촉진하지 못하고 있다. 셋째, 개인보다는 전체로서의 학습자 집단에게 전달되는 사실, 개념, 법칙, 이론들은 교실 속에서의 비인간화적 요소들을 증폭시킴으로써, 학습의 과정보다는 결과만 중시하는 현상을 초래하였다. 넷째, 획일화된 집단체제의 교육방법으로 인해 학습자들이 가지고 있는 다양한 수준의 욕구, 가치관, 사회 · 경제적 배경, 가정환경, 성장배경, 교수자에 대한 기대, 사전학습 등이 모두 무시되고 소외됨으로써 교수-학습의 공동체 형성이 어려워지는 것이다. 다섯째, 오늘날 교실 수업을 개선하기 위한 교수자와 학습자 간의 상호 환류작용에 기초한 협동적 노력이 거의 이루어지지 못하고 있다는 데에서 교수자와 학습자 간의 공동체가 형성되지 못하고 있는 원인을 찾을 수 있다.

오늘날 학교 교실 속에서의 문제는 다양한 요인들을 내포하고 있다. 오랜 시간 동안 해결되지 못한 교실 내의 여러 문제들은 아마도 교수와 학습, 즉 가르치고 배운다는 것에 대한 근본적인 의미 해석에서부터 문제의 실마리를 풀어가야 할 것이다.

2 교수-학습의 과정

교육과정이란 학교의 지도하에서 학습자가 학습하게 되는 모든 지식 · 기능 · 태도 또는 학습에 의해서 시행되는 경험과 활동을 일정한 순서로 배열해 놓은 학습과 수업내용의 전체 계획을 말한다. 여기서 수업은 교육과정에 내포된 내용을 가르치는 일이며, 학습은 학습자의 지식, 행동, 태도가 비교적 지속적으로 변화되는 것을 의미한다.

라이겔루스(Reigeluth, 1983)에 의하면, 교육과정은 '무엇을 가르칠 것인가?(What to teach)'에 초점을 두어 교육의 방향을 결정하는 것이라면, 교수는 '어떻게 가르칠 것인가?(How to teach)'에 초점을 두고 어떤 방법으로 가르칠 것인지에 대한 계획이라고 그 차이점을 설명하고 있다.

교육과정을 실천하는 교수와 학습, 즉 가르치고 배우는 과정은 교육에서 가장 중요한 부분이라고 할 수 있다. 다수의 학교가 생기고 유지되는 궁극적인 이유가 바로 여기에 있다고 볼 수 있다. 교수는 가르치는 사람에 의해 일어난 행위로, 학습은 배우는 사람에 의해서 일어난 행위로 그 개념이 구분된다. 교수는 처방적, 규범적이며 가치추구적인 활동인 데 반해, 학습은 기술적이며 가치중립적이다.

이러한 교수-학습의 특징들은 좋은 교수가 항상 좋은 학습으로 연결되는 것은 아니지만, 교수행위가 학습결과에 영향을 주고, 학습된 결과는 교수에 영향을 준다는 점을 시사한다. 즉 교수와 학습은 서로 구분되지만 아무런 관련성이 없는 것이 아니라, 학습자가 학습목표를 달성할 수 있도록 상호보완적인 관계를 유지한다. 그러므로 교수와 학습을 엄격히 분리해서 다룰 수 없다는 것이 일반적인 견해이다.

학교교육이 목표로 하는 학습자의 바람직한 행동 변화는 대부분 교수-학습의 과정을 통하여 일어나기 때문에 교수-학습의 과정은 학교교육에서 중심적인 위치를 차지한다고 해도 과언이 아니다. 교수-학습의 본질에 대한 관점은 매우 다양하지만, 이에 대한 연구가 근본적으로 학교교육을 개선하고자 하는 요구에서 출발하였을 것이다. 이러한 관심으로 인해 교수-학습의 과정을 모형으로 만들고자 하는 노력이 여러 학자들에 의해 끊임없이 시도되고 있다.

수업설계와 개발에서 많이 활용되고 있는 글래서(Glaser, 1962)의 모형은 교수-학습과정의 활동을 다음과 같이 네 가지로 나누고 있다.

첫째, 수업목표를 결정한다. 이것은 교수-학습과정을 통하여 학습자가 달성해야 할 것을 구체적으로 세분하여 진술해 놓은 것을 말한다. 구체적인 수업목표 진술은 목표달성에 가장 알맞은 활동, 매체, 자료를 선택할 수 있게 도와주고, 수업을 마친 후에 객관적인 평가의 준거를 제시해준다.

둘째, 출발점 행동(entry behaviour)을 진단한다. 이것은 학습에 임하는 학습자의 특성을 이해함으로써, 학습자의 현재 상태를 파악하는 것을 말한다. 여기서 출발점 행동이란 새로운 단원이나 학습과제에 대한 학습이 시작되기 이전에 이미 학습자가 가지고 있는 지식, 기능, 태도 등을 의미한다. 결국 출발점 행동의 진단은 학습자의 지능, 적성, 흥미, 이전 학습에 대한 성취도, 현재 배울 학습내용에 대한 사전지식 정도 등을 아는 것이다. 출발점 행동은 다음과 같이 세 가지 요소로 나눌 수 있다.

① **선수학습능력**(先修學習能力) : 어떤 단원이나 학습과제를 성취하기 위해서 수업이 이루어지기 전에 반드시 갖추고 있어야 할 지적 능력이나 기능을 뜻한다.

② **사전학습능력**(事前學習能力) : 어떤 단원이나 학습과제를 가르치려고 하는 수업목표들 중에서 수업이 시작되기 전에 학습자 개인이 이미 알고 있는 것을 말한다.

③ **정의적 특성** : 특정한 교수전략이나 교수방법에 관련 있을 것으로 생각되는 학습자의 흥미, 성격, 경험, 자아개념, 자신감 등을 나타낸다.

이 세 요소는 학습자 개개인과 주어진 수업목표에 따라서 차이가 있을 수 있다. 그러므로 학습자 개개인의 출발점 행동은 고정된 것이 아니라, 교과목이나 단원에 따라서 달라진다.

셋째, 수업의 실제(instructional alternatives)이다. 여기서는 주로 실제 수업에서 수업목표, 학습과제, 학습자료 등을 학습자에게 어떤 순서로 제시하고, 어떤 방법으로 가르칠 것인가에 대한 문제를 다룬다. 실제 수업에서 학습자들에게 주어진 학습목표를 성취하도록 하기 위하여 다양한 경험과 활동을 계획하게 되는데, 이것을 수업전략이라고 한다. 수업전략을 수립하는 일은 교사가 보다 쉽고 효율적으로 가르칠 수 있도록 구체적인 계획을 마련하는 활동이다. 일반적으로 수업활동은 도입, 전개, 정리 단계로 나눈다.

넷째, 평가 활동이다. 이것은 교수-학습이 교육목표에 맞게 진행되었는가를 확인하고 측정하는 작업이다. 수업목표를 학습자가 달성했는지에 대한 학습결과를 확인하기 위한 평가에는 형성평가와 총괄평가가 있다. 형성평가(formative evaluation)는 수업이 진행되고 있는 상태에서 이루어지며, 학습 진행 속도의 조절, 학습자의 학습동기 유발, 학습문제점의 진단과 해결, 학습지도 방법 등에 대한 진행 과정이 올바른지를 확인하는 평가이다. 수업 중에 가르치고 배우는 내용을 학습자가 얼마나 잘 이해하고 있는지를 수시로 점검하고 피드백을 줌으로써, 교수-학습과정을 개선하는 데 도움을 준다(Scriven, 1967). 총괄평가(summative evaluation)는 수업(학과목, 학기, 특정 교육 프로그램 등)이 모두 끝난 다음, 교수목표의 달성 여부를 종합적으로 판단하는 평가로서, 학습자의 성적 결정, 현재의 성적을 근거로 학습자의 미래 성적 예측, 집단 간의 성적 비교, 학습자의 자격 인정 등의 기능을 한다(김대현, 김석우, 1996).

글래서(Glaser, 1962)가 제시한 교수-학습과정의 절차를 모형으로 살펴보면 [그림 9-1]과 같은데, 여기서 각 요소들은 서로 밀접한 관계를 형성하고 있다는 것을 알 수 있다.

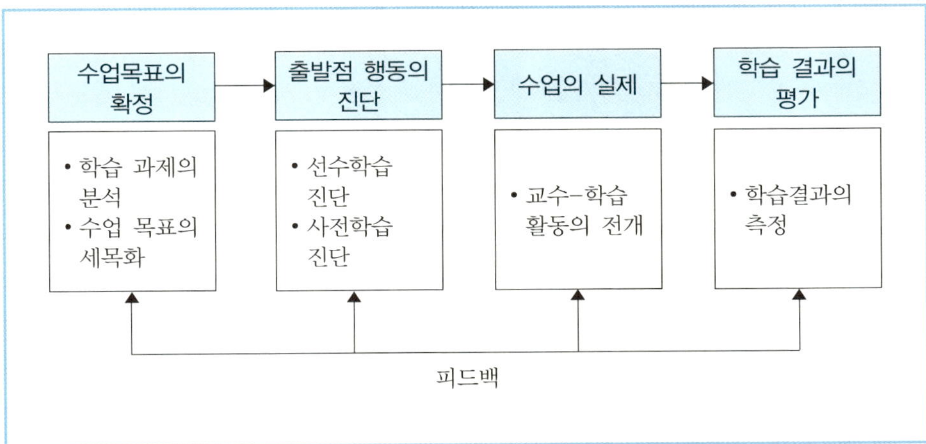

[그림 9-1] 글래서의 교수-학습과정의 절차

3 수업의 단계와 주요 활동계획

1) 교수-학습과정의 단계별 주요 활동계획

교수-학습과정이 효율적으로 수행되기 위해서는 치밀하고 과학적인 계획이 수립되어야 한다. 단원은 교육과정 구성과 개발에서 학습내용과 경험을 조직하는 데 있어 최후의 종착점이라고 볼 수 있다. 단원은 보통 몇 주 동안의 수업을 포함하고 있으며, 문제별 또는 목표별로 조직된다. 수업활동은 대부분 도입, 전개, 정리의 세 단계로 구분하는데, 한 수업시간에 제공되어야 하는 주요한 교수-학습활동은 다음에 제시한 〈표 9-1〉과 같다.

〈표 9-1〉 **교수-학습과정의 단계별 주요 활동계획**

지도단계	도입	전개	정리
주요 활동	• 학습자의 동기유발 • 학습목표의 제시 • 선수학습과 관련 짓기	• 학습내용의 제시 • 학습자료의 제시 • 학습자의 참여 유도 • 다양한 수업기법의 활용 • 시간과 자료의 관리	• 요약 및 종합, 정리 • 연습과 피드백을 통한 강화 • 일반화의 유도 • 보충 및 차시 예고

(1) 도입 단계

도입 단계는 수업이 시작되는 단계로 대략 5~10분 정도가 적절하며, 비교적 짧은 시간 안에 이루어진다. 도입 단계에서는 학습자의 주의를 집중시켜 동기를 유발하고, 학습자가 성취해야 할 학습목표를 구체적으로 제시하며, 현재 학습과제와 관련 있는 과거의 학습내용(선수학습)을 서로 연결해주는 활동으로 이루어져야 한다.

(2) 전개 단계(수업의 본 활동)

전개 단계는 수업의 가장 중심활동으로서, 한 시간 수업의 약 65~70%를 차지한다. 전개 단계에서는 한 시간에 가르칠 학습내용을 학습자의 수준과 특성, 수업의 조건과 활동 상황 등을 고려하여 적당한 크기로 묶어 제시하고, 학습목표를 달성하는 데 도움이 되는 학습자료와 다양한 수업 방법, 체계화된 수업전략을 사용하여 학습자의 적극적인 참여를 유도한다. 또한 실제 본시 수업의 대부분을 차지하는 전개 단계에서 몇 개의 하위 단계 또는 활동으로 구분하여 시간과 자원을 관리함으로써 효율적인 수업을 진행하게 된다.

(3) 정리 단계

정리 단계는 학습지도의 결론 부분으로서, 수업의 결과가 정리되고 정착되는 과정이다. 정리 단계에서는 본시 수업에서 배운 학습내용을 요약·정리하고, 학습한 내용을 학습자가 실제 상황이나 유사한 상황에서 적용시킬 수 있도록 반복적인 연습을 통해 강화시킨다. 또한 학습자들이 학습한 내용을 실제 주변 생활문제에 적용해서 그 문제를 해결해보는 경험을 통해 학습의 일반화를 유도하고, 수업시간에 충분히 다루지 못했던 내용을 추가적으로 보충자료로 제시한다. 끝으로, 차시 예고를 통해 다음 시간에 학습할 내용이나 주제를 이번 수업시간에 배운 내용과 관련지어 제시해줌으로써 학습의 계열성을 유지시키고 다음 수업에 대한 학습자의 준비와 기대감을 고조시킬 수 있다.

2) 교수-학습계획안의 작성

(1) 단원의 지도계획

단원(unit)의 계획은 교육과정 구성과 개발에 있어서 최종적인 단계로서, 단원의 지도계획은 한 단원에 대한 총괄적인 계획을 뜻한다. 단원 지도계획은 주로 학습지도안, 교수-학습과정안, 교수-학습지도안, 교안, 수업전개안, 단원전개안, 수업지도안 등 다양한 명칭으로 사용되고 있다.

단원은 교육과정 개발에 있어서 가장 기초적인 단위이며, 통합된 자원을 중심으로 학습내용을 조직하게 된다. 교육과정에서 선정되고 조직된 학습내용 및 경험들은 타 단원과 중복되지 않게 더욱 구체적인 묶음(단원)들로 구성해야 한다.

단원은 'oneness', 'wholeness', 'integration' 등의 뜻을 갖고 있는 것으로, 서로 유기적으로 밀접하게 관련된 내용들이 단원의 내용을 구성한다. 근대 교육학의 아버지이며 과학적 교육학의 선구자인 헤르바르트는 단원의 개념을 처음 정립하였다. 헤르바르트는 인간의 심리적 과정을 분석하고 인식 획득의 4단계를 기초로 교수 4단계설을 정립하였는데, 그에 의하면 교수의 목적은 다면적 흥미 형성에 두어야 하고, 교수의 진행도 이 단계에 따라야 한다고 하였으며, 이후 교수법의 발전에 지대한 영향을 미쳤다. 헤르바르트가 제시한 교수 4단계설은 명료→연합→계통→방법으로 구성되었는데, 이후 질러, 라인 등에 의해 수정 · 보완되어 준비(preparation)→제시(presentation) → 연합(association) → 일반화(generalization) → 적용(application)의 교수 5단계설로 발전되었다. 단원의 목표들은 교과의 내용을 분석한 학습과제의 분석(learning task analysis)을 통하여 설정되며, 수업목표를 설정하는 기반이 되고, 수업목표에 의해 실현된다(김대현, 2011).

단원의 지도계획은 지역이나 학교의 특성, 학생들의 능력이나 수준 등에 따라 차이가 있을 수 있으므로 교사가 이를 사전에 파악하고 단원 지도계획을 재구성하는 것이 바람직하다. 또한 기본적으로 사전에 작성한 학습지도안에 따라 수업의 전개가 이루어져야 하지만, 실제 수업에서 발생할 수 있는 예측하지 못한 학습상황들을 고려하여 이를 적절하게 수정해야 할 필요가 있다.

각 교과나 단원의 특성에 따라 다르지만, 기본적으로 모든 교과의 공통적인 단원지도 구성요소로는 ① 단원명, ② 단원의 개관(단원의 구성, 학습문제, 단원의 설정 이유), ③ 단원의 목표, ④ 지도상의 유의점, ⑤ 학습과제 분석(학습내용 분석), ⑥ 출발점 행동의 진단과 처치(진단평가, 보충수업,

심화학습), ⑦ 단원의 전개계획(학습계열 결정, 수업전략 · 수업방법 · 수업자료와 매체 선정, 시간운용 방식 결정, 평가계획 수립), ⑧ 학습자의 특성 및 실태 등이 포함된다.

▸ 과제분석

교수분석 또는 과제분석은 학습의 결과로 획득하게 되는 수행능력의 다양한 유형들을 확인하고, 구조화된 내용들의 요소들이나 단위들을 계열화하는 절차이다(김신자, 1998). 즉 과제분석이란 가르쳐야 할 모든 종류의 지식이나 기능들을 분석함으로써 교수내용에 관한 정보를 제공하는 과정이다(Reigeluth, 1983). 과제분석 단계는 '최종 학습목표 분석'과 그 목표를 구성하는 '하위기능 분석' 활동을 포함한다.

최종 학습목표 분석은 설정된 학습목표가 언어정보, 지적 기능, 인지적 전략, 운동기능, 태도 중에서 어떤 학습 영역에 속하는지를 분류하는 일로서, 학습목표를 성취하기 위하여 요구되는 주요 활동단계를 분석하는 것이다. 하위기능 분석은 최종 학습목표의 성취를 위해 요구되는 각 행동의 단계별 수행을 위한 하위기능과 지식을 분석하는 것을 말한다. 따라서 학습에서의 과제분석은 설정된 목표수준이나 선정된 과제를 수행하는 데 필요한 과정이나 절차를 알아보는 방법이라고 할 수 있다.

과제분석에서는 학습자가 목표달성을 위해 우선 학습해야 할 과제를 기술하고, 학습에 필요한 다양한 행동들을 세목화하여 그 행동들이 일어날 수 있는 조건과 행동 수행의 평가준거를 개발한다. 적절한 과제분석은 교사가 학생들에게 무엇을 가르쳐야 할 것인지 정확하게 파악하고 최적의 교수전략을 수립하는 데 도움이 된다.

교수계획 단계에서의 과제분석은 다음과 같은 도움을 준다(박성익, 1997). 첫째, 교육에서 성취하려는 지식이나 기능 등 모든 학습목표를 사전에 확인할 수 있다. 둘째, 교육요소나 목표들 중에서 불필요한 것들은 제외시킬 수 있다. 셋째, 논리적으로 계열화되고 조직화된 수업설계에 의해 학습과 파지의 효율성이 증가된다. 넷째, 교육 프로그램 개발자들 사이에 의사소통을 개선해준다. 다섯째, 적절한 과제분석은 교육비용을 절감해주고, 학습내용의 누락이나 중복 등의 부적절한 수행을 개선해준다.

따라서 과제분석은 학습목표를 진술하는 데 있어서 교수자가 가르쳐야 할 교육내용을 정확히 파악하고 가장 효율적인 교수전략을 세울 수 있도록 도움을 주는 절차이다.

〈표 9-2〉와 〈표 9-3〉은 일반적으로 사용되고 있는 단원의 지도계획 양식을 예로 제시한 것이며, 교육환경과 상황에 맞게 교사가 융통성을 발휘하여 단원전개계획을 세울 수 있다.

〈표 9-2〉 **단원 지도계획 양식의 예시 1**

○○과 교수-학습지도안

일 시 : ○년 ○월 ○일 제 ○교시
대 상 : ○학년 ○반
지도교사 : ○○○ 인

1. **○○과 교육의 목표** :

2. **단원 연구**
   가. 단원명
      1) 대단원:
      2) 중단원:
      3) 소단원:
   나. 단원의 개관(단원의 설정 이유)
      1) 학습자 측면에서:
      2) 교재(교육과정) 측면에서:
      3) 교사의 측면에서:
      4) 사회적 측면에서:
   다. 단원의 지도계열화(선행학습 – 본단원 학습 – 발전학습)

3. **단원 학습목표와 지도방침**
   가. 단원 학습목표(구체적인 행동적 목표 진술)
      1) 인지적 목표(지식, 이해력, 적용력, 분석력, 종합력, 평가력) :
      2) 정의적 목표(태도, 감상, 정서 등):
      3) 기능적 목표(기술, 표현, 조작 등):
   나. 단원지도방침 :

4. **단원 지도계획**

중단원별 주요 학습내용, 교수방법, 교수자료, 교수매체 활용방안 기술

5. **학습지도상의 유의점 :**

6. **본시 학습자의 실태**(인지적 특성, 정의적 특성, 운동기능적 특성)

7. **출발점 행동의 진단과 처치**(진단평가, 보충수업, 심화학습)

8. **본시 교수-학습활동**

수업 단계	교수-학습활동		수업방법	매체 또는 학습자료	유의점	시간	비고
	교사	학생					
도입							
전개							
정리							

9. **평가계획**

가. **형성평가 :**

나. **총괄평가 :**

〈표 9-3〉 단원 지도계획 양식의 예시 2

학습지도안

일　　시 :
대　　상 :
지도교사 :
실습교생 :

1. 단원명 :
2. 단원설정 이유 :
3. 학습의 실태 :
4. 지도방침 :
5. 학습지도안

차시	소단원	학습내용	수업방법	교재및교구	유의사항
1차시					
2차시					
3차시					

6. 평가방법 :
7. 본시 학습지도

단계	학습내용 및 학습활동		교재 및 교구	학생의 준비물	시간	비고
	교사	학생				
도입 전개 정리 과제 평가						

(2) 차시별 교수-학습계획안

단원이 설정된 후에는 매 수업시간에 맞는 학습지도계획을 세운다. 수업의 계획은 학습지도안의 작성을 통해 구체화된다. 교수-학습계획안이란 단원의 지도계획에 따라 단시 또는 차시로 불리는 한 시간 단위 수업을 전개시키는 구체적이고 상세한 지도계획을 말한다.

교수-학습계획안은 반드시 통일된 양식을 따라야 하는 것은 아니며, 교과목이나 단원의 특성, 학교급별, 학습목표, 학습내용, 학습자의 특성 등에 따라 다양한 방식으로 작성될 수 있다.

교수-학습계획안은 대부분 단원의 지도계획을 먼저 작성하고, 그다음에 매 수업시간에 해당하는 차시별(단시) 수업계획안을 작성하게 된다. 차시별로 세운 계획에 따라 교수-학습이 제대로 이루어지면, 그 결과가 곧 단원의 수업목표를 달성할 수 있도록 계획되어야 한다. 따라서 한 시간 수업(초등학교 40분, 중학교 45분, 고등학교 50분)을 통해 제시되는 학습과제를 효율적으로 학습자가 수업목표에 도달할 수 있도록 치밀한 계획이 세워져야 한다.

실제 교육현장에서 수업하는 교사들이 자신의 전문성을 발휘할 수 있고, 교사의 재량권이 확대될 수 있는 부분이 바로 교수-학습지도안을 계획하는 것이다. 왜냐하면 가르치는 행위 자체가 교사 본연의 영역이고, 교수-학습계획안 속에는 그 교과 담당교사의 특성, 지식, 기능, 태도, 열정, 관심 등이 은연중에 흡수되어 반영되기 때문이다. 그러므로 교육과정이 무엇을 가르쳐야 할 것인지에 대한 연구를 통해 이루어진 것이라면, 교수는 어떻게 가르칠 것인가를 연구하여 실천하는 활동으로서 이를 교수-학습계획안에 효율적으로 반영해야만 하는 당위성을 가지고 있다.

세부적인 교수-학습계획안에는 ① 수업목표, ② 주요 수업절차, ③ 학습내용, ④ 교수-학습활동, ⑤ 수업매체와 교수자료, ⑥ 시간계획 등이 반드시 들어가야 한다.

이외에도 교수-학습계획안에는 다음과 같은 것들이 기본적으로 포함되어 있어야 한다.

- **단원명** : 단원명은 교과에 따라 소단원, 중단원, 대단원명을 기입한다.
- **대상** : 지도 학급 또는 학년
- **차시** : 사선 윗부분에는 본시의 차시를, 아랫부분에는 단원 지도에 소요되는 총 시수를 숫자로 기입한다. 예컨대, 4/10는 단원지도 소요시간이 10시간인데 본시가 4차시란 의미이다.

〈표 9-4〉 **차시별 교수-학습지도안 양식의 예**

<table>
<tr><td>단원명</td><td></td><td>대상</td><td></td><td>차시</td><td></td><td>지도
일시</td><td></td><td>지도
장소</td><td></td></tr>
<tr><td>수업목표</td><td colspan="9"></td></tr>
<tr><td rowspan="2">지도단계</td><td colspan="2" rowspan="2">주요
학습내용</td><td colspan="3">교수-학습활동</td><td rowspan="2">시간</td><td colspan="2" rowspan="2">수업매체와
학습자료</td><td rowspan="2">지도상의
유의점</td></tr>
<tr><td colspan="2">교사</td><td>학생</td></tr>
<tr><td>도입</td><td colspan="2"></td><td colspan="2"></td><td></td><td></td><td colspan="2"></td><td></td></tr>
<tr><td>전개</td><td colspan="2"></td><td colspan="2"></td><td></td><td></td><td colspan="2"></td><td></td></tr>
<tr><td>정리</td><td colspan="2"></td><td colspan="2"></td><td></td><td></td><td colspan="2"></td><td></td></tr>
<tr><td>판서내용,
형성평가
문항 및
과제물제시</td><td colspan="2"></td><td colspan="2"></td><td></td><td></td><td colspan="2"></td><td></td></tr>
</table>

4 교수-학습방법

교육의 최종적인 목표는 학습자의 바람직한 행동 변화이며, 이것은 주로 학교에서의 교수-학습과정을 통해 일어나기 때문에 교수와 학습은 학교교육에서 가장 중추적인 역할을 한다. 학습자의 행동 변화는 교수가 효과적으로 목표에 도달할 수 있도록 다양한 교수활동을 제공함으로써 학습자의 학습을 돕게 되고, 학습은 이러한 교수과정을 통해 새로운 지식, 기술, 태도 등을 획득하게 된다.

교육목표를 효과적으로 달성하기 위해서는 교수-학습에 가장 좋은 방법을 선택하여 계획을 세워야 한다. 교사중심의 수업인지 혹은 학습자중심의 수업인지, 개별학습인지 혹은 집단학습인지, 강의식 수업인지 혹은 토론식 수업인지, 컴퓨터를 활용한 수업인지 혹은 판서를 이용한 수업인지 등 교수매체를 포함한 모든 전달체제 방식에 대해 구체적인 교수전략을 세워 결정해야 한다. 물론 이러한 전략을 세우기 전에 먼저 교실의 크기, 위치, 좌석 배치, 암막시설, 조명, 컴퓨터실, 멀티미디어실 등의 교수환경에 대한 파악이 필요하다.

다음은 실제 학교교육 현장에서 비교적 많이 활용되고 있는 교수-학습방법을 중심으로 강의식 수업, 토의식 수업, 협동학습, 문제중심학습, 발견학습과 탐구학습 등에 대해 간략하게 살펴보기로 하겠다.

1) 강의식 수업

강의법(lecture method)은 가장 오래전부터 실시되었으며, 오늘날까지도 널리 이용되는 보편화된 방법으로서 교사중심 체제에서 시행되는 대표적인 교수방법이다. 강의법은 교사가 중심이 되어 언어적 설명이나 대화를 통해 학습자에게 필요한 사실, 정보, 개념, 원리 등의 지식이나 기능을 일방적으로 전달해주는 방식이다. 강의법에서 다루어지는 교육내용은 논쟁의 여지가 없는 사실적 정보나 개념들로 제한될 때 더욱 효과적이다.

강의법의 특징은 학습내용, 속도, 학습자의 요구에 대해 교수자가 조절하기 쉽다는 점과 모든 규모의 학급에 적용이 가능하고, 모든 학습자에게 같은 정보를 동시에 제공하며, 학습내용을 빠르게 전개할 수 있다는 것이다.

다음에 제시한 〈표 9-5〉는 강의법의 장점과 단점을 설명한 것이다.

〈표 9-5〉 **강의식 수업의 장점과 단점**

장 점	단 점
• 짧은 시간에 다양한 지식과 내용을 학습할 수 있다. • 논쟁의 여지가 없는 사실적 정보나 개념들을 논리적이고 객관적으로 분명하게 효과적으로 전달할 수 있다. • 교과내용의 보충 · 가감 · 삭제가 용이하다. • 전체 학습내용의 개괄 또는 요약 시 교수자의 언어표현능력에 따라 학습자의 감정을 자극하여 동기유발이 잘 이루어진다. • 교수자의 의사대로 학습환경 변경이 용이하다. • 수업시간, 학습량 등을 교수자의 재량에 맞게 조절이 가능하며, 경제적이다. • 대집단 수업에 쉽게 활용될 수 있다.	• 교과서 읽기에 치우칠 우려가 크다. • 학습자의 개성과 능력이 무시되기 쉽다. • 추상적인 개념을 전달 시 학습능력이 부족한 학습자는 요점 파악이 힘들다. • 학습자의 동기가 유지되기 어렵다. • 학습자가 동기유발이 힘들고 주의력이 떨어져 산만해질 수 있다. • 고차적이고 인지적인 학습목표나 정의적 학습목표 달성에는 어려움이 따른다. • 사전에 충분한 수업계획의 설명력이 부족한 경우, 학습자에게 부정적 영향을 미칠 수도 있다. • 학습자의 개별화와 사회화가 어렵다. • 학습자가 수동적이다.

여러 가지 단점에도 불구하고 가장 오랜 시간 동안 교수방법의 형태를 유지하고 있는 강의법은 그 나름대로의 매력이 존재하기 때문일 것이다. 교사가 수업을 진행할 때, 학습자의 반응을 살피면서 상황에 따라 강의내용이나 형식을 자연스럽게 전환하게 되면 동기유지나 집중력이 강화될 수 있다. 또한 학생들에게 질문할 기회를 자주 주어 학습자의 적극적 참여를 이끌어냄으로써 학습에 대한 동기를 불러일으켜 능동적 사고를 유도해낼

수 있다. 더불어 다양한 시청각 교구를 활용하거나 학습내용을 종합 또는 요약 정리해주는 등의 교수활동을 통해 학습자의 능력, 수준, 이해정도를 살펴서 수업을 진행한다면, 강의법에 자주 거론되고 있는 문제들이 보완될 것이다.

강의법의 문제들을 해결하기 위한 또 다른 대안은 근래에 많이 활용되고 있는 학습자중심 교육체제의 토의법, 탐구학습, 협동학습, 문제중심학습 등을 강의법과 접목시키는 것이다. 이를 통해 학습자가 주체가 되는 학습이 가능하고, 이들이 능동적으로 학습활동에 참여할 기회를 제공해줄 수 있을 것이다.

2) 토의식 수업

토의법(discussion)은 학습자의 역할과 활동을 중요시하며, 어떤 주제에 대하여 교수자와 학습자 또는 학습자들 간에 의견을 상호교환하는 교수-학습방법으로서, 특정 주제에 대한 학습자 전원의 이해와 공동의 문제해결을 위한 협력적인 방안을 모색하는 데 활용된다. 또한 토의법은 서로의 의견교환을 통하여 팀 혹은 그룹 안에서 함께 문제를 생각하고 해결하는 과정에서 주어진 과제를 점차 완성해 나가는 협동학습의 형태를 띠고 있다.

토의의 목적은 학습자의 적극적인 참여를 유도하고, 학습문제를 논리적이고 비판적으로 분석하여 창의적인 능력과 협동적인 기술을 개발하는 한편, 특정 문제 상황에 대한 해결책을 탐색하거나 태도 변화를 유도하기 위한 것이다. 이러한 목적을 달성하기 위해서는 개방적인 분위기와 민주적인 태도가 필요하다. 따라서 토의법은 인본주의 철학을 교육현장에 가장 잘 반영하고 있는 교수방법이라고 할 수 있다.

다음에 제시한 〈표 9-6〉은 토의식 수업의 장점과 단점을 설명한 것이다.

〈표 9-6〉 토의식 수업의 장점과 단점

장 점	단 점
• 토의는 개방적인 의사소통과 협조적인 분위기에서 학습자의 적극적인 참여로 이루어지기 때문에 학습동기와 흥미를 유발할 수 있다. • 토의를 통해 학습자는 집단의식과 공유능력을 향상시키며, 이를 통해 민주적인 태도를 배울 수 있다. • 토의는 학생 자신의 생각을 의미 있게 표현할 수 있는 의사소통 기술을 연습할 기회를 제공한다. • 토의를 통해 상호의견을 교환하고 집단적으로 문제를 해결하는 협력의 과정을 통해 사회적 기능 및 태도를 형성시킬 수 있다. • 토의는 학습자의 주체적인 참여와 함께 자신의 생각을 논리적으로 제시할 수 있는 능력을 키워 줌으로써 학습자의 자율성을 신장시킬 수 있다.	• 집단의 크기에 영향을 받으며, 집단구성원의 수에 한계가 있다. • 효과적인 토론이 되기 위해서는 리더의 영향력이 크다. • 우수한 소수의 토론자에 의해 토의가 주도될 우려가 있다. • 토의는 참여자 중에서 평가 불안이나 사회적 태만을 보일 수 있다. • 토의는 사전준비와 체계적인 계획에도 불구하고 예측하지 못한 상황이 발생할 수 있다. • 토의 진행과정에 많은 시간이 소요된다. • 학습자들이 토의 주제에 관해 충분히 자신의 의견을 제시하지 못하거나, 주제에 대해 완전하게 이해하지 못한 경우에는 토의를 통해 기대하는 만큼의 효과를 거두기 어렵다.

토의는 집단의 규모나 활동방식에 따라 활용할 수 있는 유형이 매우 다양하다. 그중에서 가장 대표적인 8가지의 토의법에 대해 살펴보면 다음과 같다.

① **원탁토의**(round table discussion) : 원탁토의는 약 10명 정도의 학습자들이 둘러앉아 어떤 고정적인 규칙에서 벗어나서 자유롭게 자신의 의견이나 태도를 표명하고, 지식이나 정보의 교환을 통해 서로의 의견과 견해의 차이를 조정하여 집단의 의견을 수렴해 가는 방법이다. 이 유형은 토의의 가장 기본적인 형태로서, 참가자 모두 상호 대등한 관계 속에서 토의가 진행된다.

② **배심토의**(panel discussion) : 배심토의는 사회자의 진행에 의하여 특정 주제에 대한 지식과 경험이 풍부한 전문가 4~6명이 청중 앞에서 자유

롭게 토의하는 방법이다. 이때 사회자는 배심토의에 상반되는 견해를 대표하여 토의하게 되는 패널들의 참여가 균등하게 되도록 노력하며, 패널들의 의견에 대한 청중의 발언이나 질문이 적절히 이루어질 수 있도록 유도해야 한다. 배심토의는 논리적이고 체계적인 정보 제시가 어렵기 때문에 학습자에게 지식, 정보의 전달을 목적으로 하는 것이 아니라 주제에 대한 관심이나, 동기유발, 다양한 의견 수용과 합리적인 결론을 도출하는 과정 등을 학습목적으로 한다.

③ **공개토의**(forum) : 공개토의는 1~3명의 전문가가 공개적인 연설을 통해 어떤 주제에 대한 새로운 사고방식, 정보, 자료 및 분석 결과 등을 다양한 형태로 제공하고, 그 주제에 대해 청중이 직접 토의에 참가하여 공식적인 발표를 한 연설자와 질의와 응답을 하는 토의 방식이다.

④ **단상토의**(symposium) : 단상토의는 동일한 문제에 대해 서로 다른 의견이나 견해를 가진 4~5명의 전문가들이 자신의 지식이나 의견을 각기 다른 입장에서 공식발표 형태로 제시하고 토론하는 방식으로 배심토의와 유사하지만, 배심토의보다는 형식적으로 이루어진다. 이 토의에 참가한 전문가, 사회자, 청중 모두는 특정 주제에 관한 전문적인 지식, 정보, 경험 등을 지니고 있어 한 주제에 대한 전문적인 견해와 지식을 다양한 측면에서 얻을 수 있다.

⑤ **대담토의**(colloquy) : 대담토의는 어떤 주제에 대하여 전문가를 초청하거나 그 주제의 현장을 직접 방문하여 그 주제와 관련된 의견을 질문하고 답하는 형식의 토의법이다. 토의에 참가하는 인원은 보통 6~8명이고 이 중에서 반은 청중대표로, 나머지 반은 전문가들로 구성하여 진행한다.

⑥ **세미나**(seminar) : 세미나 참가자들은 모두 그 주제에 대한 전문가나 연구가로서, 전문적인 견해를 가지고 있다. 주제발표자의 공식적인 발표

에 대해 세미나 참가자들이 사전에 준비된 의견을 전개하거나 질의응답을 통한 공개토론의 형태로 진행된다.

⑦ **버즈토의**(buzz discussion) : 버즈토의는 대규모 토의 집단을 소집단(4~6명 정도)으로 나눈 다음, 소집단끼리 토의한다. 사회자는 소집단의 토의가 끝난 후 전체의 토의 결론 보고를 받고 다시 비슷한 결론을 도출한 집단끼리 묶어 토의를 유도하며, 최종적으로는 전체 집단이 다함께 토의 결과를 모아 결론을 맺게 하는 방법이다. 즉 먼저 소집단으로 분과토의를 한 후에 최종적으로 전체 집단이 다함께 토의결과에 대해 결론을 맺게 함으로써 대집단의 종합토의 효과를 얻을 수 있는 방식이다. 버즈(buzz)의 사전적 의미는 '기계나 벌 따위의 윙윙거리는 소리'를 뜻하며, 여러 사람이 한꺼번에 토의에 참가하여 의견과 대화를 나누기 때문에 마치 벌집을 쑤셔놓은 것 같다는 뜻에서 버즈토의라고 한다. 버즈토의는 시간적 제약 없이 많은 사람을 한꺼번에 토의에 참여시키는 데 효과적이다.

⑧ **브레인스토밍**(brainstorming) : 브레인스토밍은 특정한 주제나 문제에 대하여 학생들이 자신의 의견이나 아이디어를 자유롭게 표현하도록 하는 방법으로, 질보다는 양을 추구하는 토의법이다. 학생들에게 자유로운 의사 발표가 허용되며, 새로운 의견이나 아이디어를 낼 수 있는 융통성 있는 환경 및 분위기를 형성해줌으로써. 학습자의 창조력을 촉진시키고 학습에 대한 참여도를 높여 줄 수 있는 토의방식이다.

3) 협동학습

협동학습(cooperative learning)은 정보화 · 세계화시대에 필요한 인성을 길러주는 데 적합하며, 전통적인 소집단 학습 또는 개별학습의 단점을 보완하고 학습자 간에 협력적인 상호작용을 촉진하기 위해 집단보상과 협동기술을 강조하는 교수-학습방법이다. 즉 협동학습은 주어진 학습과제나 학습목표를 소집단으로 구성된 학습자가 공동으로 노력하여 그 목표에 도달하는 방법으로서, 실제 교육현장에서의 공동체적인 삶을 위한 사회성 발달에 필수적이라고 할 수 있다. 협동학습은 학습자가 팀을 이루어 협동하면서 학습하고, 학습참여의 균등한 기회가 보장되며, 학습의 결과를 함께 성취한다는 특징을 가지고 있다.

협동학습의 장점은 학습자에게 타인을 이해하고 배려하는 태도를 길러줄 수 있으며, 문제를 해결하거나 의사결정하는 능력을 길러줄 수 있다. 또한 학습에 필요한 정보를 얻어 활용하기 위해 어휘력, 친화력, 분석력 등 다양한 의사소통 및 대인관계 기술을 배우고, 팀원이 서로 함께 문제를 해결하는 과정에서 긍정적인 협력적 태도를 형성할 수 있다. 더불어 사고력을 요하는 고차원적인 능력을 기르는 데도 효과적이다.

반면에 협동학습의 단점은 그룹의 구성원들이 이질적이기 때문에 학습능력이나 선수학습 정도가 달라 집단 내 부익부 빈익빈 현상이 나타날 수 있으며, 능력이나 수준이 다소 부족한 학습자는 상호작용 기회를 상실하고 자아존중감이 낮아질 수 있다. 또한 개별적 책무성에 대한 기준이 명확하지 않은 경우에는 학습의 과정에서 무임승차하는 학습자가 있을 수 있다.

여러 가지 문제점에도 불구하고 많은 연구에서 협동학습이 학생의 학업 성취도를 높이고 인지적 성장을 촉진하는 데 있어 개별화 학습이나 경쟁적 구조보다 더 효과적이라고 보고되고 있다.

4) 문제중심학습

문제중심학습(Problem-Based Learning)은 구성주의에 바탕을 둔 학습방법으로서, 학습자들에게 교육현장에서 발생하는 문제를 제시하고 능동적으로 이를 해결하도록 하여 실제적인 지식을 습득하도록 하는 학습자중심의 교수-학습방법이다. 문제중심학습에서 제시되는 문제는 단순히 특정 주제나 단원의 내용에 대한 질문형식이 아니라, 실제 사회에서 직면할 수 있는 똑같은 복잡성과 비구조화된 특성을 가진 문제들이다. 따라서 문제중심학습이란 실제 비구조화된 맥락적인 문제를 중심으로 소집단 협동학습을 통해 문제해결을 해나가는 과정에서 주제와 관련된 내용지식, 협동학습능력, 문제해결능력, 의사소통능력, 자율적 학습능력을 증진시킬 수 있는 학습을 하게 된다.

문제중심학습의 특징은 크게 네 가지로 나눌 수 있다.

첫째, 비구조적인 문제를 다룬다. 이것은 구조적 문제와 같이 정답이 정해져 있는 상태가 아니므로, 직접 문제를 찾아내고 필요한 정보를 검증하며 실행계획을 세우는 과정을 필요로 한다.

둘째, 실제성이다. 문제중심학습에서는 실제 생활과 관련된 문제가 제시되는데, 이때 학습자는 자신의 기존 지식을 적용하여 주제에 대한 정의를 내리고, 해결방안을 연구하며, 가설을 설정하고, 문제해결에 필요한 정보와 자료를 수집하면서 문제해결 과정의 효과성에 대하여 평가한다.

셋째, 자기주도적 학습이다. 문제중심학습에서 학생들은 소집단으로 학습하기 때문에 학생들은 스스로 문제를 해결하거나 이해하기 위하여 주제 규명, 학습내용 결정, 문제해결에 필요한 유용한 정보 수집 등 학습에 대한 책임을 분담하며, 문제해결 과정과 전략을 통하여 자신에게 맞는 방법을 선택해야 한다.

넷째, 협동학습이다. 성공적인 문제해결을 위해서는 서로 다른 학생에게 계속적으로 다양한 역할을 분담시킴으로써 문제를 해결하는 데 다양한 사고유형을 기를 수 있다.

문제중심학습의 장점은 학습자의 창의적 문제해결력을 신장시키고, 전문지식의 습득 및 지식의 파지와 적용이 가능하다는 것이다. 또한 자기주도적 학습능력이 신장되고 학습자의 흥미유발에 효과적이며, 여러 사람의 의견 수렴을 통해서 협동심을 키울 수 있는 장점을 가지고 있다.

반면에 문제중심학습이 가지고 있는 단점은 비구조적인 문제를 제시하다 보니 부적절한 문제를 설계할 위험성이 있고, 문제 수 또는 학생 수가 너무 많을 경우에는 문제를 해결하는 데 시간이 부족할 수 있다는 것이다. 또한 안내자 역할을 하는 교사의 코칭 기술에 따라 학습이 좌우되기 쉽고, 학습자가 학습과정의 중요성에 대한 인식부족으로 학습결과물에만 치중할 우려가 있다.

5) 발견학습과 탐구학습

발견학습과 탐구학습에서 중요한 것은 지식 자체가 아니라 지식을 얻는 과정, 즉 방법과 활동이다. 따라서 발견·탐구학습에서의 핵심은 학습과정을 학습자가 주체적으로 만들어가도록 도와주는 것이며, 학습자 스스로 자신의 이해력을 개발하는 것이다. 이때 교사의 역할은 지식을 전달하기보다 학생들이 발견하고 경험하도록 돕는 것이다.

발견학습은 개념과 원리를 습득하는 지적인 과정을 통하여 학습자 스스로가 지적인 내면 과정을 형성하고 새로운 지식과 기술을 연마해가는 방법이다. 특히 초등학교 저학년 아동의 경우 지적 활동을 통하여 형성하는 개념, 원리, 법칙 등을 찾아내는 기초과정을 학습하기 때문에 발견학습이 유용하다.

탐구학습은 창의력과 같이 상위수준의 지적 능력을 개발할 수 있고, 학습과정을 주도적으로 전개하면서 긍정적인 자아개념을 형성할 수 있다. 트로브리지(Trowbridge)는 탐구학습이란 문제제기, 가설형성, 실험설계, 자료수집, 가설검증, 결론도출의 6단계 과정을 거쳐 학습자가 스스로 새로운 사실과 원리를 탐구해내는 과정이라고 하였다(변영계, 1999). 이 활동은 대부분 피아제가 말하는 형식적 조작단계에 있는 고학년 학습자에게 더 효과적인 교수-학습방법이다. 탐구는 객관적 근거를 바탕으로 하여 논리적으로 문제를 해결한다는 의미가 내포되어 있으므로, 증거를 제시할 수 없거나 문제해결 과정에 논리성이 결여되어 있을 때에는 탐구학습이 적절하지 않다.

발견학습과 탐구학습은 학습자중심의 교수-학습방법이며, 이때 학습은 학습자에게 가르쳐야 할 내용을 최종적인 형태로 제공하는 것이 아니라 학습과정을 학습자 스스로 만들어가도록 하는 활동이라는 공통된 특징을 가지고 있다.

발견 · 탐구학습의 장점은 학습자가 지식획득 과정에 주체적으로 참여함으로써 사회적 의사소통능력이 향상되고, 지적 능력 개발과 합리적 · 비판적 사고를 배양할 수 있다는 것이다. 또한 스스로 어떤 것을 발견하고 탐구하기 때문에 훨씬 오래 기억할 수 있으며, 능동적인 주체가 되어 자신들의 학습방향을 찾아 학습성과에 대해 보다 책임감을 느끼게 된다. 학습자의 적극적인 참여로 인해 긍정적인 자아개념이 형성되고, 창의성과 더불어 상위수준의 지적 능력을 계발하는 데 도움을 준다.

반면에 발견 · 탐구학습의 단점은 학습시간이 많이 소요됨에 따라 학습이 비효율적일 수 있으며, 모든 교과목이나 학습상황에 적용하거나 사용하기는 불가능하다는 점이다. 이것은 주로 사회나 과학 과목에 많이 활용되고 있다. 또한 발견 · 탐구학습은 단순한 개념 전달에는 비효율적이며, 타당도와 신뢰도가 높은 탐구능력 평가방법의 개발이 어렵다. 따라서 수동적인 학습자보다는 직관적이고 창의적인 학습자에게 더 적절한 학습방법이다. 발견 · 탐구학습에는 역할놀이(role-playing), 시뮬레이션(simulation), 게임(game), 사례연구(case study) 등이 포함된다.

이상과 같이 학교교육을 중심으로 교육현장에서 비교적 많이 활용되고 있는 교사중심체제의 전통적인 강의식 수업과 학습자중심체제의 토의식 수업, 협동학습, 문제중심학습, 발견 · 탐구학습 등에 대한 교수-학습방법을 살펴보았다.

현대 지식기반사회에서는 지식과 정보가 새로운 권력과 부를 창출하는 원천이 되고 있다. 빠르게 변화하는 세계의 문명사적 대전환에 적응하고 발맞춰 가기 위해서는 과거의 지식 전수 위주의 교육으로는 21세기를 대비하기 어렵다. 그러므로 오늘날 사회적 환경의 변화, 산업 및 고용구조의 변화, 교육적 요구의 변화, 개인 삶의 양식 변화 등을 수용할 수 있는 교육개혁운동과 학교교육의 재구조화가 필요하다. 그동안 교육개혁을 위하여 교수-학습활동의 혁신적인 방안들이 다양하게 개발되어 왔으나, 실제로 이러한 교육개혁은 현장에서 뚜렷한 성과를 거두지 못하였다. 교육체제를 개선하기 위해서는 단순한 정보전달자에서 학습자원 코디네이터로서의 교사 역할 변화와 함께, 단편적인 기능의 학습을 강조하고 있는 기존의 교수-학습방법에 대한 개선이 필요하다. 또한 미래지향적인 교육운영체제를 구축함으로써 시대적 요청에 부합하는 새로운 교육과정 개혁과 학교교육의 재구조화를 기대할 수 있을 것이다.

5 교육과정 시행에 영향을 미치는 요인

스텔러(Steller, 1982)는 "완전하다고 하는 교육과정 계획도 해당 기관이나 개인에 의해 이해되지 않는다면 무의미하다."고 주장하였는데, 이는 아무리 훌륭한 교육과정 계획도 실제로 학교에서 사용되지 못하거나, 교수자와 학습자가 이해하지 못해 실천하고 성취할 가능성이 희박하다면 그 교육과정은 실패한 것임을 보여주는 것이다.

교육과정 시행은 개정된 교육과정을 각 학교마다 처한 상황에 맞게 원형을 유지하거나 수정, 또는 재구조화하여 행동으로 옮기는 과정이다. 교육과정 활동에 영향을 미치는 요인은 매우 다양하며, 이들 요인들은 분류하는 준거에 따라 혹은 각 학교의 특성에 따라 교육과정 시행에 미치는 영향력이 다를 수 있다. 따라서 교육과정이 효율적으로 시행되기 위해서는 인적·물적 변인, 시간적·경제적·문화적 변인 등 여러 변인들이 고려되어야 한다. 이 중에서도 교수-학습과정에서 가장 중요한 3대 요소인 교수자, 학습자, 교수-학습내용은 교육과정 시행에 지대한 영향을 미치는 변인들이다.

개발된 교육과정이 성공적으로 시행되기 위해서는 전반적인 수업 진행 과정을 조정하고 통제하는 교사의 역할이 가장 중심이 된다. 의도된 교육과정이 교수-학습활동으로 구체화될 때, 교실수준에서 교사에 의해 많은 변형이 일어나기 때문이다. 즉 교사가 가지고 있는 교육철학, 세계관, 가치관, 태도, 관심, 열정, 배경 지식 등은 학습자, 교수-학습내용은 물론, 수업에서 교사의 결정과 행동에 따라 교육과정 시행에도 상당한 영향력을 미친다는 것이다. 따라서 교육과정 시행에 관한 의사결정 과정에 교사를 적극적으로 참여시키고 지원해주어 교사의 재량권을 확보해줌으로써, 변화를 주도할 책임을 가진 교사들이 개발된 교육과정을 성공적으로 시행할 가능성이 커질 것이다.

또한 교육과정 시행은 학습자를 위해 의도되고 계획된 것이며, 수업을 통해 학생들의 경험과 활동에 적용하기 위한 것이다. 교육과정 시행은 다양한 특성을 가진 학습자의 영향을 많이 받는다. 학습의 주체자인 학습자의 연령, 성별, 지능, 적성, 성별, 성장배경, 발달단계, 선행경험, 경제적 · 문화적 배경 등에 따라서 교육과정 시행의 효과는 달라질 수 있다.

교육과정 시행에 영향을 미치는 또 다른 요소는 교수-학습내용이다. 교수-학습내용은 국가수준에 따라 지시된 교과별, 영역별, 학년별로 교육내용이 상세화 되어 있는데, 계획된 교육과정을 시행할 때에는 지역, 해당 학교, 학습자의 특징 등을 고려하여 학습자가 목표에 도달하는 데 가장 적합한 교육내용을 선택하고 결정하는 것이 바람직하다.

이상과 같이 교수자, 학습자, 교수-학습내용 중에서 어느 한 가지를 중심축으로 해서 교수-학습이 계획되고 전개될 때, 수업전략의 유형은 크게 변한다는 것을 알 수 있다.

〈표 9-7〉은 여러 선행 연구들의 분석결과를 토대로 교육과정 시행에 영향을 미치는 세 가지 요소에 대한 수업전략 유형을 제시한 것이다(이성호, 2009).

〈표 9-7〉 교수-학습과정의 요소 중심별 수업전략

요소 \ 연구자	하디 (Hardy, 1976)	아델슨 (Adelson, 1961)	만 (Mann 등, 1970)	액셀로드 (Axelord, 1973)	피셔 바바라 & 피셔 루이스 (Fischer & Fischer, 1979)	고윈 (Gowin, 1981)
교수자	교수자 중심	무당	형식적 권위자 이상적 자아	교수자 중심	감정중심 과업중심	사람중심
학습자	인지적 개발중심 정의적 개발중심	치료자	사회화 대행자 조장자 인간	지성중심 인성중심	협동적 계획자 아동중심 학습중심	
교수-학습 내용	교과중심	목사	전문가	교과중심	교과중심	지식중심

앞서 제시된 교수-학습과정의 세 가지 요소 중심별 수업전략 중에서 교수-학습내용을 제외하고, 교수자중심 수업과 학습자중심 수업으로 구분한 학자도 있다. 대표적으로 맥키치(McKeachie, 1963)는 교수자중심 수업과 학습자중심 수업의 차이를 〈표 9-8〉과 같이 제시하였다.

〈표 9-8〉 교수자중심과 학습자중심 교수-학습활동의 차이점

구분	교수자중심	학습자중심
목적	• 교수자가 결정한다. • 학습자의 지적 변화에 강조점을 둔다. • 집단 응집성 개발은 시도하지 않는다.	• 집단이 결정한다. • 정의적 태도 변화에 강조점을 둔다. • 집단 응집성 개발을 시도한다.
교실 내 학습활동	• 교수자의 참여가 전체 양의 거의 전부를 차지한다. • 교수자와 학습자 간의 상호작용이다. • 교수자는 학습자들의 잘못을 교정한다. • 교수자가 모든 활동을 결정한다. • 토의는 정해진 교수-학습내용에 국한된다. • 전통적인 방법의 시험과 성적이 활용된다. • 평가는 교수자의 고유 활동이다. • 교수자는 느낌을 해석하지 않는다. • 상호작용의 결과를 무시한다.	• 학습자들의 참여가 상당히 많은 부분을 차지한다. • 학습자 상호 간의 상호작용이다. • 학습자들의 잘못을 인정한다. • 집단이 자신들의 활동을 결정한다. • 학습자 개개인의 경험에 대한 토의를 존중한다. • 시험과 성적에 큰 강조점을 두지 않는다. • 학습자들도 평가의 책임을 분담한다. • 학습자들이나 교수자 자신의 느낌이나 생각을 해석한다. • 상호작용의 결과를 존중한다.

정보화사회 혹은 지식기반사회로 불리고 있는 현대사회에서는 지식정보가 산업사회를 주도하고 있으며, 컴퓨터와 인터넷과 같은 정보기술공학의 발전에 의한 정보 교류의 역할이 큰 영향을 미치고 있다. 정보화사회에서는 개인의 가치를 중요시하고 독창성, 다양성, 자율성을 강조하며, 다른 사람과의 상호작용을 통한 협동적 사회에 그 가치를 두고 있다.

교육의 본질은 변화하지 않았지만, 교육의 내용과 방법은 다양한 사회의 요구와 더불어 계속적인 변화를 거듭하고 있다. 이로 인해 교수-학습의 패러다임(paradigm), 즉 현상을 바라보는 사고의 틀(frames of reference)도 변화되고 있다. 전통적인 교육은 교사가 주체가 되어 학습자에게 제시되는 교육과정, 학습내용, 교수방법 등을 교사 나름대로 결정하고 전달하는 방식으로 학습을 이끌어 나갔다. 또한 학습자들은 개개인의 특성이나 다양한 요구, 개인차 등에 대한 고려 없이 거의 수동적인 학습을 해야만 하는 주입식 교육으로 인해 수업에서의 창의성이나 융통성은 전혀 고려되지 못하였다.

그러나 오늘날의 변화된 교수-학습 패러다임에서는 학습자 간의 능력 차이, 다양성, 독창성 등을 인정하여 융통성 있는 교육이 제공되도록 강조하고 있으며, 학습에 대한 초점이 탐구를 통한 문제해결력 향상, 창의적인 인재 육성, 맞춤식 교육과정 운영, 학생중심 교육환경으로 변화하고 있다.

이상과 같이 교육과정 시행에는 여러 요소들이 복합적인 변수로 작용하여 영향을 미치게 된다. 그러나 우리가 이러한 교육을 시행하는 주된 목적은 학습자의 바람직한 변화로 그 사회에 이바지할 수 있는 더욱 성숙된 인간이 되길 기대하기 때문이다.

흔히 우리는 인간화교육, 개인차를 존중하는 교육, 전인교육 등과 같은 용어를 자주 사용한다. 그러나 진정한 인간화교육이 무엇인지에 대해 깊이 고민해봐야 한다. 교실 속의 모든 학습자들이 인간성을 회복하고 개개인의 고유한 인간적 존엄성을 인정받아 각자의 독특성이 최대한 보장될 수 있을 때, 개발된 교육과정이 의도한 대로 최적의 성과를 거둘 수 있을 것이다.

제10장 교육과정 평가

현대사회는 세계가 점점 하나의 글로벌체제로 구축되어감에 따라 각 나라마다 국가경쟁력을 증진시키기 위해 심혈을 기울이고 있다. 국가경쟁력은 곧 교육의 힘에서 나오고, 이런 교육력의 체계적인 강화를 위해서는 무엇보다 학교교육의 질적 개선과 교육효과를 증대시키는 노력이 필요하다. 이를 실질적으로 실현하기 위해서는 교육과정에 대한 관리활동과 개선노력이 요구되며, 그것을 체계적으로 실천할 수 있는 평가적 접근 노력이 가장 능률적인 방안으로 인식되고 있다.

교육평가는 교육의 가치와 질을 판단하여 이를 개선하고 향상시키기 위한 것이다. 교육과정 평가는 교육과정 개발 절차와 교육의 전 과정을 포괄적으로 수렴하고, 교육과정 개발이 하나의 순환적 과정이 되도록 하는 수단적 절차이다. 교육과정 평가는 교육평가 개념보다 좁은 의미로 사용된다. 따라서 교육과정 평가는 교육평가에 대한 이해와 접근 방식을 전제로 하고 있다.

제10장 교육과정 평가

1 교육평가의 의미와 평가방법

1) 교육평가의 의미

교육평가란 교육에 관련된 모든 현상에 대해 체계적이고 과학적으로 측정하고 관찰하여 그 가치와 질을 판단하는 것이다. 교육평가는 거시적인 관점에서 보면 교육과 관련된 모든 평가를 일컫지만, 그 일차적인 목적은 학습자의 학습과정에 도움을 주어 학습효과를 극대화하는 데 있으며, 나아가 학습자의 잠재력을 개발할 수 있는 방향을 제시해주는 것이다.

교육에서 평가는 주로 교육평가, 교육과정 평가, 수업평가라는 세 가지 측면에서 사용되고 있다. 이 세 가지 평가는 각각 밀접한 관련을 맺고 있으며 상호보완적인 관계이지만, 그중에서 가장 포괄적으로 폭넓게 사용하는 것은 교육평가이다. 즉 교육평가는 학교를 포함한 모든 교육기관에서 이루어지는 다양한 수준의 평가를 총칭한다. 반면에, 교육과정 평가는 교육목표 설정, 교육내용 선정과 조직, 교수-학습과정 및 학습결과 평가 등 교육의 전 과정과 관련된다. 즉 교육과정 개선에 필요한 의사결정을 위하여 교육과정에 관련되는 모든 요인에 대한 정보를 수집하는 활동이다. 수업평가는 학생들의 성취도평가, 교사의 수업과정평가, 교수방법의 효율성

평가 등을 하는 데 사용되며, 세 가지 평가 중에서 가장 좁은 의미로 해석된다.

현대에는 비교적 명확히 평가에 대한 개념이 구분되어 사용하고 있지만, 20세기 초까지만 해도 평가는 검사(testing)나 측정(measurement)이란 용어와 구분 없이 거의 같은 의미로 쓰였다. 즉 어떤 현상에다 특정한 규칙을 갖고 수량화된 가치를 부여하는 것으로 단순히 측정과 평가를 동일시하였다.

그러나 미국에서는 1920년대 들어서면서 각종 학업성취도 측정을 위한 체계적인 검사가 연구되기 시작하였고, 1930년대에는 학생선발, 학습자의 학습능력과 결손을 찾아내기 위한 검사들이 발달하였으며, 1940년대부터 교육평가의 개념도 측정도구와 함께 더욱 발전 · 심화되었다.

특히 교육평가의 초점이 전통적인 학업성취도 측정을 위한 평가뿐만 아니라 교육과정, 교육결과, 수업 등에 대한 평가로 세분되면서 교육평가의 개념은 점점 더 구체화되었다. 이러한 역사적 발전과정 속에서 교육평가에 대한 강조점이 어디에 있느냐에 따라 목표 지향적 평가, 가치판단 지향적 평가, 의사결정 지향적 평가라는 서로 다른 세 가지 관점으로 그 의미가 분석될 수 있다.

2) 교육평가의 방법

(1) 목표 지향적 평가

목표 지향적 평가는 지금까지 가장 널리 활용되고 있는 전통적인 평가로서, 목표의 달성은 곧 교육 프로그램 운영이 성공적으로 이루어졌음을 나타낸다. 목표 지향적 평가는 교육목표가 교육과정과 수업 프로그램을 통해서 실제로 어느 정도 구현되었는가를 결정하는 과정이다(Tyler, 1950). 즉 교육목표를 달성함으로써 학습자의 행동유형에 바람직한 변화가 어느 정도 발생하고 있는가를 결정하는 활동을 의미한다. 목표 지향적 평가는 학교현장의 평가체제에서 가장 많이 활용되고 있다.

블룸(Bloom, 1970)도 "평가란 수업의 특정 목표성취에 관한 증거를 획득하는 데 관계된 일"로 정의하였다. 타일러와 블룸은 공통적으로 목표성취 도달여부를 평가하기 위해서 목표나 어떤 성취수준을 반드시 설정해야 한다고 주장하였다. 1950~1960년대 미국에서의 목표성취 평가는 평가도구 개발을 위한 현직교사 훈련에 많이 활용되었으며, 교수자들에게 수업목표를 보다 분명히 인식하도록 하는 데 큰 도움을 주었다.

(2) 가치판단 지향적 평가

과거 지나치게 목표 또는 성취수준 지향적으로 평가가 진행됨에 따라 발생한 여러 문제점을 해결하기 위한 대안으로 탈목표의 가치판단 지향적으로 평가의 의미를 해석하려는 입장이 등장하였다. 가치판단 지향적 평가는 전문가의 전문적인 지식과 기술을 기초로 하여 평가대상의 경험, 개념, 과정, 장점 등의 가치를 체계적으로 판단하는 데 초점을 두고 있다. 이때 평가는 교육에 관련된 다양한 집단들을 위해 교육 실제에 관한 전문적 판단의 중요성을 강조하고 있다.

가치판단 지향적 평가는 목표 성취수준을 확인하는 활동뿐만 아니라, 그 목표의 질과 교육활동 전체의 적절성 여부를 확인하고 판단하는 활동을 포함한다. 따라서 가치판단 지향적 평가는 우선 평가의 기준을 설정하고 관련된 정보를 수집한 후에 그 평가의 기준을 적용하여 특정 대상의 질, 가치, 유용성, 효과성, 효율성, 중요성 등을 판단하게 된다.

스테이크(Stake)는 타일러 평가방식의 문제점을 지적하면서, 목표 지향적 평가는 이미 평가의 운명을 정해놓고 평가하는 의미 없는 평가라고 주장하였다. 그러면서 그는 평가의 본질적인 의미가 평가과정에 있어서의 자유로운 관찰과 반응에 기초한 가치를 판단하는 일이라고 하였다(Saylor & Alexander, 1974).

(3) 의사결정 지향적 평가

스터플빔(Stufflebeam, 1971)은 평가의 본질을 가치판단에서 한 걸음 더 나아가 선택과 의사결정의 의미로 해석해야 한다고 주장하였다. 스터플빔보다 앞서 크론바흐(Cronbach)도 의사결정 지향적인 평가관의 입장을 취하였다. 크론바흐는 "교육평가란 교육 프로그램에 대한 결정을 내리기 위하여 정보를 수집·사용하는 것"이라고 정의하였으며, 교육평가를 수업개선에 관한 결정, 학습자 개인에 관한 결정, 행정적 규제에 관한 결정을 내리는 일에 관련된 정보를 수집하고 활용하기 위한 과정으로 보았다.

교육평가는 의사결정 대안들을 판단하는 데 유용한 정보를 확보하기 위하여 새롭게 요구되는 문제점들을 규명하고, 그것에 대한 다양한 해결책과 대안선택의 기준을 마련하며, 제시된 대안을 판별할 수 있는 정보를 수집하여 선택한 대안이 본래의 기대에 부응하였는지를 결정하는 과정이라고 할 수 있다.

의사결정 지향적 평가는 교육과 관련된 의사결정자에게 유용한 정보를 제공함으로써, 새로운 교육과정을 개발하는 데 필요한 합리적인 의사결정에 도움을 준다. 이때 평가자는 교육현상의 가치에 대해 개인적이고 주관적인 평가를 배제하고, 의사결정자가 필요로 하는 정보만을 수집하여 제공해준다. 따라서 의사결정 지향적 평가를 통해 교육평가의 결과가 올바른 교육의 개선과 발전에 활용될 수 있도록 하기 위해서는 객관적인 기준과 판단이 요구된다.

2 교육과정 평가의 의미와 평가방법

1) 교육과정 평가의 의미와 목적

앞서 설명한 교육평가에 관한 세 가지 전통적인 개념을 바탕으로 하여 교육과정 평가의 의미를 되짚어 보면, 교육과정 평가는 교육과정 개발의 각 단계에서의 다양한 의사결정을 조장하기 위해 정보를 수집하고 판단하여 활용하는 과정이라고 할 수 있다.

덧붙여 말하자면, 교육과정 평가란 교육과정 편성과 운영의 적절성을 체계적으로 평가하여 교육과정의 개선에 필요한 의사결정과 정책수립을 위하여 정보를 수집하는 활동으로서, 교육과정 활동과 그 결과의 가치를 체계적으로 조사하고 판단하기 위한 과정인 것이다. 이러한 교육과정 평가는 평가목적, 평가주체, 평가대상, 평가기준, 평가방법 등을 기초로 하여 구성된다.

교육과정 평가의 목적은 교육과정의 효율성을 높이기 위한 학교교육의 책무성 강화와 학교교육의 질적 개선을 위한 교사의 전문성 확보에 있다고 할 수 있다. 구체적으로 평가의 목적은 교육과정 자체에 관한 평가목적, 교육과정 운영 및 실천에 관한 평가목적, 교육과정 성과 및 영향에 관한 평가목적 등으로 분류할 수 있다(배호순, 2001). 교육과정 자체에 관한 평가는 교육과정을 국가적 차원에서 사회적 요구에 따라 새롭게 연구개발하거나 현재 실시되고 있는 교육과정을 개선하기 위한 목적으로 평가를 실시하는 것을 말한다. 교육과정 운영 및 실천에 관한 평가는 교육과정을 학교교육에 실제로 적용하여 운용하고 실천하는 데 중점을 두고, 교육현장에서의 운영과 실천의 효율화와 개선을 위한 목적으로 평가를 실시하게 된다. 교육과정 성과(효과) 및 영향에 관한 평가는 교육과정의 목적을 의도한 대로 달성했는지 여부를 확인하고, 이것에 대한 성취수준과 효과를 파악하기 위해 실시하는 평가이다. 이외에도 교육과정과 교육전반에 관련된 정책을 수립하기 위하여 그 근거자료를 수집하고 새로운 교육현상에 관한 연구개발을 목적으로 교육과정 평가가 활용되기도 한다.

교육과정의 평가는 일회성으로 끝나는 행위가 아니라 순환적 · 재생적 · 계속적 · 종합적인 활동이다. 그러므로 교육과정의 평가는 교육에 관련된 다양한 사람들의 요구를 반영하여 언제든지 지속적으로 전개되어야 한다. 또한 교육과정 목적과 목표에 연관된 모든 요소들을 총합시키는 종합적인 활동으로서, 각 영역에 따라 수행한 활동들을 다시 통합 · 조정하고 개선하여 본래의 평가목적이 달성되어야 할 것이다.

2) 교육과정 평가의 방법

평가의 방법은 평가를 위해 자료를 수집하고 해석하는 접근방식을 말한다. 이러한 평가의 접근방식은 크게 양적 평가(quantitative evaluation) 방법과 질적 평가(qualitative evaluation) 방법으로 나누어 분류할 수 있다.

양적 접근은 실험적 설계연구방법을 통한 객관적이며 논리적인 인식론에 바탕을 두고 있다. 양적 평가는 경험적, 계량적 방법을 활용하여 평가대상을 수치화해서 판단하는 행동주의적 입장을 취하고 있다. 양적 접근을 통한 평가에서는 학생들의 학업성취(학습결과)에 대한 자료를 가장 중요한 학습자 능력과 수준의 판단 근거로 보고, 양적으로 수집된 자료를 통계적으로 분석한다. 이때 평가는 결과를 탐색하는 데 있어 객관적이고, 과학적이고 기술적이어야 한다. 양적 평가는 검사도구를 제작하여 이를 이용해서 점수를 산출한다. 객관적으로 수량화된 자료나 증거로 학습자의 학업성취도를 평가하는 인지적 영역의 평가가 여기에 해당된다.

그러나 인간의 행동은 그 과정에 있어 지극히 융통적이고 가변적이며, 외형적으로 측정될 수 없는 것이 많다. 그러므로 학습결과를 단순히 계량적인 접근만으로 평가하기 어렵다는 지적을 받고 있다. 양적 평가의 교육적 적용은 교육과정에 대한 과학적 사고는 증진시켰으나, 심미적인 느낌과 이해에 대한 내면적인 성찰이 부족하였다. 그로 인하여 체계화되고 구조화된 틀 안에서 인위적으로 교육과정을 운영하고 수정하고 개선하려는 양적 접근과 대별되는 질적 접근에 대한 관심이 높아지고 있다.

질적 접근은 비구조화된 연구방법을 통한 주관적이고 현상학적인 인식론에 바탕을 두고 있다. 질적 평가는 현상학적 · 해석학적 탐구의 전통에 따라 평가자들의 간접적이고 주관적인 이해를 통해 평가대상을 해석하는 자연적 · 인본주의적 입장을 취하고 있다. 질적 접근은 학습자에게 실제로 일어나서 경험하게 되는 것을 모두 교육과정으로 보고, 교실생활 또는 교수-학습과정 자체를 평가의 중요한 부분으로 간주한다. 그러므로 교육과정 평가는 사전에 어떤 목적을 설정하고 실행될 필요가 없다. 평가대상으로는 학습자의 지적인 학업성취 결과뿐만 아니라, 학습자의 사고, 느낌, 성품, 지각의 변화 모두가 포함될 수 있다. 질적 평가는 기술(description)과 해석 위주의 평가로서, 관찰, 면담, 질문지, 사례연구, 문서분석, 배경 정보분석 등 다양한 방법의 전략들을 활용하여 문제나 이슈 또는 특징들을 대조하여 그 의미를 분석함으로써 평가가 이루어지게 된다. 질적 평가는 정의적 영역이나 운동기능적 영역을 평가하는 데 사용되며, 현재 학교에서 시행되고 있는 수행평가가 일종의 질적 평가에 해당된다.

이 두 가지의 평가 접근 방법은 상호배타적인 것이 아니라 상호보완적인 입장에 놓여 있다(Schubert, 1986). 교육과정 평가는 이 중에서 어느 한 쪽으로 치우쳐 탐구양식을 선택하는 것보다 양적인 탐구와 질적인 탐구 양식을 융통성 있게 활용하는 것이 바람직하다.

[그림 10-1]은 교육평가의 두 가지 접근 방식, 즉 양적인 접근과 질적인 접근의 탐구 방법을 나타내고 있다.

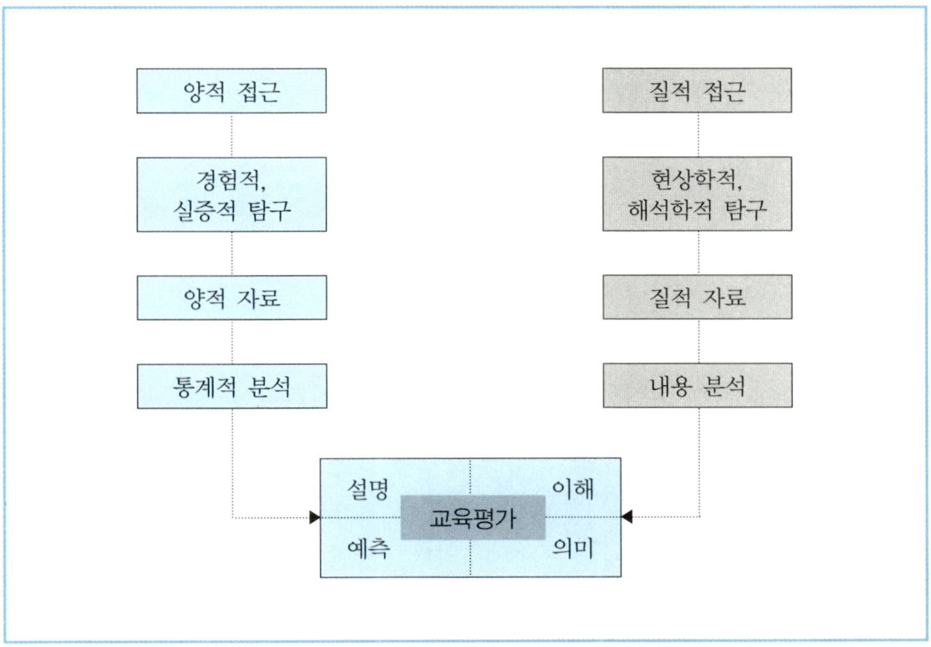

[그림 10-1] 교육평가의 탐구 양식

3 교육평가와 관련된 용어의 이해

교육평가의 기능은 학습자의 학업성취도를 평가하고, 학습에서의 애로사항을 진단하고 처치하며, 교육 프로그램의 효과성을 평가하는 것이다. 또한 학습자의 진로지도를 위한 자료수집과 교육정책 수립을 위한 자료수집에 사용되기도 한다. 이러한 기능들을 적절히 활용하기 위해서는 교육평가에 관련된 용어들을 명확히 구분할 수 있어야 한다. 여기에서는 교육평가에서 자주 사용되는 용어에 대해 살펴보고, 더불어 평가의 목적을 달성하기 위해 반드시 갖추고 있어야 할 측정도구의 조건인 타당도, 신뢰도, 객관도, 실용도에 대해서 정리해보고자 한다.

1) 교육평가의 유형

(1) 측정

측정(measurement)은 어떤 대상이나 사건에 대하여 체계적으로 숫자를 부여하는 것으로서, 어떤 행동이나 사물 또는 사건의 증거를 수집하기 위해 대상에 일정한 규칙에 따라 수치를 부여하고 수량화하는 것을 말한다. 측정은 가치중립적이며, 어떤 행동이나 성격, 사물, 사건 등에 대해 양적으로 서술한다.

(2) 사정

사정(assessment)은 다양한 증거(측정 결과)를 정리하고 검토하고 검증하는 활동으로서, 정보를 수집하여 종합하는 과정이라고 할 수 있다. 일반적으로 사정은 사람에게 적용할 때 사용되며, 그에 대한 정보를 수집하여 해석하고 종합 · 정리하는 데 목적이 있다. 반면에, 평가의 목적은 수집한 자료를 기초로 하여 가치나 질을 판단하는 데 있다.

(3) 검사

검사(test)는 측정을 위한 척도를 의미하며, 측정도구를 지칭하는 용어이다. 검사는 인간에게 내재된 잠재적 특성을 간접적으로 측정하는 도구이며, 측정내용에 따라 다양한 검사를 실시할 수 있다. 인간의 지적 능력 검사와 관련된 지능검사, 학업적성검사, 학업성취도검사 등이 있다. 정의적 능력 검사와 관련해서는 불안심리검사, 성격검사, 직업적성검사, 흥미검사 등이 있다. 심체적 능력과 관련된 검사는 우리가 눈으로 볼 수 있고 관찰 가능한 것으로 점검표나 채점표 등에 의해서 측정된다.

(4) 진단평가

진단평가(diagnostic evaluation)는 교수-학습활동이 시작되기 전에 학습자의 특성을 체계적으로 측정하여 평가하는 것으로서, 학습자의 능력 및 특성을 사전에 파악하여 수업전략을 위한 기초자료를 얻어 최적의 교수-학습방법을 선택하기 위하여 이루어지는 평가이다(김대현, 김석우, 1996). 즉 학년, 학기, 단원이 시작되는 시기에 학생들의 수준을 파악하여 학습자의 선수학습능력 결핍 여부와 이전 학습 성취수준을 판정하고 수업방법과 관련 있는 여러 특성에 따라 학생을 분류하기 위한 평가이다.

(5) 형성평가

형성평가(formative evaluation)는 수업이 진행되는 도중에 교수-학습활동이 의도한 대로 진행되고 있는지의 여부를 확인하고 점검하는 목적으로 사용된다. 또한 교수-학습이 진행되는 동안 학생들의 이해 정도를 확인하고 학생에게 피드백을 제공하는 평가방법이다. 형성평가를 통해 교사의 지도방법과 교육과정을 개선하는 데 활용되며, 학습 진행 속도의 조절이 가능하다.

(6) 총괄평가

총괄평가(summative evaluation)는 일정 기간 동안의 수업 종결 시 학업성취도를 총합적으로 평가하는 것으로서, 학점 인정이나 성적 확정의 기능과 함께 수업의 효율성을 판단할 수 있다. 대체로 교수-학습활동이 끝난 학기 말 또는 학년 말에 교육목표의 달성 여부를 종합적으로 판단하기 위한 평가이다. 총괄평가는 총합평가라고도 부른다.

(7) 규준참조평가

규준참조평가(norm-referenced evaluation)는 학습자의 성취 결과가 소속집단에서 얼마나 더 성취했느냐 하는 상대적인 서열을 강조하는 평가체제로서, 상대적인 위치를 알아보기 위한 평가방법이다. 규준지향평가 또는 상대평가로도 불리며, 이것은 어떤 절대적인 기준이 있는 것이 아니라 학생들의 성취수준을 전체 비교집단의 원점수에 비추어 상대적 서열을 판단하는 데 관심이 있다. 규준참조평가를 통해 서열 규준을 작성하고 이를 바탕으로 우수자와 열등자를 구분하는 데 중점을 두고 있다.

(8) 준거참조평가

준거참조평가(criterion-referenced evaluation)는 사전에 결정된 특정한 준거 또는 목표를 얼마나 성취하였는지에 초점을 두고 목표달성 정도를 확인하는 평가방법이다. 준거지향평가 또는 절대평가로도 불리며, 이것은 다른 학습자와 성취 정도를 상대적으로 비교하지 않고 학습목표를 기준으로 개인 성취수준을 평가하는 것이다.

(9) 수행평가

수행평가(performance assessment)는 기존의 표준화검사와 선택형 선다형 평가에서 제기되고 있는 문제점을 해결하기 위한 대안으로 나온 평가이다. 학생 수의 증가로 인해 전체 학습자 중에서 특정 학생이 차지하고 있는 상대적인 위치를 알려주는 규준참조평가로 학습결과를 판단하는 과거의 획일적 평가가 학생들의 사고력과 창의력을 저해한다는 지적을 받아왔다. 이러한 탈맥락적이고 보편적인 양적 평가보다는 질적인 접근을 통해 학습에서 학습의 다양성을 확보해야 할 필요성이 확대되었다. 수행평가란 교사가 학생들이 수행한 학습과제의 과정이나 결과를 직접 관찰하고, 그 결과를 전문적으로 판단하고 평가하는 방식을 의미한다. 여기서 수행은 학생이 스스로 답을 구성하는 것으로서 작품과 같은 산출물이나 태도와 가치관이 반영된 행동양식 등을 포함하며, 평가자는 학생이 수행한 과정이나 결과에 대해 객관적이고 합리적으로 타당성, 신뢰성을 준거로 하여 점수화하거나 문장화하여 기술하는 것을 말한다.

2) 측정도구의 조건

교육평가는 좋은 평가도구를 개발하는 데서 결정된다. 여기서 좋은 평가도구란 평가의 목적을 가장 잘 반영하는 것으로서, 모든 평가도구는 측정을 기초로 한다. 측정은 평가의 자료가 되는 '원점수의 결정'을 말한다. 좋은 측정도구의 조건에는 여러 가지가 있으나 그중에서 가장 일반적인 조건은 타당도, 신뢰도, 객관도, 실용도이다.

(1) 타당도

타당도(validity)란 본래 측정하려고 의도했던 심리적인 특성을 어느 정도 충실하게 재고 있느냐를 알아보기 위한 도구이다. 검사점수에 근거하여 내린 해석 및 추론의 정확성, 적합성을 의미한다. 즉 평가도구가 실제로 '무엇을(what)을 재고 있느냐'를 나타낸다. 타당도 측정방법에는 내용타당도, 준거타당도, 구인타당도, 영향타당도, 안면타당도 등이 있다.

(2) 신뢰도

신뢰도(reliability)란 측정도구를 통해 얻은 점수가 어느 정도 일관성이 있는가를 알아보기 위한 도구로서 검사도구의 일관성, 정확성, 안정성을 의미한다. 즉 평가도구가 '어떻게(how) 재고 있느냐'를 나타낸다. 신뢰도 측정방법에는 검사-재검사 신뢰도, 동형검사 신뢰도, 크론바흐 계수, 채점자 신뢰도, 반분 신뢰도, 문항내적 합치도 등이 있다.

(3) 객관도

객관도(objectivity)는 채점의 일관성, 즉 채점자들이 서로 일치된 판단을 내리는 정도를 가리킨다. 따라서 객관도는 채점자가 점수를 부여할 때 주관적 편견을 갖지 않고 얼마나 객관적 입장에서 공정하고 일관성 있게 채점하느냐를 의미한다.

(4) 실용도

실용도(usability)는 검사를 실시하고 채점하여 해석하는데 소요되는 시간 및 비용의 경제성을 의미한다. 즉 평가도구가 경비, 시간, 노력 등을 적게 들여서 평가의 목적을 얼마나 달성할 수 있느냐를 측정하기 위한 도구로서 검사도구의 실용적인 가치 정도를 뜻한다.

참고문헌

강봉규, 박성혜(2010). 새로운 교육과정. 서울: 태영출판사.
김정환 · 강선보(2008). 교육철학. 서울: 박영사.
강창동(2003). 지식기반사회와 학교지식. 서울: 문음문고.
강현석, 주동범(2004). 현대 교육과정과 교육평가. 서울: 학지사.
강현석 외(2014). 최신 교육과정 개발론. 서울: 학지사.
곽병선(1993). 교육과정. 서울: 배영사.
김경배, 김재건, 이홍숙(2005). 교육과정과 교육평가. 서울: 학지사.
김대현(2011). 교육과정의 이해. 서울: 학지사.
김대현, 김석우(1996). 교육과정 및 교육평가. 서울: 학지사.
김병희 외(2011). 교육과정의 이해. 고양: 공동체.
김성훈(2014). 교육과정 연구. 서울: 양서원.
김신자(1998). 효과적 교수설계. 서울: 문음사.
김원희, 김용선(1975). 교육과정. 서울: 재동문화사.
김재춘(2012). 교육과정. 서울: 교육과학사.
김재춘, 부재율, 소경희, 양길석(2000). 예비 · 현직교사를 위한 교육과정과 교육평가. 서울: 교육과학사.
김재춘, 부재율, 소경희, 채선휘(2003). 교육과정과 교육평가. 서울: 교육과학사.
김종두(2000), 교육정보화 인식에 관한 조사 연구, 교육발전, 19(1). 서원대학교.
김종서(1994). 잠재적 교육과정의 이론과 실재. 서울: 교육과학사.
김종서, 이영덕, 황정규, 이홍우(1994). 교육과정과 교육평가. 서울: 교육과학사.
김판욱, 이규욱, 김희필, 손주민, 임완성(2010). 능력중심 교육과정의 이해와 개발. 서울: 양서원.
김호권 역(1977). 인간의 제특성과 학교 학습. 서울: 한국능력개발사.
김호권(1982). 학교학습의 탐구. 서울: 교육과학사.
권낙원, 김민환, 한승록, 추광재(2011). 교사를 위한 교육과정론. 고양: 공동체.
노진호(2001), 정보화사회에서의 지식과 교육, 교육철학, 제25권.
류완영 외(2014). 미래사회를 위한 교수 학습의 이론과 실제. 서울: 원미사.
박도순(2006). 교육과정과 교육평가. 서울: 문음사.
박도순, 홍후조(2008). 교육과정과 교육평가. 서울: 문음사.
박성익(1997). 교수-학습방법의 이론과 실제. 서울: 교육과학사.
박성익 외(1999). 교육방법의 교육공학적 이해. 서울: 교육과학사.
박숙희, 염명숙(2001). 교수-학습과 교육공학. 서울: 학지사.

박승배(2007). 교육과정학의 이해. 서울: 학지사.
박현주(2005). 교육과정 개발의 모형과 실제. 서울: 교육과학사.
박휴용(2012). 교육과정. 서울: 학지사.
배호순(2001). 교육과정 평가론. 서울: 교육과학사.
백영균 외(2010). 교육방법 및 교육공학. 서울: 학지사.
변영계(1984). 학습지도. 서울: 배영사.
변영계(1999). 교수-학습이론의 이해. 서울: 학지사.
변영계, 김영환, 손미(1996). 교육방법 및 교육공학. 서울: 학지사.
서이종(2001), 지식정보사회의 이론과 실제, 서울: 서울대학교 출판부.
소경희(2005). 교육과정 개발: 주요 쟁점 및 새로운 접근. 서울: 교육과학사.
신동로(2007). 교육과정 및 교육평가. 서울: 형설출판사.
손충기(2012). 교육과정. 서울: 태영출판사.
신경희(2014). 교육과정의 이해. 서울: 학지사.
오만록(2010). 교육과정론. 서울: 동문사.
이성호(1999). 교수방법론. 서울: 학지사.
이성호(2009). 교육과정론. 서울: 양서원.
이종승(1987). 타일러의 교육과정과 수업의 기본 원리. 서울: 교육과학사.
이칭찬 외(2012). 최신 교육방법 및 교육공학. 서울: 태영출판사.
이해명(1997). 교육과정 및 평가. 서울: 교육과학사.
이홍우, 유한구, 장성모(2003). 교육과정이론. 서울: 교육과학사.
유광찬(1999). 교육과정의 이해. 서울: 교육과학사.
유승우 외(2010). 교육방법 및 교육공학. 서울: 양서원.
정범모(1968). 교육과 교육학, 18. 서울: 배영사.
정보사회학회 편(1998). 정보사회의 이해. 서울: 나남출판.
정찬기오 외(2010). 교육과정 및 교육평가의 이해. 서울: 교육과학사.
조규락, 김선연(2006). 교육방법 및 교육공학. 서울: 학지사.
진영은(2003). 교육과정: 이론과 실제. 서울: 학지사.
진영은, 조인진, 김봉석(2002). 교육과정과 교육평가의 탐구. 서울: 학지사.
추광재, 최화숙(2010). 교육과정의 이해. 서울: 강현출판사.
최호성(2008). 교육과정 및 평가. 서울: 교육과학사.
최호성, 박경희(2002). 학교 교육과정 평가모형의 구안과 시·도 교육청 평가 실제의 분석. 교육과정 연구, 20(2), 71-95.
한정선 외(2008). 미래사회를 위한 교육방법 및 교육공학. 서울: 교육과학사.
한혜정, 조덕주(2012). 교육과정. 서울: 학지사.
홍후조(2006). 교육과정의 이해와 개발. 서울: 문음사
홍후조(2011). 알기 쉬운 교육과정. 서울: 학지사.
Arthur W. Combs. 이성호 역(1986). 교육신화. 서울: 서원.
Dewey, J., 이홍우 역주(1987). 민주주의와 교육. 서울: 교육과학사.

Kneller, G. F. (1964). 정희숙 역 (1988). 교육철학이란 무엇인가. 서울: 서광사.
Reimer, E. (1971). School is Dead. new York: Doubleday & Company, INC. 김석원 역(1986). 학교는 죽었다. 서울: 한마당.
Trilling & Fadel 공저. 한국교육개발원 역(2012). 21세기 핵심역량. 서울: 학지사

Adelson, J. (1961). The Teacher as Model. The American Scholar, 30, 395-401.
Apple, M. W. (1979). Ideology and Curriculum. London: Routledge & Kegan Paul.
Apple, M. W. (1986). Teachers and Texts. London: Routledge & Kegan Paul.
Axelord, J. (1973). The University Teacher as Artist. San Francisco: Jossey- Bass.
Beane, J. A. et al. (1986). Curriculum Planning and Development. Boston: Allyn & Bacon.
Beauchamp, G. (1981). Curriculum Theory. new York: F.E. Peacock Publishers, Inc.
Berrie, P. J. (1976). Needs Assessment. Ankeny, Iowa: Area II Education agency.
Bigge, M. L. (1964). Learning theories for teachers. N.Y.: Harper & Row.
Bloom, B. S. (Ed.) (1956). Taxonomy of Educational Objectives: The Classification of Educational Goals. Handbook I: Cognitive Domain. New York: David McKay.
Bloom, B. S. (1968). Learning for Mastery, Evaluation Comment, 1(2), Los Angeles: Center for the Study of Evaluation of Instructional Program, UCLA.
Bloom, B. S. (1970). Toward a Theory of Testing which Includes Measurement-Evaluation-Assessment. In M. C. Wittrock & D. E. Wiley (Eds.), The Evaluation of Instruction: Issues and Problem. New York: Holt, Rinehart & Winston. 25-50.
Bobbit, J. F. (1918). The Curriculum. Boston: Houghton-Miffin.
Bobbitt, J. F. (1924). How to Make a Curriculum. New York: Houghton-Mifflin.
Bowles, S., & Gintis, H. (1976). Schooling in capitalist America: Educational reform and the contradictions of economic life, New York: Basic Books.
Brameld, T. (1956). Toward a reconstructed philosophy of education, New York: Holt, Rinehart and Winston.
Briggs, L. J. (1968). Sequencing of Instruction in relation to Hierarchies of Competence. Pitts.: AIR.
Bruner, J. S. (1960). The Process of Education. Harvard University Press.
Bruner, J. S. (1971). The Process of Education Reconsidered. In R. Leeper (Ed.), Dare to Care/Dare to Act. Washington, D. C.: Association for Supervision and Curriculum Development, 19-30.
Buhler-Miko, Marina. (1981). Future Planning and the Sense of Community in Universities. In Allan E. Guskin (Ed.), The Administrator's Role in Effective Teaching. San Francisco: Jossey-Bass, 25-39.
Casswell, H. & Campbell, P. (1935). Curriculum Development. New York: American Book Company.

Conant, J. B. (1959). The American High School Today. New york: McGraw-Hill.
Corey, S. M. (1971). The nature of instruction. NJ.: Prentice-Hall.
Counts, G. S. (1932). Dare the school build a new social order? New York: John Day.
Cronbach, L. J. (1982). Designing Evaluation of Educational and Social Programs. San Francisco: Jossey-Bass.
Devaney, K, (1974). Developing Open Education in America. Washington, D.C.: National Association for the Education of Young Children.
Dewey, J. (1902). The Child and the Curriculum. Chicago: Univ. of Chicago Press.
Dewey, J. (1916). Democracy and Education: An introduction to the philosophy of education. New york: Macmillan.
Dewey, J. (1938). Experience and Education. New York: Macmillan.
Dreeben, R. (1967). The Contribution of Schooling to the Learning of Norms. Harvard Educational Review. Vol. 37.
Dreeben, R. (1968). On what is learned in school. Reading, MA: Addison-Wesley.
Driscoll, M. P.(2000). Psychology of Learning for Instruction (2nd ed.). Needham Heights, MS: Allyn & Bacon.
Eisner, E. W. (1979). The Educational Imagination. New York: Macmillan.
Fischer, Barbara B. & Fischer, Louis (1979). Styles in Teaching and Learning. Educational Leadership, 36: 4, 250-254.
Gagné, R. M. (1970). The Conditions of Learning (2nd ed.). New York: Holt, Rinehart & Winston.
Gagné, R. M. (1974). Essentials of learning for instruction. Hinsdale: Dryen Press.
Garry, R., & Kingsley, H. L. (1970). The nature and conditions of learning (3rd ed.). Englewood Cliffs, N.J.: Prentice-Hall.
Glaser, R. (1962). Psychology and instructional technology. In R. Glaser (ed.), Training research and education. Pitts.: Univ. of Pitts. Press.
Goodlad, J. I. (1966). School curriculum and the individual. Waltham, MA: Blaisdell.
Gowin, D. B. (1981). Educating. Ithaca, New York: Cornell Univ. Press.
Guba, E. G. (1978). Toward a Methodology of Naturalistic Inquiry in Educational Evaluation. Los Angeles: UCLA Center for the Study of Evaluation.
Hardy, N. T. (1976). A Survey Designed to Refine an Inventory of Teaching Styles to be Used by Individuals Preparing for College Teaching. Unpublished Doctoral Dissertation, Michigan State University.
Harrow, A. J. (1972). A Taxonomy of the Psychomotor Domain: A Guide for Developing Behavioral Objectives. New York: David McKay.
Hilgard, E. R. (1966). Theories of learning (2nd ed.). N.Y.: Appleton-Century Crofts.
Hosford, P. L. (1973). An instructional theory: A beginning. Englewood Cliffs, N.J.:

Prentice-Hall.
Hyman, R. (1973). Approaches in Curriculum. New Jersey: Prentice-Hall.
Illich, I. (1970). Deschooling Society. New York: Harper and Row.
Jackson, P. W. (1968). Life in Classrooms. New York: Holt, Rinehart & Winston.
Kaufman, R. A. (1977). A Possible Taxonomy of Needs Assessment. Education Technology, 17: 11, 60.
Kaufman, R. A. & English, F. W. (1979). Needs Assessment: Concept and Application. Englewood Cliffs, N.J.: Education Technology Publication.
Kerlinger, F. N. (1973). Foundations of Behavioral Research (2nd ed.). New York: Holt, Rinehart & Winston.
Kelly, A. V. (1977). The Curriculum Theory and Practice. New York: Harper & Row.
Kibler, R. J. (1970). Behavioral Objectives of Instruction. Boston: Allyn and Bacon, Inc.
Kilpatrick, W. H. (1918). The project method. Teachers College Record, 19(4). Columbia University.
Kliebard, H. M. (1975). reappraisal: The Tyler rationale. In W. F. Pinar, Curriculum theorizing: The reconceptualists. (pp. 70-83). Berkeley, CA: McCutchan. (Originally published in School Review, 1970, 78, 259-272.)
Kliebard, H. M. (1986). The Struggle for the American Curriculum 1893-1958. Boston: RKP.
Krathwohl, D. R. et al. (1964). Taxonomy of Educational Objectives: The Classification of Educational Goals. Handbook II: Affective Domain. New York: David McKay.
Lawton, D. (1973). Social Change, Educational Theory and Curriculum Planning. London: Univ. of London Press.
Linstone, H. A. & Turoff, M. (Eds.) (1975). The Delphi Method: Techniques and Applications. Reading, MA: Addison-Wesley.
MacDonald, J. B. (1971). Curriculum Theory. Journal of Educational Research, 64(5), 196-200.
Mace, C. A. (1935). Incentives: Some Experimental Studies. London: Industrial Health Research Board.
Mager, R. F. (1962). Preparing Instructional Objectives. Palo Alto, CA: Fearon.
Mann, R. et al. (1970). The College Classroom: Conflict, Change and Learning. New York: John Wiley & Sons, 1-19.
McKeachie, W. J. (1963). Research on Teaching at the College and University Level. In N. L. Gage (Ed.), Handbook of Research on Teaching. Chicago: Rand McNally, 1118-1172.
McMurry, F. M. (1927). Some recollections of the past forty years of education. Peabody Journal of Education, 4, 325-332.
McNeil, J. D. (1977). Curriculum: A Comprehensive Introduction. Boston: Little,

Brown & Co.
McNeil, J. D. (1985). Curriculum: A Comprehensive Introduction (3rd ed.). Boston: Little, Brown & Co.
Merton, R. K. (1968). Social Theory and Social Structure, New York, The Free Press.
Morgan, C. T. & King, R. A. (1966). Instruction to psychology (3rd ed.). N.Y.: McGraw-Hill.
Oliva, P. F. (1982). Developing the Curriculum. Boston: Little, Brown & Co.
Ornstein, A. C. & Hunkins, F. P. (1988). Curriculum: Foundations, Principles, and issues. Englewood Cliffs, NJ: Printice Hall.
Phenix, P. H. (1964). Realms of Meaning. New York: McGraw-Hill.
Pinar, W. (1978), The Reconceptualization of Curriculum Studies, Journal of Curriculum Studies, 10(3).
Pinar, W. (2004). Contemporary Curriculum Discourses. New York: N.Y: PeterLang Pub.
Polanyi, M. (1966). The Tacit Dimension. New York: Doubleday.
Popham, W. J., & Baker, E. (1970). Establishing instructional goals. Englewood cliffs, NJ: Prentice-Hall.
Posner, G. J. (1998). Models of Curriculum Planning. In L. E. Beyer & M. W. Apple (Eds.), The Curriculum (2nd ed.). New York: SUNY Press, 79-100.
Pressey, S. L. (1926). A Simple Apparatus Which Gives Tests and Scores and Teachers. School and Society, 373-377.
Reigeluth, C. M. (1983). Instructional Design: What is it and Why is it? In C. M. Reigeluth (Ed.), Instructional design theories and models: An overview of their current status. (pp.3-36). NJ: Hillsdale, Lawrence Erlbaum Associates.
Rogers, E. M. (1962). Diffusion of Innovations. New York: The Free Press.
Saylor, J. G. & Alexander, W. M. (1974). Curriculum Planning for Better Teaching and Learning. New York: Holt, Rinehart & Winston.
Schubert, W. H. (1986). Curriculum: Perspective, Paradigm, and Possibility. New York: Macmillan.
Scriven, M. (1967). The methodology of evaluation. In Tyler, R. W., Gagn, R., & Scriven, M. (eds.), Perspective on curriculum evaluation, 39-83, AERA Monograph Series on Curriculum Evaluation, No.1 Chicago: Rand Mcnally.
Silberman, C. E. (1970). Crisis in the classroom: The remaking of American education. New York: Random House.
Smith, B. O. (1957). Fundamentals of curriculum development. New York: Harcourt Brace and World.
Spencer, H. (1861). Education: Intellectual, moral and physical. New York: D. Appleton.
Stake, R. E. (1975). Evaluation the Arts in Education. Columbus, Ohio: Merrill.

Steller, R. (1982). Curriculum: Technology Applications. London: Falmer Press.
Stratemeyer, F. B. et al. (1957). Developing a Curriculum for Modern Living (2nd ed.). New York: Teachers College Press.
Strike, K. A. & Posner, G. J. (1976). Epistemological Perspectives on Conceptions of Curriculum Organization and Learning. In L. S. Shulman (Ed.), Review of Research in Education. Itasca, ILL.: F. E. Peacock, 106-141.
Stufflebeam, D. L. (1971). Educational evaluation and decision making. Ithaca, Illinois: Peacock.
Taba, H. (1962). Curriculum Development: Theory and Practice. New York: Harcourt, Brace & Jovanovich.
Tanner, D. & Tanner, L. N. (1980). Curriculum Development: Theory into Practice (2nd ed.). New York: Macmillan.
Tyler, R. W.(1949). Basic Principles of Curriculum and Instruction. Chicago: The University of Chicago Press.
Tyler, R. W. (1950). Basic Principles of Curriculum and Instruction. Syllabus for Education 305, Chicago: Univ. of Chicago Press.
Walker, D. F. (1971). A Naturalistic Model for Curriculum Development. School Review, 80(1), 51-69.
Zais, R. S. (1976). Curriculum: Principles and Foundation. New York: Thomas Y. Crowell.

찾아보기

인명

가네(Gagné)/ 144, 149, 155
게리(Garry)/ 199
고윈(Gowin)/ 227
굿래드(Goodlad)/ 24
글래서(Glaser)/ 203
뉴론(Newlon)/ 57
닐러(Kneller)/ 42
데니스 가보르(Dennis Gabor)/ 195
데카르트/ 38
듀이(Dewey)/ 18, 47, 54, 67, 186
드리븐(Dreeben)/ 58, 76
드리스콜(Driscoll)/ 45
라이겔루스(Reigeluth)/ 197, 202
라이머(Reimer)/ 77
라인(Rein)/ 55, 208
러그(Rugg)/ 58
루소(Rousseau)/ 53, 67, 186
만(Mann)/ 90
매슬로우(Maslow)/ 73, 188
맥닐(McNeil)/ 90
맥도날드(McDonald)/ 19
맥머리(McMurry)/ 55
맥키치(McKeachie)/ 227
메이거(Mager)/ 155
모건(Morgan)/ 199
베리에(Berrie)/ 120
베이츠만(Batesman)/ 90
베이커/ 20
보비트(Bobbit)/ 15, 56, 153
보울즈(Bowles)/ 77
뷰챔프(Beauchamp)/ 19, 87
브라멜드(Brameld)/ 42, 58
블룸(Bloom)/ 144, 233
비고츠키(Vygotsky)/ 44, 51
빅(Bigge)/ 199
손다이크(Thorndike)/ 64, 153
스미스(Smith)/ 172
스키너(Skinner)/ 153
스터플빔(Stufflebeam)/ 234
스텔러(Steller)/ 225
스트라이트마이어(Stratemeyer)/ 191
스티븐슨(Stephenson)/ 132
스펜서(Spencer)/ 54
실버만(Silberman)/ 58
아델슨(Adelson)/ 227
아들러(Adler)/ 41, 65
아서 베스터(Arthur Bestor)/ 41
아오키(Aoki)/ 90
아이즈너(Eisner)/ 59, 79, 90, 92, 162
애플(Apple)/ 59, 77, 90
액셀로드(Axelord)/ 227
에릭슨(Erickson)/ 43
엘리엇(Eliot)/ 55
왓슨(Watson)/ 153
워커(Walker)/ 87
윌리엄 배글리(William Bagley)/ 41
일리치(Illich)/ 77
잉글리시(English)/ 121
자이스(Zais)/ 32, 183
잭슨(Jackson)/ 73, 76
제롬 브루너(Jerome Bruner)/ 58

존슨(Johnson)/ 87
지로(Giroux)/ 59, 77
진티스(Gintis)/ 77
질러(Ziller)/ 55, 208
카우프만(Kaufman)/ 121
카운츠(Counts)/ 42, 58
칸트/ 38
캐스웰(Casswell)/ 18
캠벨(Campbell)/ 18
코난트(Conant)/ 182
코메니우스(Comenius)/ 53
콜버그(Kohlberg)/ 43
콤스(Combs)/ 162
크론바흐(Cronbach)/ 234
클리바드(Kliebard)/ 18
킬패트릭(Kilpatrick)/ 56, 67
킹(King)/ 199
킹슬리(Kingsley)/ 199
타바(Taba)/ 85
타일러(Tyler)/ 29, 57, 68, 83, 145, 150, 233
트로브리지(Trowbridge)/ 223
파이너(Pinar)/ 20, 59, 83, 90
페스탈로치(Pestalozzi)/ 54, 67, 186
폽햄(Popham)/ 20
프라이(Frye)/ 90
프뢰벨(Frörbel)/ 54, 67, 186
피닉스(Phenix)/ 72
피셔 루이스(Fischer Louis)/ 227
피셔 바바라(Fischer Barbara)/ 227
피아제(Piaget)/ 43, 223
하디(Hardy)/ 227
하비거스트(Havighurst)/ 44
하이만(Hyman)/ 167
허친스(Hutchins)/ 18, 41, 66
헤르바르트(Herbart)/ 55, 208
힐가드(Hilgard)/ 199

ㄱ

가치론(axiology)/ 38
감마(Gamma)형 요구사정/ 122
강의법(lecture method)/ 215
개념적 경험주의자(conceptual-empiricist)/ 87
객관도(objectivity)/ 242
경험론(empiricism)/ 38
계속성의 원리/ 177
계열성의 원리/ 175
고전읽기 프로그램(the great books)/ 66
공개토의(forum)/ 219
과제분석/ 209
관념론(idealism)/ 39
교수 4단계설/ 55, 208
교수요목의 시기/ 97
교육과정 개발체제(curriculum development system)/ 87
교육과정 전문가(curriculum consultant)/ 57
교육기본법 제2조/ 139
교육목표 분류학(taxonomy of educational objectives)/ 145
교육비평(educational criticism)/ 94
교육평가/ 31, 231
구안법(project method)/ 56
국민공통 기본교육과정/ 104
국민교육헌장/ 99
국제학업성취도평가(PISA)/ 51
궤도제(track system)/ 182
규준참조평가(norm-referenced evaluation)/ 240
근접발달영역(Zone of Proximal Development; ZPD)/ 44, 51
기능분석(skill analysis)/ 172

ㄴ

나선형 교육과정(spiral curriculum)/ 71
낙오학생방지법(No Child Left Behind:NCLB)/ 59
논리학(logics)/ 39
능력심리학(faculty psychology)/ 181

ㄷ

단위제(unit system)/ 182
델타(Delta)형 요구사정/ 122
델파이(Delphi) 방법/ 130
동일요소설/ 64

ㄹ

랜드연구소(Rand Corporation)/ 130

ㅁ

미디어문해(media literacy)/ 52
미학(aesthetics)/ 39

ㅂ

발견학습(discovery learning)/ 70, 100, 223
발달과업(developmental task)/ 44
배심토의(panel discussion)/ 218
버즈토의(buzz discussion)/ 220
베타(Beta)형 요구사정/ 122
복잡성의 원칙(principle of complexity)/ 146
본질주의(essentialism)/ 41
브레인스토밍(brainstorming)/ 220
비판이론(criticism)/ 38

ㅅ

사간표(matrix)/ 129
사정(assessment)/ 238
사회재건주의(social-reconstructionism)/ 42, 58
상응이론(correspondence theory)/ 77
상찬(praise)/ 76
상향적 접근(bottom-up views)/ 176
서열절차(ranking procedures)/ 126
선수학습능력(先修學習能力)/ 204
성취준거(performance criterion)/ 155, 159
수업목표(instructional objectives)/ 159
수업체제(instructional system)/ 87
수직적 조직(vertical organization)/ 32, 175
수평적 조직(horizontal organization)/ 32, 175
수행평가(performance assessment)/ 240
숙고(deliberation)/ 87
스푸트니크(Sputnik) 발사/ 48, 58, 70
신뢰도(reliability)/ 241
실용주의(pragmatism)/ 39
실재론(realism)/ 39
실존주의(existentialism)/ 39
실존주의교육(existential education)/ 187
실험학교(laboratory school)/ 56, 67, 186

ㅇ

알파(Alpa)형 요구사정/ 122
양적 평가(quantitative evaluation)/ 236
연성 교육과정학자(soft curricularists)/ 90
영(零)교육과정(null curriculum)/ 79
요구사정(needs assessment)/ 119
우즈홀(Woodshole)회의/ 58, 70
원탁토의(round table discussion)/ 218
유물론(materialism)/ 38
윤리학(ethics)/ 38
융합교과(fusion courses)/ 182
융합교육(confluence education)/ 188
이데아(Idea)/ 53
인식론(epistemology)/ 38
인지전략(cognitive strategies)/ 46, 150
입실론(Epsilon)형 요구사정/ 122

ㅈ

자연주의적(naturalistic) 모형/ 88
재개념주의자(reconceptualist)/ 90
재개념화(reconceptualization)운동/ 59
전통주의자(traditionalist)/ 83
정보문해(information literacy)/ 52
제타(Zeta)형 요구사정/ 122
종착행동(terminal behavior)/ 158
준거참조평가(criterion-referenced evaluation)/ 240

중점과업(mission)/ 141
중핵 교육과정(core curriculum)/ 190
지식기반사회(knowledge based society)/ 48, 196, 224
지역사회 자원(community resources)/ 40
직업분석(job analysis)/ 172
진단평가(diagnostic evaluation)/ 239
진보주의(progressivism)/ 41
진보주의교육협회(Progressive Education Association: PEA)/ 41, 68, 69

ㅊ

참평가(assessment)/ 94
총괄평가(summative evaluation)/ 205, 239
출발점 행동(entry behaviour)/ 203
측정(measurement)/ 238

ㅋ

쿠레레(Currere)/ 15, 20, 91
큐 분류방법(Q-sort technique)/ 132

ㅌ

타당도(validity)/ 241
테크놀로지역량(information, media, technology skills)/ 51
토의법(discussion)/ 217
통합성(integration)/ 32, 175

ㅍ

파이데이아 제안(The Paideia proposal)/ 65
파이도스(paidos)/ 65
파이스(pais)/ 65
평정척도(rating scales)/ 126

ㅎ

하향적 접근(top-down views)/ 176
학습결과(outcome)/ 19
학습경험(experience)/ 18
학습계획(plan)/ 18
학습위계(learning hierarchy)/ 176
한국교육개발원(KEDI)/ 100, 103
합리론(rationalism)/ 38
항존주의(perennialism)/ 40
혁신능력(creativity and innovation)/ 51
혁신역량(learning and innovation skills)/ 51
협동학습(cooperative learning) / 220
형성평가(formative evaluation) / 239
형이상학(metaphysics)/ 38
활동분석(activity analysis)/ 172
효능성 시대(efficiency period)/ 154

기타

8년 연구(Eight years of Study)/ 69
10인의 위원회(Committee of Ten)/ 55
21세기 핵심역량을 위한 위원회(Partnership for 21st. Century Skills)/ 51
ICT문해(information, communication and technology literacy)/ 52

[저자 소개]

▸ 김철주

University of Missouri-Columbia, 교육학 학사
University of Missouri-Columbia, 교육학 석사
University of Georgia, 교육학 박사, 교육공학 전공

(현) 강남대학교 사범대학 교육학과 교수

〈저서〉
《교육방법 및 교육공학》, 서현사, 2011
《교육학 개론》, 서현사, 2010
《교수개발 모델의 탐구》, 강남대학교 출판부, 2011

▸ 신선희

한양대학교 교육공학과 학사
이화여자대학교 대학원 교육공학 석사
한양대학교 대학원 교육학 박사

(현) 강남대학교 교육학과 초빙교수

〈저서〉
《소셜 미디어와 교육》, 양서원, 2015

교육과정의 이해

2015년 2월 20일 1판 1쇄 인쇄
2015년 2월 25일 1판 1쇄 발행

저 자 김철주, 신선희
펴낸이 조재성
펴낸곳 서현사

등록 2002년 8월 14일 제03-01392호
주소 경기도 고양시 일산동구 중앙로 1055번지 레이크하임 206호
전화 031-919-6643
팩스 031-912-6643

ISBN 978-89-94044-68-2 93370
정가 15,000원